Hans-Peter Kolb

Rhythmus, Intuition und Liebe

Die Rolle der Körperlichkeit
und das Problem des Mensch-Seins

Hans-Peter Kolb

Rhythmus, Intuition und Liebe

Die Rolle der Körperlichkeit
und das Problem des Mensch-Seins

Bibliografische Information der Deutschen Nationalbibliothek:
Die Deutsche Nationalbibliothek verzeichnet diese Publikation in
der Deutschen Nationalbibliografie; detaillierte bibliografische
Daten sind im Internet über dnb.dnb.de abrufbar.

© 2017 Hans-Peter Kolb
2018 überarbeitete Fassung
Herstellung und Verlag:
BoD – Books on Demand, Norderstedt

ISBN: 9783743176157

Inhaltsverzeichnis

Vorwort 6
1. Im Anfang war der Rhythmus 10
2. Körperlichkeit und Erkenntnis: Intuition und Wissenschaft 25
3. Liebe und Liebeserklärung in zweifachem Sinn 47
4. Die Bedeutung des Rhythmus für unsere Liebesfähigkeit 51
5. Die Entwicklung des Körpers und die Rolle des Atemrhythmus 62
6. Die Begegnung mit anderen 74
7. Selbst, Ich und Persönlichkeit 83
8. Emotionen und Repräsentationen 111
9. Struktur und deren Wirken bei Raum und Zeit 119
10. Körper, Seele und Geist im alltäglichen Sprachgebrauch 130
11. Zum Verhältnis von Körper zu Seele und Geist 159
12. Körper und Mensch-Sein 174
Literaturverzeichnis 192

Vorwort

Diese Fortsetzung von „Dasein, um zu lieben" (Kolb, 2017) stellt unsere Körperlichkeit in den Mittelpunkt der Betrachtung und klärt ihr Verhältnis zu Seele und Geist. Einerseits spiegelt unser Körper die Beziehung zwischen Seele und Geist, andererseits prägt der Umgang mit ihm, insbesondere, wenn wir missbraucht oder misshandelt worden sind, unsere Psyche (Neurose) und unseren Geist (Psychose). Wer mit anderen Menschen umgeht, sollte stets beachten, dass Körper, Geist und Seele gleichwertig sind und gleichermaßen Unterstützung in ihren Schwächen und Anerkennung in ihren Stärken brauchen.

Zuerst wird die Bedeutung von Rhythmus, Intuition und Liebe geklärt, sowie ihre Beziehungen untereinander. Die beiden hauptsächlichen Wahrnehmungsweisen unseres Körpers als Konstellation von Teilen und als lebendige Ganzheit werden als grob- und feinstofflich bezeichnet, und es wird die Rolle des Atemrhythmus beschrieben. Der Körper spiegelt die Art der Begegnung mit anderen wieder, die man den drei Körperregionen Gesicht, Becken und Brust zuordnen kann. Wenn Betroffenheit in Selbst-Betroffenheit übergeht, entwickelt sich das Selbst und das Ich, und die Repräsentationen, die wir uns von allem machen, bilden eine Art Hülle um uns, was uns erst zur Person macht. Diese Hülle kann Schutz oder Hindernis sein, und nur durch einen guten Umgang mit unseren Emotionen können wir verhindern, dass sie uns auf dem Weg zur vollkommenen Liebe behindert. Jede Struktur besitzt einen Aufforderungscharakter, und so wirken Raum und Zeit als Räumlichkeit und Zeitlichkeit, sowie die Rhythmik als Aufforderung zu leben, als Lebendigkeit. Zum Schluss werden Körper, Seele und Geist im alltäglichen Sprachgebrauch betrachtet sowie die Auswirkungen von deren Über- und Unterbewertungen, und es wird die Bedeutung unseres Mensch-Seins beleuchtet.

Vorwort

Beim Lesen des Titels samt Untertitel stellt sich als erstes die Frage: Was haben Rhythmus, Intuition und Liebe gemeinsam und was mit dem menschlichen Dasein und mit unserer Körperlichkeit zu tun? Bei Intuition und Liebe mag es noch einleuchtend sein, dass sie etwas miteinander und mit dem Menschsein zu tun haben, aber was ist mit Rhythmus? Aufgrund verschiedener Körperrhythmen (Atem und Puls) besteht zumindest eine engere Beziehung mit unserer Körperlichkeit und Lebendigkeit. Ferner gibt es im Griechischen die von Rhythmus abgeleitete poetische Form Rhysmôs, die auch Charakter bedeutet, wie jemand tickt, und insofern hat Rhythmus doch sehr viel mit dem menschlichen Dasein und somit auch mit Intuition und Liebe zu tun.

In den ersten Kapiteln habe ich den Begriff des Rhythmus, den der Intuition im Unterschied zum wissenschaftlichen Diskurs und den der Liebe näher erläutert und den Bezug dieser verschiedenen Begriffe zueinander geklärt. Ein Rhythmus ist eine Struktur, und für Strukturen gilt allgemein, je wichtiger für uns ihre Bedeutung ist, desto mehr zwingen sie uns zu einem bestimmten Vollzug und erhalten dadurch eine eigene Dynamik. Damit ist jede Art von Rhythmik grundlegend für alle Trance- und Hypnosephänomene. Insgesamt zeigt sich, dass die Rhythmik von Anfang bis Ende unseres Daseins allgegenwärtig ist. Ferner zeige ich auf, wie Intuition und Wissenschaft einander ergänzen können und so im Zwischenmenschlichen erforscht werden kann, was uns trennt und was uns vereint. Schließlich ergibt sich, dass meine Erklärung der Liebe gleichzeitig auch eine Liebeserklärung an uns alle ist. Was Rhythmus, Intuition und Liebesfähigkeit gemeinsam ist, ist ihre Eigenart, ekstatisch zu sein, d.h. uns aus uns selbst herauszubringen. Der Unterschied zwischen Intuition und Liebesfähigkeit ist derselbe wie zwischen Klugheit und Weisheit bei Aristoteles (Nikomachische Ethik). Entsprechend kann auch ein wissenschaftlicher Diskurs nur klug aber niemals weise sein.

Die Bedeutung des Rhythmus für unsere Liebesfähigkeit führt zu der Erkenntnis, dass der Doppelnatur des Rhythmus die Doppelnatur der vollkommenen Liebe entspricht. In der liebevollen

Kombination bzw. im entsprechenden Rhythmus von Hingabe und Entschlossenheit, Begleitung und Leitung, sowie Gelassenheit und Mut zeigt sich jeweils diese Doppelnatur. Unser Selbst, welches wir nur aufgrund von Selbst-Betroffenheit erkennen können, ist in unserer Körperlichkeit verankert, ein Aspekt unseres Körpers, den ich feinstoffliche Struktur des Körpers genannt habe. Diese Struktur lässt sich durch unseren Atemrhythmus relativ gut charakterisieren. Bei der Begegnung mit anderen lassen sich drei Kontaktebenen identifizieren, die der Augen, die des Beckens und die der Brust. Nur auf der Ebene der Brust gibt es kein Machtgefälle, nur hier können Menschen sich frei und gleichberechtigt begegnen. In dem Kapitel über Selbst, Ich und Persönlichkeit habe ich noch einmal die Entwicklung des Kindes nachgezeichnet, wie sich auf den verschiedenen Entwicklungsebenen des Selbst seine Betroffenheit in Selbst-Betroffenheit umwandelt, sodass es selbst sein Selbst immer mehr entdeckt und schließlich auf der Kontaktebene der Brust als eigenständige Persönlichkeit anderen immer freier und gleichberechtigter begegnen kann und sich so auf dem Weg zur vollkommenen Liebe befindet. Der Zusammenhang von Emotionen und Repräsentationen zeigt sich insbesondere darin, dass wir dann bestimmte Selbst-Repräsentationen vergessen und uns dadurch von uns selbst abkehren, wenn wir bestimmte Emotionen verdrängen, und auf diese Weise kommen wir vom Weg zur vollkommenen Liebe ab.

Je wichtiger für uns die Bedeutung einer Struktur ist, desto stärker ist ihre Suggestivkraft bzw. Wirkung. Wenn wir die Entwicklung des Kindes betrachten, welche Strukturen es nach und nach dem Raum und der Zeit geben kann, dann entwickelt sich beim Raum mathematisch betrachtet erst eine Mengentheorie, danach ein dreidimensionaler Vektorraum und schließlich eine affine Geometrie, und bei der Zeit wird ein Zahlenverständnis erschlossen, welches bei den beiden natürlichen Zahlen 0 und 1 beginnt und bei den komplexen Zahlen endet. Schließlich zeigt sich als wirksame Struktur des Raumes bzw. als Räumlichkeit, also die Wirkung des Raums, wozu er uns auffordert, die Art der Entschlossenheit, sich einzulassen. Die Aufgabe, sich zu entschließen, stellt sich immer wieder und ist daher niemals vollständig lösbar außer in der Zeitlosigkeit der Utopie der vollkommenen Liebe, also in der Ewigkeit. Auch die wirksame Struktur der Zeit, die Zeitlichkeit, also die Wirkung der Zeit, wozu sie uns auffordert, nämlich, dass und wie wir uns entrücken lassen in die drei zeitlichen Ekstasen der Herkunft, Zukunft und Ankunft, stellt uns vor das prinzipiell nicht lösbare Problem, den wirklichen Zeitverlauf und uns selbst in ihm genau zu bestimmen. Wir können die Dauer unseres Daseins nur abschätzen und auch die Frage nach unserer Identität, wie ich im wirklichen Zeitverlauf derselbe sein kann, obwohl ich mich ständig ändere, nicht richtig beantworten. Auch dies gelingt nur in der Utopie der vollkommenen Liebe, wenn ich mich zu nichts mehr wirklich entschließe, nichts mehr festhalte, mich mit nichts mehr identifiziere und an nichts mehr hafte, also in der Raumlosigkeit des Nirwana. Raumlosigkeit und Zeitlosigkeit spannen dann die absolute Unendlichkeit bzw. das absolute Nichts auf.

Die letzten drei Kapitel beschäftigen sich zum einen mit der Körperlichkeit und dem Verhältnis von Körper, Seele und Geist zueinander, wie es sich in unserem sprachlichen Verständnis widerspiegelt. Cavell führt hier Beispiele an, in denen meines Erachtens die Themen körperlicher Misshandlung und Missbrauch enthalten sind. Zum anderen geht es um das Problem des Mensch-Seins, dessen vollständige Bedeutung ich erst beim Erreichen des utopischen Ziels der vollkommenen Liebe erfassen würde. Auch wenn ich nicht vollkommen weiß, was Mensch-Sein bedeutet, kann ich doch so tun, als ob ich es wüsste, und von anderen und mir selbst anerkennen, dass wir Menschen sind, und das beinhaltet auch, dass ich mich selbst als Mensch zeige und gebe. Besonders schwer ist es, Menschen als solche anzuerkennen, die andere missbrauchen und misshandeln. Mit offenen Augen trotz aller Enttäuschungen sich immer mehr zu bemühen, das Menschliche echt und unmittelbar zu verstehen, ist der Weg zur vollkommenen Liebe.

1. Im Anfang war der Rhythmus

Bei der regelmäßigen Wiederkehr vieler alltäglicher Dinge wird eine meines Erachtens ganz wichtige Eigenart des Daseins deutlich, nämlich der Rhythmus als kontinuierliche Periodizität des Zeit- und Prozessablaufs – man spricht auch vom „Puls der Zeit". Rhythmus ist eine räumlich-zeitliche, also prozesshafte Ausdrucks- und Wirkungseigenart und damit eine Wahrnehmungsstruktur mit der besonderen Charakteristik der Periodizität. Die drei Wahrnehmungsstrukturen Rhythmik, Zeit und Raum stehen in einem absolut dialektischen Verhältnis zueinander, d.h. zwei von ihnen vermitteln jeweils das dritte und dieses vermittelt zwischen den beiden anderen. Aus diesen Wahrnehmungsstrukturen ergeben sich die drei Daseinsstrukturen Zeitlichkeit, Räumlichkeit und Wirklichkeit (Kolb, 2017, S. 17) als Wirkungen bzw. Aufforderungen der Wahrnehmungsstrukturen bezüglich des Daseins. Vom Wort her bedeutet Rhythmus Gleichmaß und Fließen, also eine kontinuierlich und gleichmäßig ähnlich oder identisch wiederkehrende Gestalt (im Sinne von Ehrenfels (Weinhandl, 1960)), die ich Rhythmus-Gestalt nennen möchte. Eine Gestalt ist ein Ganzes, das mehr als die Summe seiner Einzelteile ist und über die Eigenschaft der Transponierbarkeit verfügt, wenn beispielsweise eine Melodie in eine andere Tonart transponiert wird. „Gestalt" ist etwas, was das Dasein zuerst gemeinschaftlich, später manchmal auch allein entfalten kann, was aber von ihm in der Welt auch erst gemeinschaftlich oder allein entdeckt werden kann. Insofern ist eine eigene Rhythmik genauso wie eine eigene Wirkung beim Dasein im Verhältnis zu seiner Gemeinschaft verantwortlich wählbar, sobald sie als solche von ihm wahrgenommen wird, also interexistenzial, bei nichtdaseinsmäßig Seiendem aber nicht verantwortlich wählbar, also kategorial (ich verwende hier die Ausdrucksweise von Heidegger (Heidegger, 2006), der daseinsmäßig nur für Menschen verwendet). Rhythmus ist eine kreative Form der Auslegung des Daseins, mit der es sich oder anderen etwas eindrücklich an- bzw. zueignet.

Etymologisch wird Rhythmus meistens hergeleitet aus dem indogermanischen Wort „ri", „die Zahl", „der Verlauf", woher auch die griechischen Wörter „arithmos" für „Zahl" und „rhein" für „fließen" oder im Englischen „River" für „Fluss" kommen, sowie das Wort „Ritual" als Handeln nach einer vorgegebenen, sich ähnlich oder identisch wiederholenden Ordnung. Die poetische Form Rhysmôs von Rhythmus wird im Griechischen auch in der Bedeutung von Charakter verwendet. Im Deutschen sagen wir auch: „wie jemand tickt". „Ticken" kommt von „Takt", und das wiederum von lateinisch „tangere", „berühren". Der Charakter eines anderen kann uns berühren, wodurch die interexistenziale Eigenart des Charakters eines daseinsmäßig Seienden sich deutlich zeigt. Typischerweise „entdeckt" (ohne zu registrieren, dass es dabei entwirft und strukturiert bzw. konstruiert und gestaltet) das Dasein die Rhythmik, genauso wie Zeit und Raum oder Zeitlichkeit, Räumlichkeit und Wirklichkeit, zunächst und zumeist bei anderem innerweltlich begegnendem Seienden und erst danach auch an sich selbst, zum Beispiel zunächst den Tagesrhythmus Hell-Dunkel und dann erst den eigenen Wach-Schlaf-Rhythmus. Das Dasein kann seine Rhythmen teils selbst beeinflussen, teils wird es von ihnen beeinflusst. In seiner Existenz zeigen sich viele verschiedene Rhythmen: zum Beispiel Herzrhythmus, Atemrhythmus, Wach-Schlaf-Rhythmus und die sogenannten Bio-Rhythmen, die natürlicherweise vorgegeben und in der Regel nicht oder nur sehr schwer zu beeinflussen sind.

Die folgenden beiden Zitate (Naumann, 2005) mögen die Bedeutung des Rhythmus unterstreichen: „Der Rhythmus ist die Architektur des Seins, ist die innere Dynamik, die ihm Form gibt, ist das Wellensystem, welches das Sein Anderen entgegensendet, ist der eine Ausdruck der Lebenskraft." (Léopold Sédar Senghor, 1967) „Alle ganzzahligen Gesetze der Spektrallinien und der Atomistik fließen letzten Endes aus der Quantentheorie. Sie ist das geheimnisvolle Organon, auf dem die Natur die Spektralmusik spielt und nach dessen Rhythmus sie den Bau der Atome und der Kerne regelt." (Arnold Sommerfeld, 1978, Vorwort der 1. Auflage 1919)

Die Entfaltung der Wirksamkeit des Daseins folgt einer Periodizität und erzeugt so ein Wellensystem, welches das Dasein nicht nur anderen entgegensendet, wie Senghor sagt, sondern welches qua Reflexion (in doppeltem Sinne als Feedback von anderen und als „Nachdenken" über sich selbst) auf das Dasein selbst zurückwirkt, sodass es aus dieser Periodizität einen Eindruck des Rhythmus seines Seins bekommt, wodurch es sich selbst immer besser in seinem Worumwillen befindlich verstehen kann. Hier zeigen sich als Daseinsstruktur die Wirklichkeit bzw. die Wirksamkeit des Rhythmus und dessen Aspekt des Psychisch-Motivationalen, denn was uns beeindruckt aufgrund seiner Wirksamkeit, motiviert bzw. bewegt uns auch entsprechend. Ein Rhythmus fordert uns auf, lebendig zu sein. Ferner ist die Selbsterkenntnis über die Wirklichkeit des Rhythmus eine Parallele zu Einsteins Sichtweise, dass das physikalische Gesamtfeld eines Gegenstandes diesen erzeugt.

Wenn ich alle möglichen Wirkungen von mir auf meine Umwelt erkannt habe, erkenne ich mich selbst. Rhythmik scheint ein besonderes Schema des Entwerfens des Daseins zu sein. Das Dasein hat wohl schon immer ein Vorverständnis davon, es erwartet, dass alles früher oder später in ähnlicher Form wiederkehrt, es hat die Tendenz, allem Seienden, das sich bewegt, einen ihm eigenen Rhythmus zu geben. Von manchen Rhythmen kann das Dasein so ergriffen sein, dass es ihm schwerfällt, einem solchen Rhythmus zu widerstehen bzw. sich ihm zu entziehen. Hieraus ergibt sich, dass Rhythmik etwas mit Ergriffenheit und Erwartung zu tun hat, also mit der so verstandenen Sorge, der Substanz des menschlichen Lebens (Heidegger, 2006). Mit Hilfe von Rhythmus und Reflexion als Rückwirkung bewegt sich das Dasein beliebig durch den Raum, die Zeit und das Wirken bzw. die Wirklichkeit, indem es sich aus seiner Herkunft durch Wieder-Holen früher Geschehenes, von dem es ergriffen worden war, zurückruft, durch Aufstellen von Erwartungen sich aus der Zukunft entgegenkommt und in seiner jeweiligen Situation derart angekommen (Ankunft) nach entsprechenden Handlungen oder Unterlassungen Auskunft darüber erhält, inwieweit seine Erwartungen erfüllt sind, d.h. inwieweit es Gegensätzlichkeiten oder Übereinstimmungen mit seinen Erwartungen gibt. Ergriffenheit, Erwartung und Gegensätzlichkeit bzw. Übereinstimmung sind ja die wesentlichen Aspekte unseres Daseins (Kolb, 2017, S. 17). Da Herkunft, Zukunft, Ankunft und Auskunft jeweils Ekstasen sind (Kolb, 2017, S. 55 ff.), ist der Rhythmus ekstatisch, er kann uns lebendig machen und so aus uns selbst herausholen.

Ein bestimmter Rhythmus gründet auf einer bestimmten Bezogenheit der Ereignisse, auf die hin das Dasein die entsprechende Rhythmus-Gestalt als Individuum entworfen hat, nachdem es im Modus des Genus diese Bezogenheit – unter Umständen auch mit anderen – affektiv begriffen hat, d.h. der Rhythmus gründet im befindlichen Verstehen des Daseins dieses begriffenen Zusammenhangs der Ereignisse, und er legt diesen Zusammenhang, die Bezogenheit, als Spezies in entsprechenden Handlungen ausdrücklich aus. Der hermeneutische Zirkel des Verstehens bzw. der zirkuläre Prozess, wenn das Dasein sich zuerst im Modus des Genus, im Modus des Individuums und schließlich der Spezies befindet und dabei jeweils die Aspekte Materie, Psyche und Geist berührt werden (Kolb, 2017, S. 285, Grafik), ergibt ebenfalls einen Rhythmus, und im Handlungsabschnitt seiner Periode bzw. seiner Rhythmus-Gestalt im Modus der Spezies, wird das kreative Potenzial jeglicher Rhythmik deutlich. Erst der Rhythmus eines Prozesses macht diesen Prozess vergleichbar und damit mitteilbar. Daraus ableitbar ist die Messbarkeit eines Prozesses, zum Beispiel indem man seine Periodenlänge bzw. -dauer mit denen anderer Prozesse vergleicht.

In der Messbarkeit zeigen sich der körperlich-materielle Aspekt des Rhythmus und damit seine Räumlichkeit. Durch den Rhythmus kann ein Prozess ausdrücklich ausgelegt und damit sich selbst angeeignet und anderen vermittelt werden.

Der jeweilige Rhythmus eines Prozesses gibt unter anderem dessen Zeit-Maß, sodass man auch verschiedene Abschnitte oder Teilprozesse anhand ihrer verschiedenen Rhythmen miteinander vergleichen kann. Hier zeigen sich die Zeitlichkeit des Rhythmus und der Aspekt des Geistig-Idealen, denn jeder Vergleich impliziert ein Ideal bzw. wirft früher oder später die Frage auf, was denn ideal wäre. Ganz wichtig in diesem Zusammenhang ist, dass der Rhythmus das ursprünglichere Phänomen ist, von dem die Messbarkeit, also die Metrik, erst abgeleitet wird. Das Dasein entwirft mit dem Rhythmus eine Struktur, in der es verschiedene Phänomene einordnet und so Zusammenhänge befindlich verstehend gestaltet und auslegt. Diese Struktur ist sowohl zeitlich als auch räumlich und damit wirklich bzw. wirkungsvoll und weist eine Besonderheit auf, nämlich eine gewisse Periodizität, d.h. die Wiederkehr von ähnlichen Substrukturen. Diese Wiederkehr hat für das Dasein folgende Bedeutsamkeit: Kontinuität von Ähnlichem erzeugt eine Stimmung von Vertrautheit, sowie Gelassenheit und gibt dem Dasein Anhaltspunkte für sein weiteres Begreifen, Verstehen und Handeln. Affektives Begreifen, befindliches Verstehen und dessen erwartungsvollgefühlsbehaftete Umsetzung im Handeln sind nur dann möglich, wenn ein ausreichendes Maß dieser Kontinuität gegeben ist. Dies deckt sich auch mit der Tatsache, dass kleine Kinder für ihre Entwicklung möglichst viel Kontinuität brauchen, sowohl was die Umwelt, als auch was die sozialen Beziehungen betrifft. Daher entwirft das Dasein für alles, von dem es beeindruckt und ergriffen ist, einen Rhythmus. Solange der rhythmische Ausdruck mit dem zusammenpasst, wofür das Dasein ihn entworfen hat, wenn das Dasein also das, was es ausdrücken will, einigermaßen echt und unmittelbar verstanden hat, so lange ist das Dasein beruhigt, denn alles scheint seine Ordnung zu haben.

Der Rhythmus ist die Grundlage, auf der das Dasein als Individuum mathematische Modelle der Welt entwirft, er ist also die Basis des berechnenden und technischen Begreifens, welches sich allein auf die Wahrnehmung ohne die Affekte konzentriert. Hier zeigt sich die indogermanische Wurzel „ri", Zahl, von Rhythmus. Die Doppelnatur des Rhythmus wird nun darin offenbar, dass er außerdem auch die Grundlage des affektiven Begreifens als Genus und des befindlichen Verstehens als Individuum ist. In der Kunst führt der Rhythmus im Modus der Spezies zum praktischen Verstehen und kunstfertigen Ausdruck des individuell geplanten Entwurfs und ist damit ein Modus von dessen Mitteilung.

Bei jedem Prozess, von dem das Dasein beeindruckt und ergriffen ist, erhofft oder befürchtet es eine Wiederholung, d.h. der Prozess wird von ihm als Rhythmus entworfen, und dieser Rhythmus rhythmisiert sich. In jeder ausdrücklichen Auslegung des Daseins von einem Prozess sind mindestens ein, meistens mehrere Rhythmen enthalten. Andererseits aber sind ein Prozess und ein Rhythmus nichts Seiendes, weder Subjekt noch Objekt. Um dies angemessen auszudrücken, hat Heidegger schon in „Sein und Zeit" sogenannte Impersonalsätze geprägt, wie zum Beispiel: „Die Zeitlichkeit „ist" überhaupt kein Seiendes. Sie ist nicht, sondern *zeitigt* sich." (Heidegger, 2006, S. 328). Entsprechend muss es bei mir heißen: ein Prozess ist nicht, er prozessiert sich. Neben den grundlegenden Daseinsstrukturen Zeitlichkeit, Räumlichkeit und Wirklichkeit gibt es noch die Wahrnehmungsstrukturen der Prozesshaftigkeit bzw. des Prozesses (Raum und Zeit) und die des Rhythmus.

Jede Struktur ist ein Aspekt, der nur teilweise eine Eigenschaft von einem Objekt oder einem Geschehen ist: Einerseits kennzeichnet sie die Beziehungen zwischen verschiedenen Teilen des Ganzen, andererseits beeinflusst sie die Beziehung zu anderen Objekten oder anderem Geschehen, beschreibt also die Beziehungsdynamik mit anderem. Damit hat jede Struktur eine Doppelnatur: Einerseits ist sie statisch, indem sie die „innere" Organisation eines Objekts oder eines Geschehens betrifft, andererseits ist sie dynamisch, indem sie die Möglichkeiten der „äußeren" Beziehungen mit anderem aufzeigt. Dadurch sind Strukturen immer bedeutungsvoll. Strukturen sind nicht, sie strukturieren sich, indem das Dasein affektiv wahrnimmt und begreift, befindlich versteht und plant und erwartungsvoll entscheidet und handelt, und so entsteht die Bedeutung der Struktur. Rhythmisches Geschehen bekommt allein dadurch schon eine Struktur, dass sich hier Ähnliches wiederholt. Damit ist jeder Rhythmus bedeutungsvoll, er löst bei uns Affekte, Empfindungen und Erwartungen aus.

Durch Rhythmik, z.B. das Atem-Zählen bei der Zen-Meditation, das Pendel des Hypnotiseurs und seine rhythmische Sprechweise oder die Trommelrhythmen eines Schamanen, kann das Dasein in eine impersonal-strukturell bestimmte Seinsweise der Trance oder Hypnose kommen und sagt dann zum Beispiel: „Es atmet mich, es durchpulst mich, o.ä." Wenn Nietzsche in „Die fröhliche Wissenschaft", 2. Buch, „84. Vom Ursprung der Poesie" (Nietzsche, 2000) sagt, „durch den Vers wurde man beinahe Gott. Ein solches Grundgefühl lässt sich nicht mehr völlig ausrotten – und noch jetzt [...] wird auch der Weiseste von uns gelegentlich zum Narren des Rhythmus, sei es auch nur darin, dass er einen Gedanken als *wahrer empfindet*, wenn er eine metrische Form hat und mit einem göttlichen Hopsasa daherkommt", so spricht er damit das Trance-Phänomen der Suggestibilität an. Strukturen besitzen also eine suggestive Kraft, die Struktur der Buchstaben zwingt zum Lesen, das ist ein in der wichtigen Bedeutung von Buchstaben liegender suggestiver Vollzugszwang. In Gemeinschaften kann man dies auch als ein Resonanz-Phänomen bezeichnen. Jeder rhythmische Ausdruck des Daseins kann jemand anderen, der ihm begegnet, verändern und umgekehrt. Diese wechselseitige Beeinflussung ist aufgrund der Transponierbarkeit der jeweiligen Rhythmus-Gestalten sehr weitreichend, variationsreich und flexibel. Rhythmische Ausdrucksweisen wie auch Prozesse überlagern und beeinflussen sich wie zum Beispiel zwei Wellen, die ein Interferenzmuster bilden. Dabei kann der eine Rhythmus oder Prozess den anderen im Ausdruck verändern, manchmal scheinbar nur einseitig, im Grunde aber immer wechselseitig.

Wenn ein rhythmischer Ausdruck der Seinsweise des Daseins und der eines anderen Seienden (daseinsmäßig oder nicht) sich gegenseitig verändern und dabei stärken, dann nennen wir dies auch Resonanz. Wenn sich dagegen die beiden rhythmischen Ausdrucksweisen gegenseitig verändern und dabei schwächen, so bezeichnen wir dieses Phänomen als Dissonanz. Im Zustand der Trance oder Hypnose sind die Rhythmen des Daseins derart, dass sie mit wesentlich mehr Rhythmen resonant sind, als dies bei anderen Seinsweisen des Daseins der Fall ist. Je langsamer ein Rhythmus ist, desto mehr Rhythmen gibt es, die mit ihm resonant sind, und je schneller er ist, desto weniger resonante Rhythmen kann es geben. Aufgrund der Entspannung sind die Rhythmen des Daseins im Zustand der Trance oder Hypnose relativ langsam. Wenn das Dasein sehr aufgeregt ist, dann sind seine Rhythmen relativ schnell, sodass es für andere schwieriger ist, eine Resonanz mit ihm herzustellen. Je nachdem wie entschlossen das Dasein ist, kompensiert es Resonanz und Dissonanz durch entsprechenden Ausdruck und steuert so den Grad der Beeinflussung von sich und anderen.

Diese Prozesse sind vom Dasein zwar erschlossen, was sich in Redewendungen wiederspiegelt wie „auf einer Wellenlänge sein" oder im Begriff der Stimmung oder Gestimmtheit, aber nicht unbedingt entdeckt und verstanden. In der Abkehr von ihm selbst konstruiert das Dasein abergläubische bis paranoide Erklärungen, wobei es sich damit in eine *Opferposition* begibt und nicht wahrhaben will, dass es für sich selbst die Verantwortung hat, derartiger Beeinflussung entgegenzusteuern. Wenn es dann in der Folge Feindbilder in seiner Weltlichkeit bzw. Gemeinschaftlichkeit entwirft und sich befindlich im Recht wähnt (Wahn!) „zurückzuschlagen", geht es in die *Täterposition* und kehrt sich noch weiter von ihm selbst ab. Strukturen besitzen einerseits eine statische Eigenschaft, entwickeln aber andererseits, nachdem wir ihnen eine Bedeutung gegeben haben (was wir in verschiedenen Situationen auf verschiedene Weise tun), aufgrund der dadurch in ihnen liegenden suggestiven Kraft, die umso größer ist bis hin zum Vollzugszwang, je wichtiger ihre Bedeutung und/oder stärker ihre Verankerung im Gedächtnis ist, eine eigene Dynamik, und das ist ganz allgemein die Doppelnatur von Strukturen (s.o.).

So ist es nicht verwunderlich, dass der Begriff Rhythmus in der griechischen Philosophie eine Doppelnatur (Buchheim, 1994, S. 184 ff.) besitzt: Einerseits ist Rhythmus (zum Beispiel bei Demokrit) etwas Dynamisches, ein Fließen mit einem Anschwellen und Abklingen, das Verschmelzen und Eins-Werden, andererseits fasst Heidegger in der Tradition von Aristoteles und dessen Metaphysik

Rhythmus als etwas Statisches auf wie das Skhêma als Fügung oder ein Sich-Fügen. Aristoteles hat den Rhythmus (Rhysmôs, die poetische Form von Rhythmus, die auch Charakter bedeutet), die zweiseitige, also interferierende Berührung (Diathigê) und die Wendung, den Drall oder den Effet (Tropê) der griechischen Atomisten (Leukipp und Demokrit) als das, worin sich Seiendes unterscheide, entsprechend umgedeutet in Form (Skhêma), Anordnung (Taxis) und Lage (Thesis). Rhysmôs meint bei den Atomisten den anschwellenden und wieder abklingenden Andrang oder Verlauf, der auf Seiendes eindringt (die o.e. Möglichkeiten der „äußeren" Beziehungen), ein bestimmtes akzentuiertes und artikuliertes Drängen, während Heidegger und Aristoteles das Wort als Synonym für „ruhende Gestalt" zu verwenden scheinen, die Bewegtes zusammenfügt und so Ruhe verleiht (die o.e. „innere" Organisation eines Objektes oder Geschehens). In beiden Fällen wird übrigens neben dem zeitlichen Aspekt die Räumlichkeit von Rhysmôs herausgestellt: Drängen und Eindringen sind dynamische räumliche Begriffe, und Gestalt ist als begrenzter Raum auffassbar, der nach bestimmten Gesetzen gefüllt ist, also eine „innere" Organisation, frei nach Jaucourt (Rhythme, in Diderot et d´Alembert, 1756, Seite 267, linke Kolumne): „[...] um etwas Substanzielles zu sagen, der Rhythmus ist nichts anderes als ein durch bestimmte Gesetze begrenzter Raum." (Naumann, 2005, S. 50) Bei Heidegger und Aristoteles ist die ruhende Gestalt aber als Schema und Form, als Idee bzw. Entwurf, was zeitlich erst noch umgesetzt werden muss, und nicht als etwas Räumliches gemeint, obwohl man Form auch als räumliche Idee auffassen kann.

Dieser Gegensatz zwischen Demokrit und Aristoteles erinnert mich an den Streit um das Wesen des Lichts in der Physik: Einerseits gibt es von Newton die sogenannte Korpuskeltheorie des Lichts, wonach Licht aus winzig kleinen körperlichen Elementen besteht, während die Wellentheorie des Lichtes davon ausgeht, dass Licht aus Wellen besteht. Die erste Theorie kann beim Doppelspaltexperiment von Young (1802) nicht die Bildung von Interferenzmustern erklären, was die Wellentheorie kann, und beim photoelektrischen Effekt (Licht erzeugt mehr Elektronenemission bei mehr Energie des Lichtstrahls, also bei mehr Leuchtkraft) versagt die Wellentheorie, wie Einstein 1905 nachwies, und legt nahe, dass das Licht einen Teilchencharakter besitzt (Einstein bezeichnete diese Teilchen als Lichtquanten oder Photonen). Indem Einstein Masse und Energie (Teilchen als Quanten von Energie) ins Verhältnis setzte, konnte er die Energie des Lichtes als Teilchen mit einer Masse interpretieren, sodass die Dynamik des Lichts zum Tragen kommt, während die Interferenzmuster des Wellenmodells des Lichts etwas Statisches an sich haben.

Der Begriff Energie hat insofern auch eine Doppelnatur, als er einerseits einen inneren Zusammenhalt (als Teilchen) betrifft, dessen Energie zum Beispiel bei einer Atomspaltung frei wird, als auch eine dynamische Wirkung auf die Umwelt. Energie hat somit etwas Vereinnahmendes und Eroberndes, indem sie mit der Zeit immer mehr Raum umfasst und organisiert. Energie kann stärken und erdrücken. Beim Rhythmus haben wir es in gewisser Weise mit Energie als pulsierendes Drängen und als wellenförmige Überlagerung zu tun, die auf einen umgrenzten Raum beschränkt ist. Die wellenförmige Überlagerung als in sich ruhende Fügung des Rhythmus ist das entschlossene Sich-Zurückbringen (Herkunft), Vorlaufen (Zukunft) und Im-Augenblick-Halten (Ankunft) der ekstatischen Zeitlichkeit, bei der Vor-Habe, Vor-Sicht und Vor-Griff aneinandergefügt werden, also ein umgrenzter Raum der Weltlichkeit angefüllt wird, während die pulsierende Dynamik der Ergriffenheit und der ausdrücklichen Auslegung und des Austauschs in der ekstatischen Auskunft (Kolb, 2017, S. 56) auf Seiendes in durchaus drängender Weise sich ausbreitend Eindruck machen kann.

Hier zeigt sich bei Heidegger das Fehlen des wichtigen Aspekts der Räumlichkeit, sodass sich ihm in der Fügung der ekstatischen Zeitlichkeit lediglich das Ruhende des Rhythmus zeigt, nicht aber seine dynamische Ausdrücklichkeit und Eindringlichkeit, die erst in der ekstatischen, sich räumlich ausbreitenden Auskunft hervortritt. Dadurch entfaltet der Rhythmus seine Wirkung, sodass wir alle drei grundlegenden Daseinsstrukturen, die Zeitlichkeit, die

Räumlichkeit und die Wirklichkeit (Kolb, 2017, S. 17), hier gleichermaßen vorfinden.

Wenn bei Demokrit beim Rhythmus vom Anschwellen, Abklingen und Verschmelzen die Rede ist, so sehe ich darin einen Hinweis auf etwas Konflikthaftes, zumindest auf Gegensätze, die sich u.U. auflösen. Wenn etwas anschwillt, dann will sich etwas ausdehnen, wird aber durch etwas anderes davon abgehalten. Beim Anschwellen erhöhen sich entsprechend Spannung und Druck, im Abklingen werden sie geringer und verschwinden, wenn die gegensätzlichen Tendenzen miteinander verschmelzen. Das rhythmische Anschwellen und Abklingen hat aber noch einen weiteren Effekt: Es wird dabei etwas angesammelt, z.B. Sauerstoff beim Atmen, und etwas abgegeben, das CO_2. Dadurch kann es Wachstum geben, oder es wird Energie in einen bestimmten Bereich hineingepumpt, die sich nach einer Weile, wenn genug zusammengekommen ist, entweder von selbst entlädt oder die gezielt für etwas eingesetzt werden kann, z.B. mehrmals tiefes Ein- und Ausatmen vor einer größeren Anstrengung oder vor dem Apnoe-Tauchen. In der gesammelten Energie einerseits und im Wachstum andererseits zeigt sich wieder die Doppelnatur des Rhythmus. Je größer das Wachstum ist und je mehr Energie wir ansammeln können bzw. angesammelt haben, desto vitaler sind wir. Rhythmus hat also viel mit Vitalität oder Lebendigkeit zu tun, abgesehen davon, dass wir an bestimmten Rhythmen wie dem Herzrhythmus erkennen können, ob jemand lebt oder tot ist.

Den Rahmen, in welchem der Sinn des Daseins verständlich wird, können wir Prozesshaftigkeit nennen, denn alle Daseinsprozesse lassen sich durch zirkuläre Abläufe beschreiben, wie in einer Grafik von „Dasein, um zu lieben" (Kolb, 2017, S. 285) dargestellt. In der Prozesshaftigkeit werden räumlich-zeitliche Bewegung und Fügung in wirkliche Beziehung gesetzt und vereint, sodass sich der Gegensatz zwischen Demokrit und Leukipp einerseits und Aristoteles und Heidegger andererseits bezüglich des Rhythmus auflöst. Die Doppelnatur des Rhythmus vereint nicht nur diesen Gegensatz von

Bewegung und Fügung, sondern mit dem Rhythmus hat sich das Dasein generell eine Möglichkeit geschaffen, Gegensätze und Extreme zu integrieren. Dabei findet keine Nivellierung oder Gleichschaltung statt, sondern das Dasein entwirft eine Einheit für die Vielheit, nämlich einen Rhythmus. Um Interessenkonflikte z.B. bei der Urlaubsplanung zu lösen, wird teilweise ein Rhythmus eingeführt, dass im einen Jahr die einen und im nächsten Jahr die anderen sich den Termin für ihren Jahresurlaub aussuchen dürfen.

Alles Seiende kann so in einem Prozess rhythmischer Überlagerungen, Übergänge oder Fügungen, deren Ineinander-Fließen nicht genau, aber ähnlich einer Periode sein muss, miteinander verbunden werden. Rhythmik wird so zur Freiheit eines nur vom affektiven Begreifen und befindlichen Verstehen der Zeit- und Raumfülle kontrollierten wirkungsvollen Spiels auf der Handlungsebene. Andererseits kann Rhythmik aber auch zu Unterdrückung, Zerstörung und Vernichtung führen, wenn einer der Gegensätze quasi überrollt wird (Soldaten im Gleichschritt zerstören eine Brücke, das Aktive vernichtet das Passive). Diese Wirkung kann aber nur zeitweise sein, denn früher oder später erzeugt der eine Gegensatz wieder den anderen, er muss ihm wieder Raum geben (um beweglich, schnell und aktiv eine Schlucht oder einen Fluss überqueren zu können, braucht man früher oder später eine statische und passive Brücke). In diesem Phänomen ist auch ein Rhythmus verborgen: Ungelöste Konflikte bzw. nicht überwundene Gegensätze tauchen immer wieder auf.

In der Physik gibt es theoretische Ansätze, in denen die Zeit als Raum aufgespannt wird, um eine Superposition verschiedener Möglichkeiten darstellen und erfassen zu können. Als entsprechende Zustandsgleichung wählt man dann eine Wellengleichung von der Art der Schrödinger-Gleichung aus der Quantenmechanik. Bei der Zeitlichkeit spannt auch Heidegger einen Raum auf, in welchem verschiedene Möglichkeiten des Seinkönnens des Daseins sich überlagern oder nebeneinandergestellt sind. An die Stelle einer Wellengleichung, um den jeweiligen Zustand des Daseins zu beschreiben, also welchen Ausdruck seines Seins das Dasein gerade gewählt hat, lässt sich dann die Rhythmik einführen.

Ich will nun versuchen aufzuzeigen, dass die Rhythmik am Anfang des menschlichen Lebens steht, also am Anfang der Beziehung des Daseins zum Sein überhaupt. Zur Bewährung dieser existenzialen Interpretation der Rhythmik als Anfang des menschlichen Lebens[1] möchte ich drei Bibelstellen heranziehen, in denen das Dasein die Rhythmik vorontologisch als Anfang der Schöpfung auslegt, was ich als paradigmatische Darstellung des Anfangs der Beziehung des Daseins zum Sein überhaupt verstehe (siehe Thomas Strässle (Naumann, 2005, S. 191 ff.)). Es sind dies die Eingangssätze zum Buch Genesis und zum Johannesevangelium: „Im Anfang schuf Gott Himmel und Erde." (Gen 1,1) und „Im Anfang war das Wort, und das Wort war bei Gott, und Gott war das Wort." (Joh. 1,1), sowie aus dem apokryphen Buch Weisheit Salomonis: „Aber Du hast alles nach Maß, Zahl und Gewicht geordnet." (Weish 11,21). Dies bedeutet, dass im Anfang ein Gesetz in einem gesetzlosen Raum eingeführt wird, im Buch Genesis das Gesetz der Tat, im Johannesevangelium das Gesetz des Wortes, wodurch jeweils alles so geordnet ist, dass es einander nach Maß, Zahl und Gewicht ähnlich und vergleichbar ist, d.h. dass sich Ähnliches wiederholt. Somit erhalten wir den Satz: Im Anfang war der Rhythmus. Dies ist übrigens der Titel einer Komposition von Sofia Gubaidulina, die Thomas Strässle ab Seite 191 (ebenda) interpretiert. Die Tat schafft Gegensätze (Himmel und Erde), die auf diese Weise erschlossen sind und die vom Dasein dann begriffen und in der Rede (im Wort) gegliedert werden können. Damit kreiert die Tat die Materie, die dadurch gekennzeichnet ist, dass sie aus allem Vergleichbaren besteht, sodass Gegensätze und Übereinstimmungen erkannt werden können. Die schöpferische Tat erschließt die Welt, sie teilt und macht unteilbar, und in einem bestimmten Rhythmus erschafft und zerstört, gibt und nimmt sie so die Individualität, die Unteilbarkeit und Unverfügbarkeit des Daseins,

---

[1] In der alten Cura-Fabel des Hyginus sieht Heidegger ein vorontologisches Zeugnis zur Bewährung seiner existenzialen Interpretation des Daseins als Sorge (Heidegger, 2006, S. 196 ff., § 42). Eine derartige Bewährung hat zwar nur geschichtliche Beweiskraft, soll aber zeigen, dass die entsprechende These nicht völlig aus der Luft gegriffen ist, sondern möglicherweise schon implizit akzeptiert wird.

sie gibt sie am Anfang und nimmt sie am Ende seiner Existenz. Das Erschlossene kann dabei vom unteil- und unverfügbaren Dasein im Rhythmus affektiv begriffen, befindlich verstanden und durch rhythmischen Ausdruck und Akzentuierung ausgelegt, sich selbst angeeignet und anderen mitgeteilt werden. Im Entwicklungsprozess des Daseins ist also die Rhythmik von Anfang bis Ende allgegenwärtig.

Bei den Emotionen habe ich zwischen allgemeinen Affekten verknüpft mit der momentanen Wahrnehmung im Modus des Genus als Objekt der Materie, individuellen Empfindungen verknüpft mit dem Begreifen der Herkunft der Selbst-Betroffenheit im Modus des Individuums als Objekt der Psyche und den spezifischen Gefühlen verknüpft mit dem erwartungsvollen befindlichen Verstehen der zukünftigen Möglichkeiten des Seinkönnens im Modus der Spezies als Objekt des Geistes unterschieden (Kolb, 2017, S. 24). Mithilfe des Rhythmus lässt sich nun die Intensität und Dauer von Emotionen beschreiben, wobei wir die länger dauernden Emotionen bei Affekten als Haltungen, bei Empfindungen als Einstellungen und bei Gefühlen als Stimmungen des Daseins bezeichnen, die alle Wahrnehmungen, Meinungen und Handlungen überlagern und mit ihnen interferieren (wie Wellen): Der alltagssprachliche Begriff Stimmung legt schon nahe, dass es sich um Schwingungen, also um Rhythmen handelt. Jeder Affekt, jede Empfindung und jedes Gefühl wird jeweils angestoßen durch bestimmte Wahrnehmungen, durch ein Begreifen einer bestimmten Selbst-Betroffenheit (Meinung) und durch das Verstehen einer bestimmten Möglichkeit des Seinkönnens. Nachdem die entsprechende Emotion angeregt worden ist, schwingt sie in einem gewissen Rhythmus nach und verlischt erst, wenn das damit zusammenhängende Problem oder die entsprechende Aufgabe befriedigend gelöst wurde, oder nach einer gewissen Zeit von selbst, wenn die betreffende Emotion nicht wieder hervorgerufen wird. Wiederholte Anregungen verlängern die Zeit des Verlöschens umso mehr, je kürzer die Abstände und/oder je häufiger die betreffende Emotion angestoßen wird. Je länger die rhythmische Dauer einer Emotion (Affekt, Empfindungen oder Gefühle), desto eher spricht man von einer Haltung, Einstellung oder Stimmung und insgesamt von einer Disposition, im Extremfall sogar von einer Grundhaltung, -einstellung oder -stimmung bzw. grundlegenden Disposition. Aufgrund wiederholter Anregungen kann eine Desensibilisierung stattfinden, sodass Dispositionen vom Erregungsniveau nicht so ausgeprägt sind wie Emotionen. Beruht die Disposition auf einem Affekt, so hat das Dasein als psychisches Subjekt entweder den Affekt selbst begriffen oder aber affektiv ergreifend verstanden, dass es, warum auch immer, durch bestimmte Wahrnehmungen immer wieder derart affiziert wird, wenn die Disposition sich aus einer Empfindung entwickelt hat, dann beruht das Ganze auf einer entsprechend langanhaltenden Empfindung, die durch keine Handlung und kein Geschehen verändert werden konnte, und wenn die Disposition sich aus einem Gefühl entwickelt hat, dann beruht das Ganze auf einer entsprechend langanhaltenden Täuschung oder Übereinstimmung und Enttäuschung bzw. Erfüllung, die durch keine Überlegung und Planung verändert werden konnte oder die man nicht verändern wollte (vor allem bei positiven Gefühlen). Insgesamt kann man eine Disposition daher als eine chronifizierte Emotion bezeichnen.

Da das Dasein sich immer in irgendeiner Disposition mit einem entsprechenden Rhythmus befindet, wird hieraus noch einmal ersichtlich, dass Rhythmik von Anfang bis Ende unseres Daseins allgegenwärtig ist.

2. Körperlichkeit und Erkenntnis: Intuition und Wissenschaft

Unsere Wahrnehmung ist immer mit Affekten verknüpft, was uns nicht „anmacht" bzw. bewegt, nehmen wir nicht wahr. Wahrnehmung und Bewegung hängen in doppelter Weise zusammen: Es gibt keine Wahrnehmung, ohne dass wir uns bewegen und bewegt werden. Wenn wir etwas bewegungslos und starr anschauen, verschwimmt das Bild von den äußeren Rändern her, bis wir nichts mehr sehen, leichte Kopfbewegungen verbessern die Richtungswahrnehmung beim Hören, zum Tasten müssen wir die Finger bewegen, zum Riechen einatmen und zum Schmecken das Entsprechende in den Mund führen, kauen und einspeicheln.

Ein Computer speichert Bilder Pixel für Pixel, indem er dabei ein mehr oder weniger grobes Raster verwendet, weswegen ich diese Art Wahrnehmung (wie z.B. bei der digitalen Fotographie, die ohne Affekte und Bewegung von statten geht) grobstofflich nennen will. Das Wahrgenommene wird in Einzelstücke zerbrochen und grob zusammengesetzt, wir haben es mit Konstellationen von verschiedenen Einzelheiten zu tun. Als menschliches Dasein nehmen wir keine derartigen Konstellationen wie Pixelmuster wahr, dazu reicht unsere Speicherkapazität nicht aus, sondern wir nehmen Gestalten wahr, die uns affektiv berühren, genau genommen nehmen wir Hinweise auf Gestalten wahr und vervollständigen diese dann nach bekannten und gespeicherten Mustern, sodass in unserem Gedächtnis derartige Gestalten sich berühren und eine Situation bilden, wobei jede Gestalt eine Beziehung zur Gesamtsituation besitzt. Dabei ist eine Situation ein raumzeitlich bezüglich eines Zieles begriffener Zusammenhang, in dem ein Lebewesen innerhalb bestimmter räumlicher und zeitlicher Grenzen bzw. Horizonte materielle Gegensätze unterscheiden bzw. wahrnehmen, Aussichten beurteilen (was auf es zukommen kann) und praktische Zusammenhänge sowohl induktiv als auch deduktiv als auch conduktiv schlussfolgernd sich erschließen kann, wo etwas im Allgemeinen herkommt, wohin etwas im Speziellen hinführen kann und was im Einzelnen auf es zukommt bzw., womit es im Einzelnen zusammengeführt worden ist.

Durch diese Beziehung zur Situation lebt jede Gestalt in der Situation. Als lebendig bezeichne ich alles, was eine Beziehung zu seinem Sein besitzt, und diese Beziehung soll sein Leben genannt werden. Über unsere Emotionen haben auch wir eine Beziehung zu der Situation, d.h. wir sind in der Situation und leben in ihr. Diese lebendige und feinsinnige affektive Wahrnehmung der Situation, in der wir leben, möchte ich feinstoffliche Wahrnehmung nennen. Im Unterschied zu einem Computer können wir, wenn wir schematisch nach einem Raster grobstofflich wahrnehmen, wegen der Datenfülle nur ziemlich grobe Raster verwenden. Im Unterschied zum PC können wir aber niemals völlig ohne Affekte wahrnehmen, was insofern ein Problem vor allem in den Sozialwissenschaften darstellt, weil jeder Forscher seine Ergebnisse von Experimenten mit eigenen Vorurteilen verunreinigt, auch wenn er das gar nicht will. Was wir von unserem Körper rasterartig und weitgehend, aber nicht völlig ohne Affekte nur durch unsere fünf Sinne wahrnehmen, dies soll grobstoffliche Struktur des Körpers heißen, und was wir feinsinnig gestalthaft und ohne Raster affektiv von ihm wahrnehmen und begreifen, soll feinstoffliche Struktur des Körpers genannt werden.

Schmitz (Schmitz, 2011) bezeichnet die grobstoffliche Struktur als Körper und die feinstoffliche als Leib. Für die deutsche Sprache mag das sehr treffend erscheinen, denn Leib ist verwandt mit dem englischen „Life", Leben, und die feinstoffliche Struktur des Körpers ist ja eine lebendige Gestalt. Ich halte aber meine Terminologie für besser, weil beide, die grob- und die feinstoffliche Struktur, nur verschiedene Aspekte desselben Phänomens sind, die jeweils als solche ihre Berechtigung haben. Weiterhin gibt es zumindest im Englischen keine passende Übersetzung von Leib, sodass es für die Verständigung in anderen Sprachen einfacher ist, meine Terminologie zu verwenden. Außerdem legt die Begrifflichkeit von Schmitz nahe, dass es bei Körper und Leib um unterschiedliche Objekte und nicht um verschiedene Strukturen oder Aspekte desselben Objekts geht.

Mit der feinstofflichen Struktur nehmen wir unsere eigene lebendige Körperlichkeit wahr, und je mehr wir begreifen, dass wir durch unsere Affekte selbst betroffen sind, desto mehr ist unser Selbst in dieser Körperlichkeit verankert, d.h. wir erkennen aufgrund unserer Körperlichkeit immer mehr, dass wir lebendig sind, also eine Beziehung zu unserem Sein haben.

Da wir über unsere Sinne nur Hinweisreize der verschiedenen Gestalten erfassen, kann dies zu Wahrnehmungstäuschungen führen. Die Gestalten unserer Wahrnehmung können wir als Genus affektiv begreifen, d.h. wir begreifen, was wir für einen Bezug zu ihnen haben, wo sie herkommen (Ekstase der Herkunft), welche Empfindungen sie bei uns auslösen, wie unsere Befindlichkeit sich durch ihre Wahrnehmung ändert. Die entsprechende Ergriffenheit motiviert uns dann als Individuum, Möglichkeiten zu entwerfen und zu planen, wie wir unsere Befindlichkeit immer mehr verbessern können, wir verstehen uns befindlich auf verschiedene zukünftige Möglichkeiten unseres Seinkönnens (Ekstase der Zukunft), für die wir uns entscheiden können. Dabei entsteht über eine Art Vorfühlen ein Gefühl für mögliche zukünftige Situationen und entsprechende Erwartungen, sodass wir uns für eine optimale Möglichkeit entscheiden können und der entsprechende Handlungsauftrag uns als Spezies in der aktuellen Situation, in der wir gerade angekommen sind (Ekstase der Ankunft), zur praktischen Umsetzung unserer Entscheidung drängt. Das Ergebnis nehmen wir dann affektiv wahr und erkennen dabei, inwieweit unsere Erwartungen erfüllt sind oder nicht, ob und inwieweit wir uns getäuscht haben bzw. ob zwischen dem Ergebnis und unseren Erwartungen eine Gegensätzlichkeit oder eine Übereinstimmung besteht (Ekstase der Auskunft). Was uns bei diesem ganzen Prozess leitet, angefangen von der feinstofflichen Wahrnehmung bis zum Erkennen der Gegensätzlichkeit oder Übereinstimmung zwischen Handlungsergebnis und Erwartungen, will ich Intuition nennen.

Wie der Rhythmus ist auch die Intuition ekstatisch (auch sie bringt uns aus uns selbst heraus), da alle vier grundlegenden Ekstasen des Daseins, nämlich Herkunft, Zukunft, Ankunft und Auskunft, eine entscheidende Rolle dabei spielen. Je besser unsere Intuition ist, desto geringer sind die Gegensätzlichkeiten und desto größer die Übereinstimmungen zwischen unseren Erwartungen und den Ergebnissen derartiger Prozesse. Mit jeder Erfahrung, die wir auf diese Weise machen und entsprechend verwerten durch affektives Begreifen, befindliches Verstehen bzw. Entscheiden und praktisches Umsetzen der entsprechenden Entscheidungen, verbessert sich unsere Intuition. Intuition ist also eine Fähigkeit, die uns jeweils an die Horizonte der vier grundlegenden Ekstasen des Daseins heranführen kann.

Unsere Intuition bzw. Erfahrung, so könnte man vielleicht meinen, sollte uns zeigen, welche Hinweise wesentlich sind, damit wir beim affektiven Begreifen der Hinweise auf Gestalten kommen, die uns zu Erwartungen und Entscheidungen führen, sodass unsere entsprechenden Handlungsergebnisse möglichst nahe an unsere Erwartungen herankommen. Ob ein Hinweis wesentlich ist, würde also nicht nur von der Gestalt abhängen, auf die er hinweist, sondern auch von deren befindlichem Verstehen, der daraus resultierenden Handlung und deren Ergebnis. Das Wesen bzw. das Wesentliche einer Situation könnte aber für jeden von uns etwas anderes sein, denn jeder könnte etwas anderes als wesentlich für eine Gestalt affektiv begreifen, ein und dieselbe Gestalt könnte von jedem anders befindlich verstanden werden und somit zu verschiedenen Erwartungen und Entscheidungen führen, und bei ein und derselben Erwartung und Entscheidung könnte es bei jedem zu unterschiedlichen Handlungsergebnissen kommen. Diese Relativität des Wesens bzw. des Wesentlichen von etwas macht es uns praktisch unmöglich, Wesen und Wesentliches genauer zu bestimmen, denn selbst bei ein und derselben Person kann sich je nach Entwicklungsstand und momentaner Befindlichkeit bzw. Stimmung etwas anderes als wesentlich erweisen.

Wie zu Anfang dieses Kapitels aufgezeigt, ist unsere Wahrnehmung immer affektiv und damit feinstofflich, sobald sich irgendwelche Empfindungen einstellen, d.h. unsere Wahrnehmung und die weitere Verarbeitung sind immer durch unsere Intuition geleitet, es sei denn, es gelingt uns, unsere Empfindungen zu unterdrücken. Unter Umständen halten wir dabei etwas für wesentlich oder meinen, das Wesen von etwas erkannt zu haben. Aufgrund der Komplexität von Situationen kann dies aber niemals genau stimmen.

Wenn wir aber eine Situation mit Hilfe eines Rasters vereinfachen – dadurch können wir unsere Empfindungen ausblenden – und in mehr oder weniger grobe Einzelheiten zerbrechen, entsteht eine Konstellation von Einzelheiten, und durch Konzentration auf diese Einzelheiten und durch schlussfolgerndes Denken können wir in einer solchen Konstellation die dafür wesentlichen Einzelheiten und die entsprechenden Regeln und Gesetzmäßigkeiten finden, die zwischen ihnen bestehen. Damit sind wir beim wissenschaftlichen Diskurs im Unterschied zur Intuition angelangt. In der klassischen Physik auf der makrokosmischen Ebene finden wir einen derartigen Diskurs, der das Wesentliche der physikalischen Zusammenhänge herausstellt und zuverlässige Voraussagen ermöglicht. Wenn wir aber das Raster immer feiner werden lassen und schließlich bei der Quantenphysik ankommen, ergibt sich ein völlig anderes Bild, und wir können nur noch Wahrscheinlichkeiten für Voraussagen angeben, das Wesentliche ist nicht mehr exakt fassbar. Wenn wir den Impuls eines Elektrons exakt gemessen haben, wissen wir nicht genau, wo es sich befindet, und wenn wir seinen Ort genau kennen, können wir nicht angeben, was für einen Impuls es hat. Ort und Impuls überlagern sich und sind nicht gleichzeitig scharf bestimmbar, das ist die Heisenbergsche Unschärferelation. Sinnliche Wahrnehmung und Empfindung überlagern sich ebenfalls und sind nicht gleichzeitig exakt bestimmbar. Konzentrieren wir uns nur auf die Sinneswahrnehmung, ändert sich die Empfindung und ist in diesem Moment nicht genau bestimmbar, fokussieren wir uns dagegen nur auf unsere Empfindung, dann verändert sich unsere Wahrnehmung, im Extremfall können wir sogar Halluzinationen bekommen.

Ich möchte noch einmal auf die Lebendigkeit der gestalthaften bzw. feinstofflichen Wahrnehmung zurückkommen: Zum einen sind die mithilfe bestimmter Hinweisreize wahrgenommenen Gestalten in der Situation lebendig, d.h. sie leben für das Dasein in der Situation und bekommen einen Bezug zu sich selbst und zur Situation unterlegt, zum andern ist das wahrnehmende Dasein lebendig, indem es sich ebenfalls für sich und zu sich selbst und zur Situation in einer Beziehung befindet. Der Bezug zu sich selbst ist zirkulär und der zur Situation ist linear, d.h. es überlagern sich lineare und zirkuläre Prozesse wie bei jedem Austausch bzw. bei jeder Art von Kommunikation. Beim Dasein ist das Begreifen des Affekts ein zirkulärer Prozess, denn das Dasein begreift ständig den Affekt und empfindet ständig etwas (die jeweilige Empfindung ist ein variabler Zustand), und die Wahrnehmung ist linear. Aufgrund der Überlagerung beeinflussen sich zirkuläre und lineare Prozesse wechselseitig und nicht genau bestimmbar. Die Unbestimmbarkeit des Wesens bzw. des Wesentlichen von etwas hängt also nicht nur vom wahrnehmenden Dasein ab, sondern auch von den verschiedenen lebendigen Gestalten, die das Dasein der jeweiligen Situation im Begreifen unterlegt. In der Medizin z.B. reagiert ein Organ (eine lebendige Gestalt) ganz unterschiedlich auf einen bestimmten Reiz (linearer Prozess), je nachdem in welchem Zustand (Empfindung) es sich gerade befindet (zirkulärer Prozess).

Wie können nun Intuition und wissenschaftlicher Diskurs einander ergänzen, bzw. wann ist das eine und wann das andere angebracht? Wenn es um Probehandeln oder grobe und einfache Zusammenhänge geht, ist sicherlich der wissenschaftliche Diskurs vorzuziehen, und mit seiner Hilfe können wir in idealtypischen Konstellationen die wichtigsten Methoden der Problemlösung in den entsprechenden Bereichen herausfinden und erlernen. Von daher ist eine wissenschaftliche Schulung als Vorbereitung für eine entsprechend verantwortungsvolle Tätigkeit unumgänglich. Je mehr Erfahrung wir dann durch unser Handeln sammeln, desto mehr sollten wir unsere Intuition einschalten, um mit ihr weitere Erfahrungen machen zu können und damit diese Fähigkeit immer mehr zu verbessern, sodass wir in komplexen Situationen unsere Erwartungen immer besser erfüllen können.

Folgt man Foucaults Entwicklungsgeschichte des abendländischen Wissens, wie es in seinem Werk »Die Ordnung der Dinge« (Foucault, 2008, S. 9 - 469) dargestellt ist, so findet man bis zum 19. Jahrhundert drei verschiedene Epochen: „Bis zum Ende des sechzehnten Jahrhunderts hat die Ähnlichkeit im Denken *(savoir)* der abendländischen Kultur eine tragende Rolle gespielt" (ebenda, S. 49). Ähnlichkeiten werden durch sichtbare Zeichen signalisiert, deren Sinn jedoch entdeckt werden muss. Wir finden hier eine gewisse rhythmische Struktur. Foucault bezeichnet die Kenntnisse des 16. Jahrhunderts als „eine unstabile Mischung aus rationalem Wissen, von magischen Praktiken abgeleiteten Begriffen und einem ganzen kulturellen Erbe […], dessen Ansehen durch die Wiederentdeckung der alten Texte die Kraft seiner Autorität um ein Vielfaches vermehrt hatte" (ebenda, S. 66). Im 17. Jahrhundert kommt dann die sogenannte Klassik auf, in der das Wissen eine räumliche Struktur erhält, bei der die Dinge kontinuierlich auf einem Tableau angeordnet sind, wobei die entsprechende Ordnung empirisch durch die Dinge selbst begründet sein muss. So entstand beispielsweise in der Biologie das Klassifikationssystem nach Linné. In der sogenannten Moderne ab dem Ende des 18. Jahrhunderts kommt der Evolutionsgedanke auf, und die zeitliche Struktur bekommt immer mehr Bedeutung beigemessen, z.B. bei der „reinen Vernunft" von Kant.

Wenn ich Foucaults Gedankengang weiterspinne, dann beginnt Anfang des 20. Jahrhunderts die so genannte Postmoderne, die aufgrund der zunehmenden Komplexität des zeitlich-räumlichen Wissens immer mehr zur Kenntnis nehmen muss, dass der Wissenssuchende und die Wissenssuche selbst die Ergebnisse beeinflussen. Dies gilt nicht nur für die Sozialwissenschaften, bei denen dies schon vom gesunden Menschenverstand her einsichtig ist, sondern sogar in der Physik, der Naturwissenschaft par excellence, denn, wenn man in der Quantenphysik etwas misst, reduziert man die Zustandsgleichung und erhält immer wieder andere Messergebnisse. So ergibt sich dann das Paradox von „Schrödingers Katze": Allein das Nachschauen in einem fiktiven Quantenexperiment, ob sie lebt oder nicht, verändert ihr Schicksal von Leben und Tod. Es ist nicht mehr allein die rhythmische, räumliche oder zeitliche Struktur, in der und durch die wir immer mehr Wissen gewinnen können, sondern zusätzlich die Erforschung der Überlagerung all dieser Strukturen bzw. der Überlagerung von zirkulären und linearen Prozessen. Dies wiederum führt uns dazu, unsere Intuition mit dem wissenschaftlichen Diskurs zu verknüpfen und im Zwischenmenschlichen zu erforschen, was uns trennt und was uns vereint, denn der Gegensatz linear-zirkulär ist mit der Ebene des intentionalen Selbst, der Emotion von Leid bzw. Trauer aufgrund von einem wahrgenommenen schmerzhaften Zustand des Getrennt-Seins und dem Gehörsinn verbunden (Kolb, 2017, S. 133).

Aufgrund der Überlagerung von zirkulären und linearen Prozessen wird immer deutlicher, dass der Raum sowohl Kontinuitäten als auch Diskontinuitäten besitzt, d.h. wir können niemals vor Überraschungen sicher sein. Die Zeit bzw. die Zeitlichkeit wird nicht nur von Heidegger durch seine drei Ekstasen der Gewesenheit, Zukunft und Gegenwart quasi verräumlicht, sondern auch in der Quantenphysik erhält die Zeit, indem sie mithilfe der komplexen Zahlen räumlich aufgespannt wird, um eine Superposition mehrerer Möglichkeiten theoretisch zu erfassen, eine räumliche Struktur, und der Gegensatz räumlich-zeitlich wird offenbar. Bei der entsprechenden quantenphysikalischen Zustandsgleichung (Schrödingergleichung) entspricht dann der Hamiltonoperator des Systems der wirklichen bzw. wirksamen Zeitentwicklung, also dem, was gewesen ist bzw. woher ein Zustand kommt (Herkunft), und die partielle Ableitung nach der Zeit multipliziert mit der negativen imaginären Einheit dem, was aus der Zukunft für Möglichkeiten (imaginär!) auf uns zukommen können. Indem beides in der Schrödingergleichung gleichgesetzt wird, hat man eine notwendige Bedingung für den Zustand, in dem man gerade ankommt (Ankunft). Die Auskunft über diesen Zustand wird erst dann für uns wirklich erfassbar und konkret, wenn wir die Herkunft (affektiv) begriffen und aufgrund des Verständnisses der Herkunft (unserer Empfindungen) die zukünftigen Möglichkeiten abschätzen können. Einen festen Punkt gibt es dabei nicht, sonst hätte schon Archimedes unsere Welt aus den Angeln gehoben. Da alles beweglich und relativ ist, uns aber dennoch vieles fest und absolut erscheint, zeigt sich hier der Gegensatz absolut-relativ bzw. objektiv-subjektiv, und je nachdem, ob wir uns entscheiden oder nicht, sind wir aktiv oder passiv bzw. bestimmen wir selbst oder lassen es.

Insgesamt zeigen sich also bei dieser Betrachtung alle grundlegenden Gegensätzlichkeiten des Umgangs mit der Realität, die uns bei der Entwicklung unseres Selbst in der folgenden Reihenfolge begegnen (Kolb, 2017, S. 72 ff.): der Gegensatz aktiv-passiv bzw. eigene Bestimmung oder Nicht-Bestimmung der Umwelt (physisches Selbst), der Gegensatz objektiv-subjektiv (soziales Selbst), der Gegensatz kontinuierlich-diskontinuierlich (teleologisches Selbst), der Gegensatz linear-zirkulär (intentionales Selbst) und der Gegensatz räumlich-zeitlich (repräsentationales Selbst).

Kommen wir nun zur Erkenntnisfähigkeit, ihre Beziehung zur Rhythmik und ihre Verankerung in der Materie bzw. in unserer Körperlichkeit: Zu Erkenntnis bzw. Wissen über etwas gelangen wir prinzipiell auf drei Arten, je nachdem in welchem Modus sich unser Dasein gerade befindet. Im Modus des Genus treffen wir als Objekte der Materie auf deren Gegensätze, die wir immer mehr affektiv bemerken und dadurch immer besser unterscheiden bzw. wahrnehmen können, je weiter unsere Sinne entwickelt sind. Außerdem sind wir als psychische Subjekte empfindungsfähig, am Anfang unseres Lebens vor allem bezüglich Lust- und Unlustempfindungen. Zwischen beidem vermitteln andere Menschen, zuerst in der Regel unsere Mutter, die mit den Gegensätzen der Materie so umgeht, dass wir uns möglichst wohl fühlen. Diese anderen Menschen stehen uns im Idealfall in kommunikativer Solidarität, wie ich es in „Dasein, um zu lieben" (Kolb, 2017) genannt habe, mit Rat und Tat zur Seite, und je nach unserer eigenen Entwicklung unterstützen wir andere entsprechend. Hier im 11. Kapitel habe ich dies Beseelung und Begeisterung genannt. Erkenntnis bedeutet hier, sich etwas Fremdes vertraut zu machen und so den Gegensatz fremd-vertraut, der zugleich die materielle Verankerung darstellt, immer besser zu überwinden bzw. damit umzugehen.

Im Modus des Individuums treffen wir als Objekte der Psyche auf die Dynamik unserer Empfindungen, mit der wir immer besser umgehen können, je besser wir unser Verhältnis zu unserer Umwelt begreifen. Außerdem sind wir als geistige Subjekte fähig, Möglichkeiten unseres Seinkönnens zu entwerfen, zu überlegen und zu planen. Zwischen beidem vermitteln wir selbst idealerweise in ganzheitlichem Selbstverständnis, wie ich es in „Dasein, um zu lieben" (Kolb, 2017) genannt habe, je nachdem wie weit wir unser Selbstverständnis entwickelt haben. Hier bedeutet Erkenntnis, dass wir uns etwas Fremdes, nämlich etwas von der Dynamik unserer Empfindungen, etwas von uns selbst, zu eigen machen und überlegen, wie wir damit am besten umgehen, wie wir etwas in Bezug auf uns selbst beurteilen und welche Pläne wir machen. Der Gegensatz fremd-eigen ist hier die materielle Verankerung.

Im Modus der Spezies schließlich sind wir als Objekte des Geistes mit unseren Vorstellungen, Plänen und Erwartungen gefühlsmäßig beschäftigt, womit wir immer besser umgehen können, je besser wir uns darauf verstehen, unsere Vorhaben, Projekte oder Experimente praktisch umzusetzen, je kunstfertiger und geschickter wir als körperlich-materielle Subjekte in der Lage sind zu handeln. Zwischen unseren Erwartungen und der praktischen Umsetzung vermittelt unsere Lebenswirklichkeit, die Auswirkungen unseres Daseinsverhältnisses zu unserem In-der-Welt-Sein, die wir je nachdem immer mehr selbst bestimmen können. Im Idealfall sind wir dabei autonom bzw. selbstbestimmt und effektiv, wie ich es in „Dasein, um zu lieben" (Kolb, 2017, S. 28) ausgedrückt habe. Erkenntnis bedeutet hier, dass wir uns auf die Schwierigkeiten der Materie, also auf etwas Fremdes, immer mehr einlassen und praktisch damit umgehen. Der Gegensatz Zuwendung-Abwendung gegenüber Fremdem verankert hier die Erkenntnisfähigkeit in der Materie.

Alle drei Arten der Erkenntnisgewinnung hängen auf natürliche Weise miteinander zusammen, sie befinden sich in einem absolut dialektischen Verhältnis zueinander, nur wenn ich mich im Modus der Spezies auf Fremdes einlasse, kann ich es mir im Modus des Genus vertraut machen, wodurch Seiten von mir selbst offengelegt werden, die ich mir im Modus des Individuums aneignen kann, wodurch sich mir neue Möglichkeiten des Seinkönnens auftun, sodass ich mich auf neue Weise im Modus der Spezies auf Fremdes einlassen kann usw.. Dadurch hat keine Art der Erkenntnisgewinnung einen Vorzug vor den anderen.

Für alle drei Arten brauche ich Vertrauen, Vertrauen in die menschliche Gemeinschaft, in der ich mich befinde, Vertrauen in mich selbst und Vertrauen und Mut, mich auf die Welt, die mir fremd ist, einzulassen. Dieses Vertrauen hat jedoch Grenzen, und hier müssen wir den Entwicklungskreis des vorigen Abschnitts reflektieren, um diese Grenzen zu erkennen (hier reflektiert sich der Erkenntnisprozess selbst und führt zu Erkenntnissen auf einer neuen Ebene, nämlich Erkenntnisse über unsere Erkenntnisfähigkeit). Im Modus des Individuums sollte ich nicht zu sehr mir selbst vertrauen und glauben, ich könne allein für mich sorgen und bräuchte keinen anderen, bräuchte nicht auch das Vertrauen in andere. Im Modus des Genus sollte ich nicht nur auf andere vertrauen, dass sie mich schon auffangen und für mich sorgen, als ob ich mich nicht auf das Leben und die Welt auch tätig sorgend einlassen müsste. Und im Modus der Spezies sollte ich nicht nur darauf vertrauen, dass ich ohne Risiko alles bewerkstelligen könne, ohne mein Wissen über meine Motive, Erwartungen, Fähigkeiten und Fertigkeiten, also ein möglichst ganzheitliches Selbstverständnis, zu beachten. Dort, wo die Grenzen des Vertrauens im Modus des Individuums sich befinden, wird dies durch das Vertrauen in andere im Modus des Genus kompensiert, dessen Grenzen das Vertrauen in selbstbestimmtes Handeln ausgleicht, dessen Grenzen das Vertrauen in die individuelle Selbsteinschätzung zurechtrückt usw...

Im Unterschied zu Descartes, der versucht hat, mit dem Gegensatz innen-außen immer besser umzugehen, und sich dadurch auf ein bestimmtes Vorstellungsbild von der Welt bzw. auf eine bestimmte Weltkonzeption festgelegt hat, die häufig kritisiert wurde, hat Erkenntnis in meiner Betrachtungsweise mit den Gegensätzen Fremdes-Vertrautes, Fremdes-Eigenes und fremdes Gegenüberstehen oder gar Abwenden von Fremdem vs. selbstbestimmtes und entschlossenes Sich-Einlassen zu tun. In der Konzeption von Descartes wird der Gegensatz innen-außen zum unüberwindbaren Problem, nämlich zum Transzendenzproblem. Transzendenzphänomene, die bei sich selbst organisierenden Prozessen deutlich werden, können so nicht erklärt werden, denn wenn z.B. ein Publikum in einen gemeinsamen Klatschrhythmus verfällt, wo ist dessen Ursprung, innen oder außen, und wenn innen oder außen, wo genau? Das liegt daran, dass hier Welterkenntnis nur im Modus der Spezies gewonnen werden kann, wenn einem das Fremde der Umwelt manifest begegnet, die anderen Erkenntnisarten sind nur Erweiterungen wie der Austausch mit anderen im Modus des Genus, oder bergen die Gefahr der subjektiven Verunreinigung von Erkenntnis, wenn man eigene, individuelle Bedürfnisse und Wünsche nicht vollkommen beiseiteschieben kann, was allerdings prinzipiell nicht möglich ist. Auf diese Weise können wir keine „Form des Selbstverstehens [... finden], die uns selbst nicht untergräbt und uns nicht abverlangt, das Offensichtliche zu leugnen" (Nagel, 2016).

Einerseits ist es das Verdienst von Descartes, dass er aufzeigt, „dass Menschen zwar nicht imstande sind, eine sich offenbarende und gegebene Wahrheit zu erkennen, aber dafür durchaus fähig sind, zu wissen und zu erkennen, was sie selbst gemacht haben" (Arendt, 1967, S. 358), sodass die Menschen von ihm zum Experimentieren angeregt wurden im Modus der Spezies. Dies hat in der westlichen Welt zu enormen wissenschaftlichen Fortschritten und Erkenntnissen und zu vielen technischen Umsetzungen geführt. Andererseits hat es uns von den ursprünglich natürlich-paradiesischen Zuständen immer weiter entfernt, und zwar nicht nur bezüglich unserer Umwelt, die wir immer weiter zerstören, sondern auch in Bezug auf das Verhältnis der Menschen untereinander: das Misstrauen der eigenen Erkenntnisfähigkeit gegenüber richtete sich früher oder später gegen die der anderen und damit gegen den Gemeinsinn, dass die Meinung der Mehrheit generell als irrelevant abgetan wird. Das Gefühl, in einer „verkehrten Welt" zu leben, ist „»das Resultat des auf dem Rückzug befindlichen Gemeinsinns«" (ebenda, S. 359).

Der Denkansatz von Descartes stürzt uns aber noch in ein wesentlich schlimmeres Dilemma: Zu wissen und zu erkennen, was wir gemacht haben, eröffnet uns einerseits viele Möglichkeiten, unser Dasein zu gestalten, andererseits bürdet dies uns die Verantwortung auf für alles, was wir getan haben. In gewisser Weise befinden wir uns dadurch in der Zwickmühle: Einerseits sind wir aufgefordert, durch Experimente immer mehr Erkenntnisse zu sammeln, ohne andererseits vorher wissen zu können, was wir unter Umständen damit anrichten. Das ist ein ähnliches Double-Bind, wie wenn die Mutter zu ihrem Kind sagt: „Entwickle dich, lerne, probiere aus und mache nur das, was ich für richtig halte!" Einerseits wird von einem Wissenschaftler verlangt, dass er autonom und effektiv forscht und sich dabei für nichts engagiert, andererseits soll er nichts tun, was die Menschheit für gefährlich hält, sich hier also doch engagieren und an fremde Meinungen halten.

Bei meiner Konzeption sind die Gegensätze Fremdes-Vertrautes, Fremdes-Eigenes und fremdes Gegenüberstehen oder Sich-Abwenden vs. selbstbestimmtes und entschlossenes Sich-Einlassen wesentlich flexibler als der Gegensatz innen-außen, und sie passen sich insofern lebendigen Prozessen viel besser an, in denen Fremdes vertraut, aber auch Vertrautes fremd werden kann, man sich mit Fremdem identifizieren und von Eigenem desidentifizieren kann, und in denen man sich auf fremd Gegenüberstehendes einlassen, aber auch wieder ablassen und sich abwenden kann. Erkenntnis wird auch nicht ausschließlich in einem einzigen Modus vermittelt, da alle drei o.e. Arten der Erkenntnisgewinnung gleichberechtigt nebeneinanderstehen. Dadurch ist die o.e. Zwickmühle weitgehend entschärft. Die Inhalte unserer Erkenntnis sind vielfach miteinander verwoben und lassen sich nicht mehr wie bei der kartesischen Weltkonzeption in klar voneinander abgegrenzte Elemente zerlegen und aus derartigen Einzelteilen wieder zusammensetzen. Das Phänomen sich selbst organisierender Prozesse beweist, dass das Ganze mehr ist als die Summe seiner Einzelteile und nicht vollständig darauf reduzierbar ist. Die Reduktion auf sogenannte Atome, also unteilbare Einzelelemente, kann nicht gelingen, das zeigt auch die Atomphysik, die von Atomen zu den sogenannten Elementarteilchen (Elektronen, Protonen und Neutronen), zu Quarks und schließlich zu Strings gekommen ist, ohne dass ein Ende abzusehen ist.

Die Verwobenheit von Erkenntnisinhalten entspricht deutlich besser der Welt, wie sie uns als lebendige Natur entgegentritt, die sich weder auf Ideen noch auf materielle Dinge, auf die kartesischen „res extensae", reduzieren lässt. Die Empfindung von Schmerz lässt sich weder auf eine Idee reduzieren noch auf eine mechanische oder physikalisch-chemische Ursache. Das kennt jeder Arzt, der einen medizinischen Befund eines Patienten vorliegen hatte, nach welchem dieser Mensch große Schmerzen hätte haben müssen – das war seine Idee – und bei welchem dieser aber keine Schmerzen hatte, oder umgekehrt, dass es keinen Befund gab, der Patient aber unter Schmerzen litt. Es gibt auch keine unmittelbaren Gegebenheiten, nichts in unserer Welt ist absolut, alles ist irgendwie aufeinander bezogen und damit relativ. Die Welt und wir selbst als Teil der Welt sind alles andere als Maschinen, die es so, wie wir sie uns idealerweise vorstellen, auch nicht gibt.

Entsprechend der Einteilung unserer Erkenntnisgewinnung lässt sich auch unser Denken als ein dialektisches im Modus des Genus (Unterredung mit sich selbst oder vorgestellten Anderen), ein abstraktes im Modus des Individuums (mithilfe von Heideggers hermeneutischem Zirkel (Heidegger, 2006), also mit Vor-Habe, Vor-Sicht und Vor-Griff etwas neues aus einem Phänomen herausziehen bzw. abstrahieren) und ein analytisches im Modus der Spezies betrachten (induktiv, deduktiv oder conduktiv schlussfolgernd, s. S. 25 f.). Das dialektische Denken dient vor allem dem Erkennen, wer ein anderer und was das Wesentliche seiner Situation ist, beim abstrakten Denken beurteile ich meine eigene Situation und erkenne dabei meist erst indirekt, wer ich bin, und beim analytischen Denken schlussfolgere ich nach logischen Prinzipien, wie ich mit dem Anderen, unserer Situation und mir selbst am besten umgehe, und erkenne so immer mehr meine tatsächlichen Fähigkeiten und Fertigkeiten.

Für das dialektische Denken brauche ich Einfühlungsvermögen in andere, damit ich erkenne, wer der andere und wie seine Situation ist, beim abstrakten Denken dasselbe für mich selbst, damit ich mich vor Fehlurteilen bewahren kann, während ich beim analytischen Denken distanziert bin, in Einzelheiten zerlege, kategorisiere und mich gerade nicht einfühle, sondern alles aus der Position der dritten Person betrachte, damit meine logischen Schlussfolgerungen nicht durch Interessen von anderen oder von mir selbst getrübt werden. Letzteres ist die wissenschaftliche Haltung, die sich aus der Descartes'schen Weltkonzeption entwickelt hat und der ein entsprechend mechanistisches Weltbild zugrunde liegt.

Wenn man nun genauer hinschaut, wie in den drei Daseinsmodalitäten ein Erkennen zustande kommt, so spielen bei der Wahrnehmung über die Sinne verschiedene Rhythmen und Resonanzen die entscheidende Rolle. Beim Hören und Sehen liegt dies klar auf der Hand, und beim Tastsinn und beim Wärmeempfinden sagt uns dies die Biophysik. Dass dies auch beim Riechen und beim Geschmackssinn der Fall ist, zeigen Ergebnisse aus der Quantenbiologie (Al-Khalili & McFadden, 2015). Bei allen Lebewesen spielen beide Phänomene, Rhythmik und Resonanz, bis hinab auf die zelluläre Ebene eine zentrale Rolle: Al-Khalili und McFadden haben überzeugende Hinweise gesammelt, dass lebende Zellen und damit alle Lebewesen ohne Quanteneffekte wie z.B. Tunneln und Nichtlokalität, die sie sich zunutze machen, nicht existieren könnten (ebenda). Damit Quanteneffekte nutzbar sind, damit also die nötige Kohärenz auf der subatomaren Ebene lange genug aufrechterhalten wird, muss der Wellencharakter der subatomaren Strukturen (Elektronen, Protonen u.ä.) geschützt werden. Bei technischen Lösungen dieses Problems, etwa bei der Konstruktion von Quantencomputern, schirmt man entsprechende Apparaturen so weit wie möglich ab und senkt die Temperatur bis in die Nähe des absoluten Nullpunktes. Lebewesen ist dies alles nicht möglich, sie scheinen eine andere Lösung gefunden zu haben: einerseits halten sie das „thermodynamische Rauschen" (chaotische Schwingungen aufgrund von Temperatur) im Rahmen eines sogenannten „weißen Rauschens" und möglichst konstant – insbesondere bei Tieren mit konstanter Körpertemperatur –, und andere Schwingungen, die sich davon abheben, modulieren sie innerhalb der Zelle derart, dass sie via Resonanz den Wellencharakter der subatomaren Strukturen unterstützen. Auch anderweitig spielen Resonanz und Rhythmus bei Lebewesen eine große Rolle: ob etwas lebt, erkennen wir z.B. intuitiv daran, ob sich bei ihm etwas rhythmisch bewegt. Dies können wir nur dadurch wahrnehmen, dass wir in Resonanz zu derartigen Bewegungen treten, die wir dann Regungen nennen.

Damit kommt der Kontakt mit anderen, mit uns selbst und mit unserer Umwelt in allen drei Daseinsmodalitäten direkt und unmittelbar über Rhythmik und Resonanz zustande, sodass man die aus meiner Daseinsanalyse hergeleitete Erkenntnistheorie auch als Kontakttheorie bezeichnen kann. Dreyfus und Taylor haben dies als Alternative zur kartesischen Vermittlungstheorie angeführt (Dreyfus & Taylor, 2016, S. 38). Im Unterschied zur rein physikalischen Resonanz, gibt es bei sozialer oder lebendiger Resonanz drei Aspekte, nämlich den passiven, den aktiven und den Aspekt der Entfremdung. Im Modus des Genus steht der passive Aspekt im Vordergrund, wenn wir uns von unserer Sinneswahrnehmung affizieren oder im Austausch mit anderen uns von diesen anregen lassen, neue Erkenntnisse zu gewinnen. Andererseits können wir im Austausch mit anderen diese auch zu beeinflussen suchen, sodass der aktive Aspekt hervortritt. Und wenn uns bei der Sinneswahrnehmung oder beim Austausch etwas befremdlich vorkommt, wird die Resonanz gedämpft oder verstummt, worin der Entfremdungsaspekt der Resonanz erkennbar wird. Im Modus des Individuums spielt einerseits ebenfalls der passive Aspekt eine Rolle, wenn wir von unseren Empfindungen her ergriffen sind, die uns allerdings auch fremd erscheinen können, sodass der Entfremdungsaspekt aufscheint. Andererseits sind wir bei Beurteilungen aktiv bei der Resonanzgestaltung. Auch im Modus der Spezies tauchen alle drei Resonanzaspekte auf, der passive, wenn unsere Erwartungen uns in eine Stimmung versetzen, der Entfremdungsaspekt, wenn wir bei der Umsetzung unserer Absichten auf Schwierigkeiten stoßen, und der aktive, wenn wir Einfluss auf unsere Umgebung ausüben.

Wenn wir noch genauer hinschauen, müssen wir feststellen, dass der Resonanzkontakt zwar direkt ist, meine Erkenntnistheorie in diesem Sinn zwar eine Kontakttheorie ist, andererseits wird der Umgang mit diesem Kontakt vermittelt, und zwar im Modus des Genus durch andere, im Modus des Individuums durch einen selbst bzw. durch die eigenen unwillkürlichen Regungen bzw. Lebensäußerungen und im Modus der Spezies durch unsere Fähigkeiten und Fertigkeiten bzw. die Effektivität unserer Aktivitäten. Insofern ist Erkenntnis bei dieser Theorie auch vermittelt, und es gibt Kriterien, nach denen wir uns im Umgang mit dem direkten Kontakt mit der Realität richten. Dass es etwas gibt, erkennen wir unmittelbar im Kontakt bzw. in der Resonanz mit dem uns Begegnenden. Was es jeweils ist bzw. wie wir damit umgehen sollen, erkennen wir anhand von Kriterien. Diese Kriterien sind uns kulturell vorgegeben als Common Sense bzw. als der „gesunde Menschenverstand" und werden uns während der Erziehung in den ersten Lebensjahren vermittelt. Dass wir diese Kriterien jederzeit einzeln hinterfragen können und gegebenenfalls ändern dürfen, ist die Errungenschaft der Neuzeit, die von Descartes erstmals philosophisch begründet wurde. Das ist sein Verdienst. Es ist allerdings sinnlos, alles insgesamt zu hinterfragen, denn wir brauchen schon für das In-Frage-Stellen Kriterien, und wir müssen mit dem Hinterfragen an irgendeiner Stelle auch aufhören, sonst kommen wir nicht mehr dazu, zu leben und lebendig zu sein. Es ist nämlich eine Illusion anzunehmen, wir kämen dadurch irgendwann zu unverrückbaren Wahrheiten, die unhintergehbar sind.

Eine Erkenntnistheorie, die kritisches Hinterfragen propagiert, muss sich fragen lassen, wozu sie dienen soll. Das ist die Sinnfrage, die Frage nach dem Wozu, die Heidegger als ersten Schritt erkannt hat, bevor man nach dem Sein an sich fragen kann

(Heidegger, 2006). Bevor ich nach Erkenntnisgewinnung frage, muss ich erst einmal danach fragen, welchen Zweck Erkenntnis erfüllen soll, Erkenntnis nur um der Erkenntnis willen erscheint absurd. Auch Kant hat das Problem wohl erkannt und als Konsequenz Sein und Sollen getrennt und dadurch zu lösen versucht, dass er zwischen reiner und praktischer Vernunft unterschieden hat. Diese Lösung ist aber zu kurz gegriffen und nicht radikal genug, hat das Problem nicht an der Wurzel gepackt, denn er fragte nur, „Was soll ich tun?", statt wie Heidegger, „Wozu soll ich was tun?" oder „Welche Sorge steckt hinter allem?", um damit zum Ursprünglichen, zum nicht hinterfragbaren, unhintergehbaren, aber damit auch unverfügbaren Fundament von allem Sein zu gelangen.

Dabei geht es nicht nur um die Sorge des eigenen Bereichs, um die Autonomie und Selbstbestimmung und die Abgrenzung gegenüber der Allgemeinheit, gegenüber dem „Man", wie Heidegger es nennt. Indem er zu sehr das Individuelle bzw. das ganzheitliche Selbstverständnis in seiner gesamten Zeitlichkeit betrachtet, geht es ihm nur um die Grenze zwischen innen und außen – hier ist Heidegger noch im kartesischen Weltbild verfangen. Es geht nicht nur um die Zeitlichkeit und das Verstehen von sich selbst, sondern auch um die Räumlichkeit bzw. um den Kontakt[2] mit dem Fremden, um es sich vertraut zu machen, das ist hier das Wozu, nämlich die kommunikative Solidarität und die Autonomie, wie Rentsch es formuliert hat (Rentsch, 1999, S. 258). Rentsch betont dabei ebenfalls den Zweck von Analysen, die niemals um ihrer selbst willen sinnvoll sein können, indem er schreibt, dass eine „Anthropologie nicht vor- oder außerethisch konzipiert werden kann" (ebenda, S. I). Das Beispiel der lebenden Zelle macht die Wichtigkeit von Selbstständigkeit, Kontakt und Zweck deutlich: zum einen gibt es hier die Zellmembran, die für ersteres wichtig ist, zum andern geht die Zelle mit ihrer Umgebung in Kontakt, macht sich alle Schwingungen, die aus ihrer Umwelt kommen, vertraut und antwortet mit entsprechenden

---

[2] Kontakt kommt von lateinisch contangere, sich berühren, und das ist etwas Räumliches.

Frequenzen. Dadurch wird der Wellencharakter der Elementarteilchen in ihrem Inneren geschützt, damit die lebensnotwendigen Quanteneffekte möglich sind. Das Wozu der Zelle ist hier, in der Welt lebendig zu bleiben. Die Bedeutung von Zielen stellt auch Thomas Nagel heraus, wenn er die materialistische neodarwinistische Konzeption der Natur als wahrscheinlich falsch zurückweist und als Alternative vorschlägt, eine teleologische Konzeption zu entwickeln.

Im kartesianischen Weltbild bzw. in der materialistischen neodarwinistischen Weltkonzeption gelten unmittelbare Kontakt- bzw. Resonanzerfahrungen nichts, weil sie unverfügbar sind, d.h. insbesondere, dass sie nicht beliebig oft wiederholt werden können und daher experimentell unzugänglich sind. Unmittelbare Kontakterfahrungen werden nur dann nicht von Wissenschaftlern belächelt, wenn sie zu Ideen oder Theorien führen, die experimentell bewiesen oder widerlegt werden können, sodass hier Erkenntnisse im wissenschaftlichen Sinne gewonnen werden können. Andererseits aber arbeitet man mit Resonanzversprechen, um Menschen zu motivieren, am gesellschaftlichen Leben teilzunehmen. Derartige Diskrepanzen wie z.B. die zwischen gefühllosem Experimentieren mit Lebewesen, sowohl Tieren als auch Menschen, und raffinierten Werbetechniken, die uns z.B. die Resonanzerfahrung eines „ruhigen Gewissens" versprechen, wenn wir einen bestimmten Weichspüler verwenden (soll der auch unser Gehirn weichspülen?), sind für mich Zeichen der Entfremdung von unserer tatsächlichen Realität.

In der indischen Kultur als Kontrast, um die generelle Problematik zu verdeutlichen, sind Resonanzerfahrungen als mystische Erfahrungen hochgeschätzt. Aber statt nach Kriterien zu suchen, wie man diese Erfahrungen einordnen sollte, um im praktischen Leben effektiver handeln zu können, wie Wissenschaftler bei uns mit sogenannten Geistesblitzen umgehen, wird jeder Versuch, derartige unmittelbare Erfahrungen praktisch zu nutzen, als sinnlos verworfen. Die einzigen Kriterien, nach denen in der indischen Kultur gesucht wurde, waren diejenigen, mit deren Hilfe man möglichst tiefe mystische Erfahrungen und damit eine Verbindung zum Höchsten bekommen konnte. Diese sammelte man dann in den verschiedenen Richtungen des Yoga (Yoga bedeutet ja Verbindung). Hierin und in alltäglichen Verrichtungen zum Überleben erschöpfen sich die praktischen Umgehensweisen mit dem Dasein.

Im Umgang mit unmittelbaren Kontakt- und Resonanzerfahrungen finden wir in beiden Kulturen, in der indischen und in unserer westlichen, jeweils Tendenzen, die unsere Liebesfähigkeit fördern und begrenzen. Im indischen Kulturkreis wird die Liebesfähigkeit im Modus des Individuums gefördert, indem das ganzheitliche Selbstverständnis sich im Yoga immer weiterentwickeln kann, und der Buddhismus förderte insbesondere in China und in Japan die Liebesfähigkeit im Modus des Genus, während die Liebesfähigkeit im Modus der Spezies, das autonome effektive Handeln, die tätige Nächstenliebe, als sinnlos betrachtet wurde. Gerade hier hat unsere westliche Kultur enorm viel geleistet, aber die beiden anderen Bereiche bzw. Modalitäten abgewertet oder sogar manipulativ wie in der Werbung, aber noch viel gefährlicher in demagogischen Aktionen zu eigenen Zwecken missbraucht.

Die Frage, wie wir zu Erkenntnissen gelangen, kann durch Betrachtungen von kindlicher Entwicklung und von Lerntheorien vertieft werden. Allerdings unterscheiden sich Erkenntnisse von Gelerntem dadurch, dass Erkenntnisse immer explizit sind, d.h. insbesondere, dass wir sie an andere weitergeben bzw. ihnen mitteilen können. Erkenntnisse liegen daher in Form von Repräsentationen vor, was aber nicht heißt, dass Repräsentationen die ausschließlichen Gründe aller Erkenntnisse sind. Entwicklungsmäßig beginnt das Lernen damit, dass wir Kontingenzen entdecken können, eine Fähigkeit, mit der wir bereits auf die Welt kommen (Fonagy, Gergely, Jurist, & Target, 2008) und die dasselbe ist wie die Fähigkeit, Resonanz wahrzunehmen. Prinzipiell ist jede Art von Resonanz schon für einen Säugling attraktiv, es gibt dabei aber eine bemerkenswerte Besonderheit, „dass bei einem normalen menschlichen Säugling nach etwa drei Lebensmonaten der Kontingenzentdeckungsmechanismus auf ein anderes Zielsetting »umgeschaltet« wird, so dass er fortan nach hohen, aber unvollkommenen [statt perfekten] Kontingenzgraden sucht" (Fonagy, Gergely, Jurist, & Target, 2008, S. 195), d.h. spätesten ab drei Monaten ist dem Säugling der Gegensatz vertraut-fremd erschlossen und er lernt entsprechende Gegebenheiten immer mehr affektiv zu unterscheiden, empfindungsmäßig anhand eigener Regungen zu begreifen und erwartungsvoll vorfühlend mithilfe eigener Überlegungen und Beurteilungen Entscheidungen praktisch umzusetzen in Aktivitäten. Das auf diese Weise Gelernte wird erst ab der Entwicklungsebene des repräsentationalen Selbst (ebenda), also ab etwa vier Jahren, zu Erkenntnissen. Es gibt, wie oben erwähnt, drei Quellen der Erkenntnis, der kommunikative Austausch mit anderen im Daseinsmodus des Genus, die eigenen Regungen im Modus des Individuums und die Begegnung mit weltlichen Dingen im Modus der Spezies, und weil die drei Daseinsmodalitäten sich in einem absolut dialektischen Verhältnis befinden, hat keine dieser drei Erkenntnisquellen einen Vorrang vor den anderen. Es gibt auch keine absolute Grenze zwischen ihnen, sondern sie gehen ineinander über, der Austausch mit anderen geht über in eine Veränderung der eigenen Regungen und diese moderieren die Begegnung mit weltlichen Dingen, was wiederum den Austausch mit anderen beeinflusst usw..

Bei der „vermittlungsgebundenen Auffassung" des Erkenntnisgewinns, wie Dreyfus und Taylor die Konzeptionen nennt, die sich aus der Descartes´schen Philosophie ergeben (Dreyfus & Taylor, 2016), gibt es nur zwei Erkenntnisquellen, zum einen gründet unsere Erkenntnis „in der Aufnahme im voraus interpretierter Daten" (ebenda, S. 59), zum andern wird sie verursacht durch die Begegnung mit weltlichen Dingen. Zwischen beiden Quellen muss es eine absolute Grenze geben, denn sonst können wir es aufgrund der skeptischen Haltung dieser Philosophie nicht akzeptieren, dass wir die Begegnung grundlos hinnehmen. Sobald wir nämlich durch Interpretation einen Grund gefunden haben, dann können wir ihn nur durch eine weitere Begegnung mit weltlichen Dingen gefunden haben, die wir wiederum genauso wenig grundlos hinnehmen können, sodass die Suche nach Gründen und Ursachen dafür unendlich weitergehen müsste. Wenn Kinder von ihren Eltern Gründe gesagt bekommen und ihnen so Erkenntnisse vermittelt werden, fragen sie warum und wollen den Ursachen auf den Grund gehen. Manchmal würden sie das bis ins Unendliche weitertreiben, bis die Eltern dem Ganzen ein Ende bereiten, weil es sinnlos ist.

Eine absolute Grenze zwischen dem Reich der Gründe und dem der Ursachen wirft aber neue Probleme auf. Im Reich der Gründe sind wir absolut frei, kritisches Denken und Interpretieren ist spontan, im Reich der Ursachen sind wir alle absolut gleich. Kant hat versucht, beides durch den kategorischen Imperativ zu vereinen, was aber allein deshalb schon nicht gelingen kann, weil wir es hier mit einem Beziehungsproblem zu tun haben, welches niemand allein lösen kann. Wenn es gelöst ist, ist der kategorische Imperativ erfüllt, aber niemand kann allein für sich einen Weg zur Erfüllung beschreiten. Die Vereinigung von absoluter Freiheit und absoluter Gleichheit kann nur in der vollkommenen Liebe gelingen (Kolb, 2017, S. 248 f.) und der Weg dorthin kann nur zusammen mit mindestens einer Person gegangen werden.

Diesen Schwierigkeiten und unlösbaren Problemen entgehen wir, wenn wir die im vorigen Abschnitt erwähnten drei Erkenntnisquellen akzeptieren, da sie sich in einem absolut dialektischen Verhältnis zueinander befinden (zwei vermitteln die dritte und diese zwischen jenen beiden), sodass keine einen Vorrang vor den anderen besitzt. Schließlich können wir auf diese Weise erkennen und uns erklären, dass Erkenntnisse nicht nur gewonnen werden, sondern sich auch selbst bei uns und in der Gemeinschaft organisieren.

3. Liebe und Liebeserklärung in zweifachem Sinn

Um den Begriff Liebe zu klären, müsste man die Frage beantworten, was Lieben ist. Diese Frage habe ich als Neufassung der Grundfrage der Philosophie bezeichnet (Kolb, 2017, S. 276) und die vollkommene Liebe als utopisches Ziel umrissen, bei dem alle Täuschungen bzw. Gegensätzlichkeiten im Umgang mit der Materie vollkommen überwunden sind (Kolb, 2017, S. 29 ff.). Als Individuum würden wir dann unsere jeweilige Ergriffenheit, das Worumwillen unseres Daseins, echt und unmittelbar verstehen, sodass unser ganzheitliches Selbstverständnis und unsere kommunikative Solidarität in absolutem Einklang wären (ebenda). Als Spezies wäre jede Tat kategorisch im Sinne von Kant bzw. absichtslos im Sinne des Taoismus und damit absolut selbstbestimmt und wirkungsvoll, sodass unsere Autonomie und unser ganzheitliches Selbstverständnis in absolutem Einklang wären (ebenda). Als Genus herrschte vollkommene Harmonie mit sich und allen anderen, was gleichbedeutend damit ist, dass das Dasein absolut frei ist und zwischen ihm und allen anderen eine absolute Gleichheit bestünde, sodass seine Selbstbestimmung und seine kommunikative Solidarität sich im absoluten Einklang befinden würden (ebenda). Bei dem utopischen Ziel der vollkommenen Liebe handelt es sich nicht um einen metaphysischen Begriff, sondern um eine Aufforderung, sich auf den Weg zu diesem Ziel zu machen. Diese Aufforderung stellt zugleich einen ursprünglichen und ureigensten Antrieb dar, unsere Beziehung zu unserem Sein, also unser Leben, ständig zu verbessern, indem wir diese Beziehung immer echter und unmittelbarer zu verstehen suchen. Diese Aufforderung bzw. dieser Antrieb ist in diesem Sinne sogar anti-metaphysisch, weil hier im Grunde genommen nur angegeben ist, was keine vollkommene Liebe ist. Eine derartige Liebeserklärung macht nur dann Sinn, wenn ich annehme, dass wir dazu fähig sind, diesen Weg zu finden, und diese vertrauensvolle Annahme ist somit eine Liebeserklärung (in einem anderen Sinne) an uns alle. Dass dies nicht aus der Luft gegriffen ist, sondern dass es im menschlichen

Dasein bezeugt ist, dass wir diesen Weg finden wollen und können, habe ich bereits gezeigt (Kolb, 2017, S. 66 ff., Kapitel 3).

Im Griechischen gibt es für Liebe drei verschiedene Ausdrücke: Agape (erst seit dem Christentum), Eros und Philia. Agape ist die Liebe in der Gemeinschaft, symbolisiert durch das Liebesmahl in der christlichen Eucharistie. Das Verb „agapein" bedeutet „sich zufrieden geben mit etwas", was ich so interpretiere, dass das Dasein im Modus des Genus, also in der Gemeinschaft, sich mit allem zufriedengibt, was bisher geschehen ist, indem es alles affektiv begreift und so in der Bedeutungslosigkeit versinken lässt, ein Zeichen, dass sich das Dasein auf dem Weg zur vollkommenen Liebe befindet (Kolb, 2017, S. 50). Es ist barmherzig und verzeiht alles, alle sind für das Dasein von Schuld befreit, absolut frei und gleich, das Dasein lebt in vollkommener Harmonie mit allem. Das entspricht der vollkommenen Liebe, wie sie sich für das Dasein im Modus des Genus darstellen würde (siehe oben).

Eros ist die individuelle Liebe in der Partnerschaft, was ich so interpretiere, dass das Dasein im Modus des Individuums sich voll und ganz für einen einzigen Partner bzw. Partnerin entschieden und dafür alle anderen Möglichkeiten des Seinkönnens hingegeben hat, ein Zeichen, dass sich das Dasein auf dem Weg zur vollkommenen Liebe befindet (Kolb, 2017, S. 50). Indem es sich voll und ganz auf die Partnerschaft einlässt, entwickelt es immer mehr ein echtes und unmittelbares Verstehen des eigenen und des Worumwillens seines Partners bzw. seiner Partnerin. Das entspricht der Annäherung an die vollkommenen Liebe im Modus des Individuums (siehe oben).

Philia ist die tätige Freundesliebe, die sich, so wie ich sie interpretiere, in selbstbestimmten und wirkungsvollen Handlungen zur Leidminderung im Modus der Spezies ausdrückt, sodass es dem Freund bzw. der Freundin immer bessergeht und damit auch dem Dasein selbst. Dadurch, dass es um die konkrete Freundin bzw. den konkreten Freund geht, mit der oder dem das Dasein gerade zusammen ist, nimmt das Dasein seine Existenz in der gegenwärtigen Situation immer mehr an, ein Zeichen, dass sich das Dasein auf dem Weg zur vollkommenen Liebe befindet (Kolb, 2017, S. 50). Als

Ideal entspricht dies der vollkommenen Liebe im Modus der Spezies (siehe oben). Damit weisen alle drei Begriffe Agape, Eros und Philia auf die vollkommene Liebe hin und beschreiben drei Möglichkeiten, um auf dem Weg zur vollkommenen Liebe immer weiter voran zu kommen, d.h. drei Möglichkeiten, wie wir unsere Liebesfähigkeit immer weiter entwickeln können.

Je mehr unsere Liebesfähigkeit entwickelt ist, desto mehr können wir alle Gegensätzlichkeiten im Umgang mit der Realität und damit die Materie überwinden. Es genügt, dies für die grundlegenden Gegensätzlichkeiten zu zeigen, wie ich das bereits getan habe (Kolb, 2017, S. 72 ff., Kapitel 3). Die drei notwendigen und zusammen genommen hinreichenden Bedingungen dafür, dass das Dasein seine Liebesfähigkeit immer weiterentwickelt, sind dabei, immer wieder sich entschlossen zu bemühen um echte Auskunft über die Herkunft der augenblicklichen Situation, um echte Auskunft über die Zukunft der Möglichkeiten des Seinkönnens in der augenblicklichen Situation und um echte Auskunft über die Ankunft in der augenblicklichen Situation (Kolb, 2017, S. 62). Damit ist auch unsere Liebesfähigkeit wie Intuition und Rhythmus ekstatisch, sie bringt uns aus uns selbst heraus.

Die Frage, die sich hier stellt, ist, wie sich Intuition und Liebesfähigkeit unterscheiden bzw. wie sie gegeneinander abgegrenzt werden können. Es ist derselbe Unterschied wie zwischen Klugheit und Weisheit bei Aristoteles in der Nikomachischen Ethik (Aristoteles, 1985, S. 137 f.): Intuition zielt auf die Überwindung von Täuschungen, Liebesfähigkeit aber auf die *vollkommene* Überwindung *aller* Täuschungen bzw. der Gegensätzlichkeiten im Umgang mit der Realität. Eine Haltung wie „Nach mir die Sintflut" ist mit Klugheit und Intuition noch vereinbar, mit Weisheit und Liebesfähigkeit nicht mehr, denn eine Überwindung aller Gegensätzlichkeiten im Umgang mit der Realität, die auch noch vollkommen sein soll, erfordert deutlich mehr Verantwortung als derartige Haltungen. Andererseits aber ist Intuition die Grundlage der Liebesfähigkeit, denn nur aus der Intuition heraus können wir unsere Fähigkeit, immer vollkommener zu lieben, entwickeln. Wie die Intuition kann auch der wissenschaftliche Diskurs niemals diese Art von Verantwortung aufbringen, wozu wir bei Weisheit und Liebesfähigkeit aufgefordert sind. Jeder wissenschaftliche Diskurs kann höchstens klug, aber niemals weise sein. Er kann jedoch Erkenntnisse liefern, die für die Entwicklung von Weisheit und Liebesfähigkeit nützlich sind.

Das utopische Ziel der vollkommenen Liebe wäre erreicht, wenn die grundlegenden Gegensätzlichkeiten der fünf Entwicklungsebenen des Selbst vollständig überwunden wären (Kolb, 2017, S. 72 ff., Kapitel 3). Da alle lebenden Wesen sich zumindest auf der ersten Ebene entwickeln und die höheren Säugetiere sogar bis zur vierten (ebenda), und weil auf jeder Entwicklungsebene der Antrieb vorhanden ist, die entsprechende Gegensätzlichkeit zu überwinden, kann man generell sagen, dass bei allen Lebewesen ihre jeweilige Art von Lebendigkeit bzw. Vitalität die Aufforderung bzw. den Antrieb mit einschließt, alle *wahrgenommenen* Gegensätzlichkeiten im Umgang mit der Realität zu überwinden und so sich wenigstens ein Stück in Richtung vollkommener Liebe zu entwickeln.

4. Die Bedeutung des Rhythmus für unsere Liebesfähigkeit

Weil Rhythmus eine Wahrnehmungsstruktur ist, der die Daseinsstruktur der Wirklichkeit entspricht und bei der insbesondere auch die Räumlichkeit eine Rolle spielt, ist er eben auch Körperbezug und weist auf einen Umstand hin, den Nietzsche nie müde wurde zu betonen, nämlich die Abhängigkeit des Denkens von der physiologischen Reizbarkeit und Empfänglichkeit dessen, der denkt. „Plenus venter non studet libenter", „ein voller Bauch studiert nicht gern", oder „Liebe geht durch den Magen" – das sind Alltagsweisheiten, die auf denselben Zusammenhang hinweisen. Der zirkuläre Prozess der Emotionen wird von verschiedenen Rhythmen maßgeblich beeinflusst, sei es der Wach-Schlaf-Rhythmus, der Herz- oder der Atem-Rhythmus, so dass diese Rhythmen auch die Intuition entscheidend beeinflussen können. Umgekehrt kann aber auch unsere Intuition die unterschiedlichsten Rhythmen beeinflussen, denn ein durch unsere Intuition erreichter Erfolg lässt unser Herz höherschlagen oder uns vor Freude tanzen, also rhythmisch bewegen.

Wenn das Dasein in kreativer Weise eine bestimmte Gestalt entwirft, also z.B. so etwas wie ein Kunstwerk, und dies dann ausdrückt, indem es den Entwurf in einer Handlung umsetzt, entsteht bei jedem feinstofflichen Wahrnehmen davon ein Eindruck bei daseinsmäßig Seiendem (auch beim Dasein selbst), und dadurch eine bestimmte Befindlichkeit oder Empfindung bei diesem Seienden. Die betreffende Befindlichkeit bei wiederholtem Wahrnehmen ist der Empfindung ähnlich, die dieses Seiende hatte, als es etwas wahrgenommen hatte, was dieser bestimmten entworfenen Gestalt ähnlich war. Jedes feinstoffliche Wahrnehmen dieses Entworfenen ist ein mögliches Wiederkehren einer der entworfenen ähnlichen Gestalt, es ist eine Entrückung in die Ekstase der Auskunft über die Herkunft. Wenn das solchermaßen wahrnehmende daseinsmäßig Seiende keiner der entworfenen Gestalt ähnliche aus seiner Herkunft wieder-holen kann, kann es mit der Schöpfung des Daseins nichts anfangen, das heißt diese Schöpfung oder Kunst ist ihm nicht verständlich. Somit ist Rhythmus als Ausdruck begriffener und entwerfender Befindlichkeit die ontologische Grundlage jeder Art von Kunst. So betrachtet ist jede Art rhythmischen Ausdrucks des Entwerfens des Daseins kulturell (rhythmisch ausgedrückte Weltlichkeit ist Kultur, Welt ist Natur), und je verständlicher (je mehr man vom befindlichen Verstehen her damit anfangen kann) sie für andere ist, desto schöner kann sie für diese anderen im ästhetischen Sinne sein. Rhythmus als Grundlage der Kunst erhält so eine soziale Dimension, da er über Verständnis zu Harmonie und letztlich zu vollkommener Liebe zwischen den einzelnen Mitgliedern einer Gemeinschaft führen kann, je echter und unmittelbarer das entsprechende Verständnis ist.

Da das Dasein in seiner Selbstbedeutsamkeit (Kolb, 2017, S. 181) als Struktur seines Selbstentwurfs eine ähnliche Struktur besitzt wie eine Gemeinschaft (ebenda, S. 172 ff.), kann Rhythmik über Selbst-Verständnis zur Harmonie seiner Selbstbedeutsamkeit und zur Selbstliebe führen, je echter und unmittelbarer das über die Rhythmik, also den rhythmischen Ausdruck, vermittelte befindliche Verstehen seines Worumwillens ist. Sowohl die Mitglieder einer Gemeinschaft als auch die Möglichkeiten des Seinkönnens des Daseins (die Elemente seines Selbstentwurfs) können als rhythmische Module aufgefasst werden, die dynamisch miteinander verbunden und doch eigenständig sind. Die entscheidende Frage ist nun, wessen es bedarf, um Harmonie und Liebe in solchen rhythmischen Organisationen zu erreichen. Gibt es einen gemeinsamen Rhythmus, in welchem alle Rhythmen der jeweiligen Organisation harmonisch und in Liebe aufgehen können, und wie kann dieser Rhythmus gefunden werden?

Der Rhythmus ermöglicht das Einfühlen in einen anderen und in sich selbst. Wenn zwei Menschen im Gespräch sich gut verstehen, dann haben sie häufig den gleichen Atemrhythmus. Wenn die vom Dasein entworfene Rhythmik aus dem echten und unmittelbaren Verstehen des Daseins seines Worumwillens stammen würde, dann wären die Rhythmen und das in ihnen wurzelnde Verständnis von Zeitlichkeit, Räumlichkeit und Wirklichkeit von vollkommener Liebe geprägt.

(1) Wenn das Dasein sich achtsam dafür offenhält, dass es immer wieder auch Abweichungen dessen, wovon es den Rhythmus entworfen hat, geben kann, wenn es also nicht versessen an Täuschungen festhält, dann hält es sich in der Freude offen für echtes und unmittelbares Verstehen und damit für Weisheit, sich nicht darin zu täuschen, was veränderbar ist und was nicht, und offen für die Entwicklung zur vollkommenen Liebe im Modus des Individuums. (2) Geleitet und begleitet vom Rhythmus, den es als Techne im Sinne von Kunstfertigkeit gelassen auf sich beruhen lassen kann, begreift es seine Herkunft immer besser affektiv und lässt diese so immer mehr in der Bedeutungslosigkeit versinken, wodurch es im Modus des Genus immer mehr vollkommen liebt. (3) Dabei gibt sich das Dasein in diesem Fall voller Mut dem Geheimnis des Seins hin, indem es sich klar für ein bestimmtes Seinkönnen entschließt und alles andere hingibt, um immer mehr die aktuelle Situation so anzunehmen, wie sie ist. Das ist dann immer mehr die vollkommene Liebe im Modus der Spezies. Hier finden wir also die Merkmale der vollkommenen Liebe: Generelle Gelassenheit im Modus des Genus, spezifischer Mut im Modus der Spezies und individuelle Weisheit (als echtes und unmittelbares Verstehen) im Modus des Individuums. Das Sein des Daseins, also seine Existenz, ist zwar die Grundlage und die Substanz des Daseins, aber sie gehört ihm nicht im Sinne einer beliebigen Verfügbarkeit, sondern sie ist ihm nur apriori, also von Anfang an gegeben und wird ihm im Tod wieder genommen.

Da Rhythmik bei der Hypnose, die auch therapeutisch wirksam eingesetzt werden kann, eine wichtige Rolle spielt, will ich das Phänomen der Trance näher untersuchen. Auf der ontischen Ebene zeichnet sich ein Trance-Geschehen durch die Kombination von Konzentration und Entspannung aus und ähnelt damit dem Geschehen im Traumschlaf, in dem das Dasein auch einerseits schläft, was einen gewissen Grad an Entspannung voraussetzt, und andererseits konzentriert ist auf das Traumgeschehen. Ontologisch betrachtet ist es eine Mischung aus Entschlossenheit und Hingabe, eine entschlossene Hingabe an und eine hingebungsvolle Entschlossenheit für die eigene Existenz und immer mehr an und für das Sein überhaupt.

Mit der hingebungsvollen Entschlossenheit schwillt das Dasein an, es wächst und sammelt Kraft, zu handeln und das Veränderbare zu ändern, kommt durch das Handeln dann in den Austausch und damit in die Ekstase der Auskunft über die Wirkungen seines Handelns. Entschlossene Hingabe dagegen ist Gelassenheit, also abklingendes Anschwellen, gegenüber dem, was nicht zu ändern ist, sodass das Dasein mit Mut und Gelassenheit sowohl sich die Möglichkeiten aus seiner Herkunft wieder holen (Vor-Habe) als auch zukünftige Möglichkeiten seines Seinkönnens entschlossen entwerfen kann (Vor-Sicht) und im gegenwärtigen Augenblick, in dem es angekommen ist, wird das Dasein durch die Weisheit gehalten (Vor-Griff), das Veränderbare vom Nicht-Veränderbaren zu unterscheiden, sodass es immer vollkommener im Augenblick ist. Wenn dann das Dasein den Eindruck, den seine Existenz bei ihm aufgrund dieser unwillkürlichen Seinsweise macht, immer mehr unmittelbar und eigentlich versteht in seinem Worumwillen, dann kann die Rede und Auslegung davon, bei der sich das Dasein in der unwillkürlichen Seinsart hält, immer öfter blitzartig etwas Neues erschaffen. Dadurch vertiefen sich die entschlossene Hingabe und die hingebungsvolle Entschlossenheit immer mehr zur entschlossenen Hingabe an das Sein überhaupt und zur hingebungsvollen Entschlossenheit für jegliche Existenz, sodass das Dasein in der Trance sich immer mehr in Richtung vollkommener Liebe und Erfüllung entwickeln kann.

Was dem Rhythmus faktisch zu Grunde liegt, das Sich-Wiederholende in nahezu gleicher oder ähnlicher Weise, das sich nahtlos aneinander fügt bei einem Geschehen, das anschwillt und abebbt, möchte ich Wellenhaftigkeit des Seins nennen. Dadurch werden Herkunft, Zukunft und Ankunft bzw. Vor-Habe, Vor-Sicht und Vor-Griff zu einer Einheit verbunden und im rhythmischen Ausdruck ausgelegt, sodass wir im Austausch Auskunft erhalten. Daher kann man die Wellenhaftigkeit als *die* Basis der Prozesshaftigkeit bezeichnen. Die Wellenhaftigkeit, das Sich-Zeigen und Sich-Entziehen, ist die Essenz, das geheimnisvolle Wesen der Prozesshaftigkeit. Der Grad der Kreativität des Rhythmischen als Ausdruck des Daseins korreliert mit dem Grad der Offenheit der „Horizonte des hermeneutischen Zirkelprozesses des Verstehens, das zur vollkommenen Liebe führt" (Kolb, 2017, S. 199).

Das Besondere der eigenen Rhythmik des Daseins ist deren Wechselwirkung mit der Wellenhaftigkeit des Seins des Daseins, d.h. wenn die eigene Rhythmik des Daseins resonant ist mit der Wellenhaftigkeit seines Seins, dann ist das Dasein im Einklang mit sich selbst und kann sich immer mehr echt und unmittelbar verstehen, entwickelt sich also immer mehr hin zur vollkommenen Liebe. Bei entsprechender Dissonanz ist das Dasein nicht im Einklang mit sich selbst, es hat sich von ihm selbst abgekehrt. Bestimmte Rhythmen der Prozesshaftigkeit können immer wieder von Dissoziationen unterbrochen sein. Dissoziationen sind ein Zeichen von Unentschlossenheit, und dadurch schwächt das Dasein nach und nach seine Rhythmik, weil diese dissonant zur Wellenhaftigkeit seines Seins ist. Das unentschlossene Dasein hat Lücken in Teilen seiner Rhythmik, weil die verschiedenen rhythmischen Ausdrucksweisen sich nicht zusammenfügen, und so ist es je nach dem auf andere angewiesen, dass diese es per Resonanz in Einklang mit sich selbst bringen, was voraussetzt, dass diese anderen das Dasein bis zu einem gewissen Grad echt und unmittelbar verstehen, also lieben. Wenn die Rhythmik des Daseins z.B. aufgrund von solchen Lücken dissonant zur Wellenhaftigkeit seines Seins ist und damit die eigene Rhythmik schließlich insgesamt aufhört und nicht wieder in Gang kommt, tritt der Tod ein. „Mit Fug und Recht" könnte man Dissoziation auch als Un-Fug bezeichnen.

Die volle Bedeutung der Rhythmik für das Dasein, das wir ja jeweils selbst sind, und für die Entwicklung seiner Liebesfähigkeit erschließt sich uns meines Erachtens erst durch folgenden Gedankengang: Wenn es dem Dasein um sein eigenes oder das Sein überhaupt geht, dann versucht es, dieses Sein zu steuern oder wenigstens zielgerichtet und damit sinnvoll zu beeinflussen. Dazu muss es aber etwas vom Sein befindlich verstehen, was bei jeder Seinsart beim ersten Begegnen nicht gelingen kann, sondern erst dann, wenn sich mindestens ein Aspekt der betreffenden Seinsart wiederholt, sodass das Dasein entsprechende Rhythmen entwerfen kann, weil es von der Wellenhaftigkeit des Seins ein Vorverständnis hat. Damit sind wir bei der Rhythmik, das heißt ohne Rhythmik kann das Dasein in der aktuellen Situation, also dann, wenn es eingreifen könnte, nichts befindlich verstehen und daher auch nichts sinnvoll beeinflussen oder gar steuern. <u>Durch Rhythmik kann der Augenblick zur Erinnerung an die Zukunft werden.</u>

In ähnlichem Sinne meint Kierkegaard, dass Wiederholung eine „Erinnerung in Richtung nach vorn" ist. Deshalb „macht die Wiederholung, wenn sie möglich ist, einen Menschen glücklich" (Kierkegaard, 2005). Wir alle haben eine Freude am Gestalten, sodass mit Anlehnung an Kierkegaard von einer Freude am Rhythmisieren gesprochen werden kann. Wenn sich jedoch das Dasein von ihm selbst abgekehrt hat, dann wird aus der Freude ein Zwang zum Rhythmisieren, ein Wiederholungszwang. In „Jenseits vom Lustprinzip" (Freud, 2000) thematisierte Freud 1920 diese Schattenseite der Wiederholung, dass leidvolle Erlebnisse immer wieder neu inszeniert werden, wobei sich das Leid ebenfalls ständig wiederholt. Ein Sinn ergibt sich darin nur dann, wenn man annimmt, dass das Dasein das betreffende leidvolle Erlebnis noch nicht richtig verstanden hat und mit jeder Wiederholung erneut versucht zu verstehen.

Das eigentliche Sich-Rhythmisieren ist das Bemühen, echt und unmittelbar das Worumwillen von sich und anderen zu verstehen, d.h. immer vollkommener Lieben zu lernen. Das Kreative im Rhythmisieren liegt im ausdrücklichen Verstehen und verständlichen Ausdrücken, und das Kreative der Wellenhaftigkeit besteht darin, dass nur Ähnliches wiederholt wird und nie genau dasselbe. Dieser ständige Dialog zwischen Rhythmik des Daseins im akzentuierten Ausdruck und Wellenhaftigkeit des Seins in der ähnlichen Wiederholung erhält und erschafft ständig alles Seiende und ist die ständig sich kreierende Schöpfung. Damit liegt im Austausch zwischen

Dasein und Sein überhaupt, in ihrer Beziehung, also im menschlichen Leben, das faktisch Kreative. So ereignet sich ständig die Schöpfung vor unseren Augen.

Indem das Dasein die Wellen und Schwingungen der Welt im Rhythmus nach vorangegangenem affektivem Begreifen befindlich versteht, befreit es sich aus dem rasenden Stillstand, der durch die Abkehr des Daseins von ihm selbst erzeugt wird. Das Dasein kehrt sich genau dann von ihm selbst ab, wenn es seine Daseinsprozesse anhält, indem es entweder (1) die kommunikative Solidarität mit anderen ablehnt, (2) kein ganzheitliches Selbstverständnis entwickelt und ihm vertraut oder (3) daran zweifelt, dass es selbstbestimmt handeln kann und darf (Kolb, 2017, S. 25 ff.). Das Dasein wendet sich genau dann ihm selbst zu, wenn es sich auf dem Weg zur vollkommenen Liebe befindet (ebenda). Im Rhythmus, der teils leitende Dynamik, teils sich überlagernde, begleitende Fügung ist (Milton Erickson, der auch der Vater der modernen Hypnotherapie genannt wird, nannte dies „leading and pacing") und so Gegensätze vereint, zeigt sich dem Dasein die ständige Unverfügbarkeit seines Seins und des Seins überhaupt, das sich im Entziehen aufdrängt. Jegliche Überwindung von Gegensätzen im Umgang mit der Realität bringt uns auf dem Weg zur vollkommenen Liebe voran (Kolb, 2017, S. 29 ff.).

Wenn Gegensätze überwunden werden, dann findet eine Integration statt, indem unterschiedliche Rhythmen in einem gemeinsamen Rhythmus aufgehen. Betrachten wir einmal verschiedene Integrationsprozesse, um vielleicht etwas zu finden, was das Wesen des Rhythmus näher beleuchten könnte: Als erstes möchte ich ein Beispiel aus der Physik nehmen, und zwar das Phänomen des Laser-Lichtes. Mittels elektrischer Spannung werden Lichtblitze aus einer Elektrode geschlagen, die zwischen zwei Spiegeln, die in einem bestimmten Abstand aufgestellt sein müssen, hin und her reflektiert werden. Diese Blitze beeinflussen sich zwar gegenseitig, bleiben aber chaotisch jeder für sich. Wenn jedoch die Spannung über einen bestimmten Wert angehoben wird, verschmelzen sie zu einer kohärenten sinusartigen Lichtwelle, dem Laser-Licht, das heißt sie haben insbesondere dieselbe Frequenz und Polarisationsebene, also denselben Rhythmus. Ein anderes Beispiel, diesmal aus dem sozialen Bereich, ist ein klatschendes Publikum nach einer künstlerischen Darbietung. Wenn die Begeisterung entsprechend groß ist, verschmelzen die unterschiedlichen Klatschrhythmen der einzelnen Personen zu einem gemeinsamen Rhythmus, und zwar ohne dass von der Welt dieser Rhythmus vorgegeben ist. Das Gemeinsame dieser beiden doch sehr unterschiedlichen Phänomene ist, dass jeweils die von der Welt induzierte Dynamik groß genug war, die elektrische Spannung bzw. die Begeisterung, um den Integrationsprozess der unterschiedlichen Rhythmen auszulösen. Gemeinsam ist auch, dass der gemeinsame Rhythmus, den alle beteiligten Elemente übernommen haben, von nichts und niemandem augenscheinlich vorgegeben oder gar aufgezwungen worden ist, sondern sich aus dem Zusammenspiel der verschiedenen Rhythmen von selbst ergeben hat. Die verschiedenen Rhythmen sind in dem gemeinsamen Rhythmus aufgegangen. Das Wesen des Rhythmus hat also etwas mit Dynamik zu tun. Wie oben beschrieben (S. 20), kann beim Rhythmus Energie in ein System gepumpt werden, und dadurch ändert sich dessen Struktur wie in den obigen Beispielen, und zwar sowohl die „innere" Organisation als auch die „äußere" Beziehungsdynamik.

In der Doppelnatur des Rhythmus liegt ein freies Spiel zwischen Dynamik und Organisation bzw. zwischen Bewegung und Form. Rhythmik begegnete uns bei der Prozesshaftigkeit (siehe oben). Die entsprechende Dynamik, die für die Entwicklung des Daseins zur vollkommenen Liebe und Erfüllung hin nötig ist, ist in „Dasein, um zu lieben" aufgezeigt als das entschlossene Bemühen um echte Auskunft über Herkunft, Zukunft und Ankunft der bzw. in der augenblicklichen Situation (Kolb, 2017, S. 62). Diese Dynamik bewirkt, dass sich in Gemeinschaften und auch in der Struktur des Selbst des Daseins, jeweils als System unterschiedlicher Rhythmen verstanden, im utopischen Idealfall ein gemeinsamer Rhythmus entwickelt, in dem die einzelnen Rhythmen alle harmonisch und in vollkommener Liebe aufgehen, und der sich von selbst ergibt, wenn jeweils die Entschlossenheit groß genug ist, (1) die Herkunft der augenblicklichen Situation so zu begreifen, dass sie in der Bedeutungslosigkeit versinkt (Auskunft über die Herkunft), (2) sich auf die zukünftigen Möglichkeiten so echt und unmittelbar zu verstehen, dass eine Entscheidung getroffen wird und alle anderen Möglichkeiten des Seinkönnens in der Hingabe immer mehr verblassen (Auskunft über die Zukunft), und (3) die Ankunft in der augenblicklichen Situation handelnd zu gestalten, sodass sie vollkommen angenommen ist (Auskunft über die Ankunft).

Entschlossenheit bedeutet insbesondere die Annahme der Selbstwahl. Durch diese Art der Annahme der Selbstwahl des Daseins, die auch die Annahme seiner Unverfügbarkeit beinhaltet, lassen sich alle Extreme des Seins des Daseins integrieren als nur vorübergehende Seinsweisen. Nur der Verlust der sich stets neu ergreifenden entschlossenen Annahme der Selbstwahl ist nicht integrierbar und führt zum allmählichen Verlust aller Rhythmik des Daseins, eine Entwicklung, an deren Ende das Ende der Beziehung des Daseins zum Sein steht, also der Tod. Das Dasein braucht einen Rhythmus, den es nur durch eine ständige Entschlossenheit aufrechterhalten kann, damit es sich als Ganzes prozesshaft entwickelt und strukturiert. Entsprechendes gilt auch für Gemeinschaften, wobei zur Annahme der Selbstwahl auch die Annahme der Wahl der Zugehörigkeit zu und von der betreffenden Gemeinschaft gehört. Die Stärke der Entschlossenheit ergibt sich aus der jedes einzelnen Mitglieds der Gemeinschaft, wobei ein Mangel an Entschlossenheit bei einer begrenzten Anzahl von Mitgliedern durch eine entsprechend große Entschlossenheit von anderen ausgeglichen werden kann.

Betrachten wir noch einmal die Berührung (Diathigê), welcher beim Licht die Interferenz entspricht und in der Musik die (begleitende) Harmonie, und die Wendung (Tropê), die beim Licht die Dynamik des photoelektrischen Effekts und in der Musik die (leitende) Melodie darstellt. Berührung, Interferenz (Überlagerung) und Harmonie haben mit der jeweiligen Empfindung zu tun, ontologisch betrachtet also mit der Befindlichkeit und mit dem Aspekt des Psychisch-Motivationalen, wobei die primäre prozesshafte Ekstase die

Herkunft ist, während Wendung, Dynamik des photoelektrischen Effekts (Veränderung) und Melodie als Möglichkeiten in die Zukunft weisen bzw. dorthin entrücken und den Aspekt des Geistig-Idealen berühren. Wenn wir noch die augenblickliche Form, die augenblickliche Lichterscheinung bzw. den augenblicklichen Klang in der Musik, jeweils gehalten in Berührung und Wendung, Interferenz und Dynamik des photoelektrischen Effekts, sowie Harmonie und Melodie, mit hinzunehmen, was mit der Ekstase der Ankunft und mit dem Aspekt des Körperlich-Materiellen zu tun hat, dann entpuppt sich die Berührung (Diathigê), die Interferenz und die Harmonie aufgrund von deren primärer Ekstase der Herkunft als Vor-Habe, die Wendung (Tropê), die Dynamik des photoelektrischen Effekts und die Melodie aufgrund von deren primärer Ekstase der Zukunft als Vor-Sicht und die augenblickliche Form, die augenblickliche Lichterscheinung und der augenblickliche Klang aufgrund von deren primärer Ekstase der in Herkunft und Zukunft gehaltenen Ankunft als der die Vor-Habe und die Vor-Sicht gliedernde Vor-Griff. In der entschlossenen Übernahme des Rhythmus durch das Dasein wird dann diese Form, diese Lichterscheinung bzw. dieser Klang vom Dasein akzentuiert und ausdrücklich ausgelegt, sodass sich für das Dasein darin die Auskunft über Herkunft, Zukunft und Ankunft der bzw. in der augenblicklichen Situation entfaltet. So betrachtet könnte man den Rhythmus auch als den Prozess im Prozess ansehen. Dass Heidegger die Zeitlichkeit so sehr betont, bringt ihn quasi in die theoretische Nähe der Wellentheorie, bei der Licht mehr vom Aspekt der in sich ruhenden Überlagerung her betrachtet wird, und daher die statische Form betont ist, sodass er mit Aristoteles den Rhythmus als Fügung und nicht als Fließen und Verlauf sieht. Betrachtet man dagegen mehr die Dynamik der Auskunft, sieht also mehr den kreativen Ausdruck und damit den lebendigen Austausch mit dem Sein überhaupt, dann rückt statt der statischen Form die Bewegung, das Fließen und der Verlauf in den Vordergrund; statt begleitender Überlagerung mehrerer Möglichkeiten, die zunächst nicht bewertet nebeneinander stehen, haben wir die energische und dynamische Entschlossenheit, die stets bereit ist, sich selbst zu erneuern; und statt der Harmonie betrachten wir mehr den Fluss der Melodie. Indem begleitende Überlagerung und dynamischer Entschluss, Form und Bewegung, Fügung und Fließen in ein Verhältnis zueinander gesetzt werden, wird das ganze Sein für das Dasein affektiv begreifbarer, und der Rhythmus der Umwandlung von begleitendem Nebeneinander in leitende Dynamik, Form in Bewegung, Fügung in Fließen und jeweils umgekehrt, in welchem dieses Verhältnis jeweils verständlich wird, da es ja vom Dasein in der entschlossenen Übernahme des Rhythmus ausdrücklich ausgelegt wird, wird zur dynamischen Brücke oder genauer zur bewegt bewegenden Auskunft und damit zum Austausch von Dasein und Sein, worauf bzw. worin die Beziehung zwischen beiden, das menschliche Leben, sich entwickelt. Auch beim Übernehmen eines Rhythmus sind die Grenzen zwischen Entschlossenheit und Hingabe fließend, ein echter Austausch, sodass sich in der liebevollen Kombination bzw. im entsprechenden durch Weisheit geformten Rhythmus von Hingabe und Entschlossenheit, Begleitung und Leitung, Gelassenheit und Mut jeweils die Doppelnatur der vollkommenen Liebe zeigt.

5. Die Entwicklung des Körpers und die Rolle des Atemrhythmus

Einerseits ist die Zeit eindimensional und läuft nur in einer Richtung, nämlich von der Vergangenheit in die Zukunft ab, während andererseits die Zeitlichkeit mit ihren drei Ekstasen Herkunft, Zukunft und Ankunft „verräumlicht" ist, sodass wir uns in diesen drei Ekstasen bis zu ihren Horizonten frei bewegen können. Dagegen ist der Raum einerseits dreidimensional und wir können uns in jeder Dimension mit unseren Blicken bis zum jeweiligen Horizont frei bewegen, während die Räumlichkeit nur eine Ekstase besitzt, nämlich die Auskunft, bei der es letztlich auch nur in eine Richtung geht, nämlich von der Täuschung zur echten Auskunft bzw. zum entschlossenen Sich-Einlassen, um eine möglichst echte Auskunft zu erhalten. Vom Ekstatischen her, also bei Rhythmus, Intuition und Liebesfähigkeit, werden wir bei der Zeitlichkeit in etwas Räumliches und bei der Räumlichkeit in etwas Zeitliches entrückt. Die Räumlichkeit besitzt also weder Oberflächen noch durch Oberflächen begrenzte Körper, und von der Dynamik her können wir uns nur entweder öffnen und uns austauschen oder dies verweigern, uns verschließen und uns absondern. Wenn wir uns in der Zeitlichkeit frei bewegen, können wir Entwicklungsgestalten erkennen als Linien, Flächen oder Körper wie z.B. Entwicklungslinien, epochale Entwicklungen oder eine ganze Ära.

Wenn wir uns auf die Struktur unseres feinstofflichen Körpers einlassen, dann setzen wir uns mit unseren körperlichen Rhythmen auseinander, spüren, wie wir oder etwas bei oder an uns an- und abschwillt und wir uns dabei mehr oder weniger anspannen. Beim An- und Abschwellen wirken Ausweitungskräfte gegen Einengungskräfte, wobei einmal die Ausweitungskräfte und einmal die Einengungskräfte stärker sind, während bei einer Anspannung die beiden Kräfte gleich groß sind, je größer die Anspannung, desto größer die beiden antagonistischen Kräfte. Wenn wir uns der feinstofflichen Struktur unseres Körpers gegenüber verschließen, benutzen wir nicht mehr unsere Intuition und erst recht nicht unsere Liebesfähigkeit, nehmen nur noch grobstofflich wahr und haben meist das Gefühl, neben uns zu stehen.

Neben der Amplitude des An- und Abschwellens und den Kraftkomponenten (Ausweitungs- und Einengungskraft) ist noch die Dauer der Periode bzw. die Frequenz eines Rhythmus ein wichtiges Merkmal. Die Dynamik des An- und Abschwellens betrachtet auch Hermann Schmitz (Schmitz, 2011), wobei ich den „leiblichen Raum" bei Schmitz Räumlichkeit nenne. Im Unterschied zu ihm beziehe ich die Zeitlichkeit mit ein, die bei Schmitz dann „leibliche Zeit" heißen müsste. Ich nehme stark an, dass Schmitz sich dadurch den „Unwille[n] der vernunftstolzen Philosophen" (ebenda, S. 173) zugezogen hat, dass er die Räumlichkeit zu stark betont und die Zeitlichkeit vernachlässigt hat, indem er nicht den geschichtlichen Aspekt bzw. die Entwicklungsgeschichte des Kindes mit einbezogen hat. Seit Kant ist die Zeit die Form des inneren Sinns, der Raum dagegen die Form des äußeren Sinns. Wie kann man nur wider alle „reine Vernunft" die Zeit bzw. die Zeitlichkeit vernachlässigen?! In gewisser Weise ist dies ein Rückfall in die Klassik des 17. und 18. Jahrhunderts vor Kant. Da verzeiht man eher einem Heidegger die Verabsolutierung der Zeitlichkeit. Ich finde, beides hat seine Wichtigkeit und Bedeutung, sodass ich beide, Schmitz und Heidegger, an dieser Stelle kritisieren muss.

Beim An- und Entspannen, An- und Abschwellen gibt es natürlich noch andere Merkmale der Rhythmus-Gestalten außer der Amplitude, den Kraftkomponenten und der Frequenz. Allerdings haben diese drei insofern eine besondere Bedeutung, weil sich daraus die Menge pro Zeit an Energie ergibt, die durch den Rhythmus in das entsprechende System hineingepumpt oder aus ihm herausgebracht wird und damit dessen Leistungsfähigkeit bestimmt. Für das menschliche Dasein besitzen die Atmung und der Atemrhythmus gewisse Besonderheiten, sodass entsprechende Betrachtungen und Untersuchungen davon lohnend erscheinen. Kurz nach der Geburt machen wir unseren ersten und kurz vor dem Tod unseren letzten Atemzug. Die Atmung reagiert in der Regel empfindlich und unmittelbar auf alle Veränderungen unserer affektiven Wahrnehmung, sie ist wahrscheinlich die einzige Körperfunktion, die einerseits ununterbrochen unwillkürlich abläuft (sogar im Schlaf), die wir aber andererseits planvoll steuern können, d.h. wir verstehen uns darauf, einen bestimmten Atemrhythmus zu entwerfen und diesen dann praktisch handelnd umzusetzen. Beim Atmen bewegen sich je nachdem viele Bereiche unseres Körpers, sodass wir dies selbst feinstofflich wahrnehmen können, dies aber auch von anderen gesehen werden kann. Diese anderen können davon beeinflusst werden, es gibt dadurch aber auch Wechselwirkungen zwischen der Atmung und Bereichen unseres Körpers sowie deren entsprechende Funktionen. Insbesondere werden viele Komponenten des Stoffwechsels und damit des Energiehaushalts beeinflusst (Herzfunktion, Blutkreislauf, Sauerstoffversorgung, Kohlendioxydspiegel und Ionenkonzentration). Des Weiteren gibt es Wechselwirkungen zwischen unserem Atemrhythmus und unseren Emotionen.

Klare bzw. generelle Beziehungen zwischen Emotionen und dem Atemrhythmus kann es höchstens auf der Ebene der Affekte geben, denn dafür sind Empfindungen zu individuell und Gefühle zu spezifisch. Affekte sind ja immer mit Wahrnehmungen verknüpft, und Situationen werden entweder vollkommen neutral oder als solche des (möglichen) Erfolgs oder Misserfolgs betrachtet, und (mögliche) Misserfolge werden unter dem Aspekt der (möglichen) Überforderung, der (möglichen) Hilflosigkeit, der (möglichen) Hoffnungslosigkeit, der eigenen oder fremden (möglichen) Unzulänglichkeit oder der eigenen oder fremden (möglichen) Wertlosigkeit wahrgenommen. Ein Aspekt „ist nicht eine Eigenschaft des Objekts, es ist eine interne Relation zwischen ihm und anderen Objekten" (Wittgenstein, 2001, S. 1056, PU 549) und betrifft das, wie wir diese Objekte affektiv wahrnehmen. In diesem Fall sind die verschiedenen Aspekte einer Misserfolgssituation die Relationen zwischen einem selbst bzw. einem fremden anderen und den jeweils davon verschiedenen Objekten (Dinge, Lebewesen oder Personen) in der Situation.

Ein neutraler Affekt wirkt sich nicht auf den Atemrhythmus aus, bei tiefer Entspannung oder im Tiefschlaf atmen wir ruhig und regelmäßig gleich lang ein und aus und haben dabei geringe Anspannung, relativ großer Amplitude und eine niedrige Frequenz, und Überraschungen haben meistens ein mehr oder weniger kurzes Anhalten des Atemrhythmus zur Folge.

Bei tatsächlichen Erfolgen haben wir den Affekt der Faszination, wir sind erleichtert, wenn wir einen Misserfolg befürchtet haben, und begeistert, wenn wir einen Erfolg erhofft oder gar nichts erwartet haben. Bei Erleichterung atmen wir auf, wir atmen tief ein und mit einem Seufzer aus, d.h. die Amplitude des Atemrhythmus wird größer, die Kraftkomponenten und damit die Anspannung werden mit der Erleichterung immer geringer, und die Frequenz wird etwas langsamer. In vielen Fällen schlägt die Erleichterung nach einer gewissen Zeit in Begeisterung um.

Bei Begeisterung stoßen wir häufig einen lauten Schrei aus, wir atmen also zuerst aus, indem wir z.B. schreien, holen Luft und schreien weiter. Die Amplitude wird also größer und wir atmen bei etwa gleicher Frequenz relativ kurz ein und lang aus, d.h. beim Einatmen ist die Einengungskraft sehr gering und die Ausweitungskraft relativ groß, und beim Ausatmen ist die Anspannung, die sich u.U. im Schrei zeigt, sehr groß, sodass das Ausatmen relativ lange anhält. Dieses Muster, kurz ein- und lang auszuatmen, unterstützt den Kreislauf und gibt uns Energie, d.h. bei Begeisterung stärken und belohnen wir uns selbst.

Bei Überforderung ohne Wahrnehmung von Hilflosigkeit und anderen Attributen des Misserfolgs, wenn bei der Wahrnehmung also dieser Aspekt vorherrschend ist, haben wir den Affekt der Aggression oder des Widerwillens (es stinkt uns) und wir holen tief Luft, um kraftvoll alles beiseite fegen zu können, was sich uns in den Weg stellt. Die Amplitude des Atemrhythmus wird dabei größer, die Frequenz bleibt oder wird höher und unsere Atmung wird aufgrund der großen Ausweitungs- und Einengungskräfte angespannt und hörbar, was sich bis zu einem lauten so genannten Wutschnauben oder sogar Wutschrei steigern kann. Wir sammeln so Energie und bauen uns auf, was andere sekundär beeindrucken kann, sodass unsere Chancen insgesamt steigen, am Ende doch noch erfolgreich zu sein.

Bei Hilflosigkeit, wenn wir diesen Aspekt plötzlich mit einer Situation assoziieren, sind wir meist nach einem Schreck mit entsprechender Atempause (Schrecksekunde) unruhig, sodass wir auch unruhig atmen, in der Regel flach und schnell, d.h. die Amplitude ist klein, die Anspannung groß und die Frequenz hoch, wir machen uns klein und unauffällig (möchten am liebsten weg sein), sodass eine Gefahr möglicherweise einfach so vorübergeht. Wegen der hohen Frequenz sammeln wir trotzdem noch Energie, um notfalls kämpfen oder fliehen zu können. Wenn unsere Unruhe und die Anspannung sehr groß ist und wir etwas tun wollen, uns aber nicht trauen, dann atmen wir manchmal, vor allem bei Panik, doch tiefer, d.h. die Amplitude ist groß, und da wir trotzdem stillhalten, also wesentlich mehr Sauerstoff einatmen, aber auch unverbraucht wieder ausatmen, dafür aber viel mehr Kohlendioxid ausatmen als im Organismus entsteht, da wir uns nicht anstrengen und Sauerstoff verbrennen, kommt es zur Hyperventilation.

Bei Hoffnungslosigkeit haben wir den Affekt des Schmerzes, es hat weder Sinn, sich als groß und stark darzustellen und Kraft und Energie zu tanken, noch nutzt es, sich klein und unauffällig zu machen, wir atmen kurz ein und lang aus, meistens mit einem mehr oder weniger starken Wehlaut. Dieser Atemrhythmus, hat Ähnlichkeit mit dem der Begeisterung, wir atmen bei Schmerz nur weniger ein, das könnte den Schmerz nämlich verstärken, die Einengungskraft beim Einatmen ist also größer als bei der Begeisterung. Trotzdem ist auch dieser Atemrhythmus kreislaufstützend, wir tanken Kraft, um Geduld aufzubringen und durch Hartnäckigkeit doch noch ans Ziel zu kommen, von dem wir getrennt sind. In gewisser Weise trösten wir uns dabei selbst, und durch den Wehlaut machen wir andere auf uns aufmerksam, so dass auch sie uns trösten oder womöglich helfen.

Bei eigener Unzulänglichkeit haben wir den Affekt der Scham, wir wenden den Blick betroffen zum Boden, in welchem wir am liebsten versinken möchten, und spüren plötzlich ganz stark die feinstoffliche Struktur unseres Körpers. Wir atmen tief ein und halten die Luft an oder atmen langsam und lautlos aus, als ob wir nichts äußern könnten zu unserer Entschuldigung, was auch tatsächlich der Fall sein kann. Die Amplitude ist also relativ groß, die Anspannung sehr groß, die Frequenz aber sehr niedrig. Bei fremder Unzulänglichkeit, wenn wir uns nicht fremd schämen, haben wir den Affekt der Aggression und des Widerwillens, beim Fremdschämen den des Entsetzens, wobei sich dabei Wut/Ekel und Scham vermischen und wir sowohl den oben beschriebenen Atemrhythmus der Aggression und des Widerwillens oder den der Scham haben können, manchmal auch abwechselnd.

Bei eigenem oder fremdem Wertlossein machen wir uns Sorgen um andere oder um uns. Dabei können sich alle bisher erwähnten Affekte und damit auch die entsprechenden Atemrhythmen mischen oder abwechseln.

Die Frage, die sich jetzt stellt, ist, ob wir alle Affekte und alle typischen affektiv wahrnehmbaren Eigenarten bzw. Aspekte der vielen Situationen, in denen wir uns befinden können, hier aufgeführt haben. Die Einteilung in (mögliche) Erfolgs-, Misserfolgs- und neutraler Situation ist sicherlich vollständig. Auch bei der Einteilung der tatsächlichen Erfolgssituationen in solche, bei denen wir vorher einen Misserfolg befürchtet, solche, bei denen wir vorher einen Erfolg erhofft, und solche, bei denen wir gar nichts erwartet haben, ist nichts hinzuzufügen. Bei der Einteilung der Aspekte von Misserfolgssituationen habe ich mich an der Entwicklung des Selbst orientiert, und wie dem menschlichen Dasein dabei nacheinander die Aspekte der Überforderung, der Hilflosigkeit, der Hoffnungslosigkeit, der eigenen und der fremden Unzulänglichkeit und des eigenen oder fremden Wertlosseins wahrnehmbar und nach und nach immer mehr affektiv begreiflich werden (Kolb, 2017, S. 78 ff., ab Kapitel 3.2). Dadurch entwickeln wir entsprechend immer mehr unser soziales, unser teleologisches, unser intentionales, unser repräsentationales und unser geschlechtliches Selbst (ebenda). Mit diesen fünf affektiv wahrnehmbaren Aspekten von Situationen sind jeweils fünf Gegensätzlichkeiten des Umgangs mit der Realität verbunden, deren vollkommene Überwindung im utopischen Idealfall bedeuten würde, dass wir die vollkommene Liebe erreicht hätten (ebenda). Mit diesen fünf grundsätzlichen Gegensätzlichkeiten bzw. im Idealfall der vollkommenen Liebe wären alle Gegensätze überwunden und damit auch das Körperlich-Materielle (ebenda). Wenn es keine Gegensätze mehr gibt, dann gibt es auch keine Misserfolge mehr, und damit ist aufgezeigt, dass alle affektiv wahrnehmbaren Aspekte von Misserfolgen vollständig erfasst sind.

Es dürfte wohl klar sein, dass alle oben aufgeführten Situationseigenarten bzw. -aspekte nur zu den beschriebenen Affekten führen, und damit auch, dass wir alle grundlegenden Affekte erfasst haben und alle anderen lediglich Mischungen davon sind. Zum Vorangegangenen ist anzumerken, dass dies nur generelle Betrachtungen sind, die im Einzelfall absolut unzutreffend sein können, da jeder einzelne jeweils verschieden konditioniert sein kann und daher ganz anders reagiert. Bei einer Konditionierung werden die Modi des Genus und/oder des Individuums kurzschlussartig überbrückt und der Affekt sofort in eine Empfindung oder in ein Gefühl umgewandelt. Da es sich lediglich um Affekte handelt, gelten diese Betrachtungen auch nur für den Modus des Genus, d.h. für das menschliche Dasein als Gemeinschaftswesen, und nicht für Konditionierungen.

Auf der Ebene der feinstofflichen Wahrnehmung können wir Bereiche (Schmitz nennt dies „Inseln", (Schmitz, 2011, S. 8)) der feinstofflichen Struktur unseres Körpers nur zeitlich, aber nicht räumlich „verorten". Auch die gesamte feinstoffliche Struktur unseres Körpers hat nur eine zeitliche Ausdehnung: Zu manchen Zeiten ist sie vollständig aus der Wahrnehmung verschwunden, aber bei überraschenden Ereignissen z.B. bemerken wir sie für eine gewisse Zeit. Das Phänomen des Phantomschmerzes, wenn wir einen amputierten Körperteil spüren, wird verständlich als ein Wieder-Holen eines Teils der feinstofflichen Struktur des Körpers aus der Vergangenheit, aus der wir herkommen, d.h. wir werden dabei in die Ekstase der Auskunft über die Herkunft entrückt, ein räumlich-zeitliches Phänomen, dem eine Wirkung bzw. Wirklichkeit zu Grunde liegt. Phantomschmerzen treten umso häufiger auf, je stärker die Schmerzen waren, die jemand vor der Amputation erlitten hatte (Schiepek,

2011, S. 523), es hat sich also ein Schmerzgedächtnis gebildet (ebenda).

Bei Gefahren werden wir in die Ekstase der Auskunft über die Zukunft entrückt und können uns entweder bei hoher Frequenz unseres dominanten Rhythmus (meistens der Atemrhythmus) und aufgrund großer durch die vorangegangene Rhythmik angesammelter Energie schnell und spontan z.B. einem auf uns zukommenden Faustschlag ausweichen, oder aber bei niedriger Frequenz unserer Rhythmik wie ein hypnotisiertes Kaninchen erstarren, sodass die Katastrophe ohne eigene Gegenwehr über uns hereinbricht. Wenn wir aus irgendeinem Grund uns gegenüber der feinstofflichen Struktur unseres Körpers verschlossen haben, können wir in der Regel nicht so schnell und effektiv einer Gefahr begegnen wie oben bei einer hohen Frequenz unseres dominanten Rhythmus, aber besser, als wenn wir in Bewegungsstarre verfallen. Daher ist es für manche Menschen besser, sich bei einem traumatischen Ereignis gegenüber der feinstofflichen Struktur ihres Körpers zu verschließen. Für diese Menschen ist es auch angebracht, nicht sofort nach einem traumatischen Erlebnis darüber mit jemandem zu sprechen, da dies zu einer Retraumatisierung führen könnte. Anderen, deren dominanter Rhythmus bei dem traumatischen Geschehen eine hohe Frequenz hatte, hilft das sofortige Reden, weil sie sich dadurch besser beruhigen können. Weil das Sich-Öffnen und das Sich-Verschließen generell absolut und nicht relativ zu etwas sind, kann man im Räumlichen bezüglich der Ekstase der Auskunft von einer absoluten „Verortung" der Struktur des feinstofflichen Körpers oder bestimmter Bereiche reden. Vom Räumlichen her gibt es keinen Ort, zu dem sich ein derartig absoluter Ort in irgendeinem Bezug befindet. Entweder ich öffne mich und nehme die feinstoffliche Struktur meines Körpers oder bestimmte Bereiche davon wahr, oder ich verschließe mich. Vom Zeitlichen her gibt es aber einen relativen „Ort" der Struktur des feinstofflichen Körpers oder von bestimmten Bereichen, z.B. beim Phantomschmerz in der wieder hergeholten Herkunft, die bei bestimmten zukünftigen Bedingungen immer wieder auf einen zukommen kann, wenn es eine Entwicklungslinie zu früher gibt.

Wenn wir die Entwicklung der feinstofflichen Wahrnehmung und der feinstofflichen Struktur unseres Körpers betrachten, so erscheint es am wahrscheinlichsten, dass ein Säugling anfänglich nur feinstofflich wahrnimmt und die feinstoffliche Struktur seines Körpers als Teil der feinstofflichen Struktur des Körpers seiner Mutter im Modus des Genus affektiv begreift. Mit der feinstofflichen Struktur seines Körpers ist ein Säugling vermutlich immer wieder in die Ekstase der Auskunft seiner Herkunft aus dem feinstofflich wahrgenommenen Körper seiner Mutter entrückt, insbesondere dann, wenn er mit der Muttermilch denselben Geschmack wahrnimmt wie im Uterus mit dem Fruchtwasser.

Aufgrund von Berührungen vor allem von Seiten seiner Mutter erschließen sich der feinstofflichen Wahrnehmung des Säuglings immer mehr Teilbereiche der feinstofflichen Struktur seines Körpers, sodass er z.B. Bauchweh von einem wunden Po unterscheiden kann. Er erkennt auf diese Weise immer mehr seine Physis bzw. seine Eigenwüchsigkeit, bis er immer mehr Teilbereiche seines feinstofflichen Körpers auf der Entwicklungsstufe des physischen Selbst (Fonagy, Gergely, Jurist, & Target, 2008) als eigenständig und von der Mutter unabhängig affektiv begreifen und voller Freude empfinden kann, bis er schließlich immer mehr Bereiche seines physischen feinstofflichen Körper entdeckt hat. Bei der feinstofflich-**physischen** Struktur unseres Körpers handelt es sich um alles, was wir feinstofflich von unserer eigenen Physis, also von unseren eigenen Wachstumsprozessen und von deren Ergebnissen wahrnehmen, die sich in Möglichkeiten ausdrücken, aktiv zu werden oder passiv zu empfinden.

Wenn man z.B. den Atemrhythmus nimmt, so befinden wir uns dabei von der räumlich-zeitlichen Dynamik her in demselben Atemrhythmus wie bei dem Affekt der Faszination (siehe oben). Dieser Rhythmus der Faszination fördert passenderweise sämtliche Wachstumsprozesse optimal. Er baut Energie auf, die den Wachstumsprozess fördert, und stützt ja den Kreislauf im Fall der Begeisterung, die sich in der Regel bei Faszination früher oder später einstellt, und hat damit ebenfalls einen Belohnungscharakter.

Folgt man weiter der Entwicklung des Selbst eines Kindes (Kolb, 2017, S. 78 ff., Kapitel 3.2), so folgt die Entwicklungsebene des sozialen Selbst, bei der es lernt, seine Wut und Aggressionen dafür einzusetzen, mit anderen die Regeln des Zusammenlebens auszuhandeln. Was es dabei feinstofflich bei sich selbst wahrnimmt, will ich feinstofflich-**soziale** Struktur seines Körpers nennen, wobei es sich um alles handelt, was wir feinstofflich bei Auseinandersetzungen mit anderen körperlich wahrnehmen. Dabei befinden wir uns von der räumlich-zeitlichen Dynamik her in demselben Atemrhythmus wie bei dem Affekt der Aggression oder des Widerwillens (siehe oben). Dieser Rhythmus der Aggression oder des Widerwillens sorgt für viel Energie, wir bauen uns groß auf und imponieren dadurch, sodass effektive aggressive Aktivitäten möglich werden.

Auf der Entwicklungsebene des teleologischen Selbst lernt ein Kind, Empfindungen von Angst und Unsicherheit dafür einzusetzen, immer besser aufzupassen, für seine Sicherheit zu sorgen und sich zu schützen. Was es dabei feinstofflich bei sich selbst wahrnimmt, will ich feinstofflich-**teleologische** Struktur seines Körpers nennen, wobei es sich um alles handelt, was wir feinstofflich bei Risiken und Gefahren körperlich wahrnehmen. Von der räumlich-zeitlichen Dynamik her befinden wir uns dabei in demselben Atemrhythmus wie bei dem Affekt der Unruhe, denn ein derartiger Rhythmus macht das Dasein unauffällig, sodass es von einem möglichen Täter kaum bemerkt wird, und sammelt trotzdem Energie für einen möglichen Kampf oder eine mögliche Flucht.

Auf der Ebene des intentionalen Selbst lernt ein Kind, Empfindungen von Schmerz und Sehnsucht dafür einzusetzen, Geduld aufzubringen und sich mit anderen zu verbünden, um seine Wünsche und Ziele schließlich zu erreichen. Was es dabei feinstofflich bei sich selbst wahrnimmt, will ich feinstofflich-**intentionale** Struktur seines Körpers nennen, wobei es sich um alles handelt, was wir feinstofflich bei einem Getrennt-Sein von etwas Ersehntem oder Gewünschtem körperlich wahrnehmen. Auch hier befinden wir uns von der räumlich-zeitlichen Dynamik her in demselben Atemrhythmus wie bei dem Affekt des Schmerzes, denn bei einem derartigen Rhythmus kann sich das Dasein ganz seiner Trauer hingeben, sich selbst stärken und trösten, andere durch sein Weinen auf sich aufmerksam machen, sodass es möglicherweise getröstet oder sogar aktiv unterstützt wird.

Auf der Ebene des repräsentationalen Selbst lernt ein Kind, Emotionen von Scham und Schuld oder von Enttäuschung und Entrüstung dafür einzusetzen, immer verantwortungsvoller zu handeln und langfristige Beziehungen und Freundschaften einzugehen und zu gestalten. Was es dabei feinstofflich bei sich selbst wahrnimmt, will ich feinstofflich-**repräsentationale** Struktur seines Körpers nennen, wobei es sich um alles handelt, was wir feinstofflich bei eigenen oder fremden Unzulänglichkeiten körperlich wahrnehmen. Bei eigenen Unzulänglichkeiten befinden wir uns von der räumlich-zeitlichen Dynamik her in demselben Rhythmus wie bei dem Affekt der Scham, bei fremden Unzulänglichkeiten dagegen in demselben Atemrhythmus wie bei dem Affekt des Entsetzens, sodass wir den anderen unter Umständen in die Schranken weisen können.

Auf der Ebene des geschlechtlichen Selbst schließlich lernen wir, Emotionen der Wollust und Begeisterung und der Sorge um andere und um uns selbst dafür einzusetzen, unsere Liebesfähigkeit immer mehr zu vervollkommnen. Was wir dabei feinstofflich bei uns selbst wahrnehmen, will ich feinstofflich-**geschlechtliche** Struktur unseres Körpers nennen, wobei es sich um alles handelt, was wir feinstofflich bei Wollust und Begeisterung oder der Sorge um andere und uns körperlich wahrnehmen. Von der räumlich-zeitlichen Dynamik her befinden wir uns dabei in demselben Atemrhythmus wie bei dem Affekt der Begeisterung oder der Sorge, sodass wir den anderen anziehen und umarmen, aber auch für ihn und für uns selbst sorgen können.

Mit jeder Entdeckung einer neuen Facette der feinstofflichen Struktur seines Körpers löst sich ein Kind oder Jugendlicher immer mehr von seiner Mutter und wendet sich immer mehr anderen und sich selbst zu: Bei der Entdeckung der feinstofflich-physischen Struktur seines Körpers der Entwicklung und dem Wachstum seiner selbst, bei der der feinstofflich-sozialen Struktur seines Körpers setzt es sich erst mit seiner Mutter über die Regeln des Zusammenlebens auseinander und dann immer mehr auch mit anderen, bei der Entdeckung der feinstofflich-teleologischen Struktur seines Körpers sucht man aktiv erst Schutz bei seiner Mutter und dann immer mehr auch bei anderen, bei der der feinstofflich-intentionalen Struktur seines Körpers verbündet es sich kurzfristig erst mit seiner Mutter, um bestimmte Ziele zu erreichen, und dann immer mehr auch mit anderen, bei der der feinstofflich-repräsentationalen Struktur seines Körpers tauscht es sich langfristig immer intensiver mit seinen Eltern aus, um immer mehr affektiv zu begreifen, wie es immer besser mit seinen Unzulänglichkeiten umgehen kann, und schließt dann entsprechend immer mehr langfristige Beziehungen und Freundschaften mit anderen, in denen es sich austauscht. Wenn ein Jugendlicher schließlich die feinstofflich-geschlechtliche Struktur seines Körpers entdeckt, löst er oder sie sich immer mehr von seinem Elternhaus und gründet dann im Erwachsenenalter in der Regel eine eigene Familie.

Unsere gesamte feinstoffliche Struktur unseres Körpers, von dem die physische, die soziale, die teleologische, die intentionale, die repräsentationale und die geschlechtliche nur verschiedene Aspekte sind, die sich teilweise gegenseitig verdecken, ist insofern offen und kann immer mehr erweitert werden, weil sie genau dann immer größer wird, wenn eine der sechs grundlegenden Gegensätzlichkeiten aktiv-passiv, objektiv-subjektiv, kontinuierlich-diskontinuierlich, linear-zirkulär, räumlich-zeitlich und männlich-weiblich, die den oben aufgeführten Aspekten der feinstofflichen Struktur unseres Körpers entsprechen, immer vollkommener überwunden werden. In der Utopie der vollkommenen Liebe, wenn alle diese Gegensätzlichkeiten des Umgangs mit der Realität vollkommen überwunden wären, würde die feinstoffliche Struktur alles menschliche Dasein umfassen, weil wir dies alles dann echt und unmittelbar in unserem Worumwillen verstehen würden.

6. Die Begegnung mit anderen

Wenn ich einem anderen Menschen begegne, wie kann ich dann wissen, „wie er tickt", welchen Rhythmus bzw. welchen Charakter er hat, was und wie er affektiv wahrnimmt, was er affektiv von sich selbst und seinen Empfindungen begreift, von was er ergriffen ist, welche Möglichkeiten des Seinkönnens er daraufhin entwirft, welche Erwartungen und Gefühle er jeweils damit verbindet und für welche Möglichkeit er sich gerade entscheidet oder entschieden hat, wie er seine Entscheidung im praktischen Handeln umsetzt, und wie er damit umgeht, wenn seine Erwartungen erfüllt worden sind oder wenn nicht?

Am einfachsten herauszufinden ist das praktische Handeln des anderen, denn das lässt sich in den meisten Fällen beobachten (es sei denn, er macht etwas heimlich). Oft lässt sich daraus auch entnehmen, für welche Möglichkeit seines Seinkönnens er sich entschieden hat. Wenn man erkennt, was dem Betreffenden am Ergebnis seiner Handlung gefällt und was nicht, sieht man zum einen, wie er mit der Erfüllung oder Nicht-Erfüllung von Erwartungen umgeht, und man kann zum anderen daraus Rückschlüsse ziehen, welche Erwartungen und Gefühle mit seiner Entscheidung verbunden waren. Was und wie er anfänglich seine Situation affektiv wahrgenommen hat, lässt sich vielleicht auch noch durch eine aufmerksame Beobachtung herausbekommen. Die größten Schwierigkeiten dürften darin bestehen, zu wissen, was der andere affektiv von sich selbst und seinen Empfindungen begreift, von was er ergriffen ist, und welche Möglichkeiten seines Seinkönnens er daraufhin entwirft, denn diese Prozesse finden ganz in der Privatheit des anderen statt, wenn er sich im Modus des Individuums befindet. Aufgrund der Privatheit kann der andere mir und sich selbst etwas vormachen, Letzteres, indem er seine Empfindungen abwehrt, so tut, als habe er alles im Griff, aber nichts plant und tut, um es tatsächlich im Griff zu haben (Kolb, 2017, S. 26).

Am Anfang unseres Lebens tun wir so, als ob der andere, in diesem Fall unsere Mutter, genauso „tickt" wie wir, bis wir auf der Entwicklungsebene des repräsentationalen Selbst in dieser Hinsicht enttäuscht werden, weil sie doch anders „tickt" und andere Interessen, Vorlieben und Überzeugungen hat als wir, und dabei entdecken wir, dass Menschen, wir selbst eingeschlossen, unzulänglich und nicht perfekt sind, wir können alle prinzipiell schuldhaft handeln (ebenda, S. 95). Unser Wissen, wie wir selbst „ticken", kann uns also dabei täuschen, wenn wir es unvorsichtig und naiv auf andere anwenden, der andere kann nämlich von mir in vielerlei Hinsicht verschieden sein. Andererseits ist aber unser Wissen über uns selbst auch nicht perfekt, gelegentlich spalten wir Affekte ab, wehren Empfindungen ab und haben unsere Bewältigungsstrategien, um unsere Erwartungen und Gefühle zu verdrängen (ebenda, S. 26 ff.). Aber selbst wenn wir ziemlich viel über uns selbst wissen, kann der andere in einer ganz anderen Welt leben. Die Welt von Psychotikern „zu erkennen, sie als Personen zu respektieren" (Cavell, 2006, S. 171) und „auf sie als *Personen* zu reagieren, *bleibt problematisch* […], und der andere Teil der Schwierigkeit ergibt sich, wenn wir erkennen, wie nah unsere Welt (manchmal, im Traum) der ihren ist. Wenn Philosophen eine metaphysische Schwierigkeit daraus machen, die anderen zu erkennen, dann verdrängen sie, wie real die praktische Schwierigkeit ist, Wissen über andere Menschen zu erlangen, und wie wenig wir uns selbst dem Blick des anderen enthüllen können oder wie wenig wir den Blick des anderen ertragen" (ebenda).

Um Wissen zu bestätigen, benötigen wir Kriterien. Mit ihrer Hilfe interpretieren wir die Eindrücke von dem, was wir in der Welt erleben, affektiv wahrnehmen und begreifen, um von bestimmten Aspekten des Begriffenen ergriffen zu werden, was uns dann motiviert, zu planen und mögliche Reaktionsweisen zu entwerfen, von denen wir dann eine, für die wir uns entscheiden, im praktischen Handeln umsetzen und so unser Verständnis der Eindrücke ausdrücken. Dass wir aber überhaupt die Existenz von etwas affektiv wahrnehmen, für dieses Wissen gibt es weder Gewissheit noch Kriterien. Um die Existenz von etwas festzustellen, brauchen wir den Kontakt, den wir über Rhythmik und Resonanz wahrnehmen können (s. Kapitel 2, S. 41), und unsere Intuition oder noch besser unsere Liebesfähigkeit. Mit Kriterien können wir Phänomene nur identifizieren, wer, was oder wie etwas ist, aber nicht ihre Existenz. Aus den Wissenschaften gewinnen wir solche Kriterien und erforschen, wie wir mit bestimmten Konstellationen am besten umgehen. Wie schon in Kapitel 2 auf Seite 30 beschrieben, kann sich beides ergänzen, wobei die Wissenschaft einen praktischen Einstieg erleichtert und die wichtigsten Methoden der Problemlösung liefert. Die Liebesfähigkeit aber muss immer an erster Stelle stehen, wenn es darum geht, was unser Handeln leitet, denn als erstes müssen wir die Existenz eines Phänomens feststellen. Dazu muss diese Fähigkeit auch stetig und ständig weiterentwickelt werden.

Wie können nun solche Kriterien in der Begegnung mit anderen Menschen entwickelt werden, damit wir immer besser erkennen können, wie unser Gegenüber „tickt", was ihn also beeindruckt, wie er dies versteht und dieses Verständnis schließlich ausdrückt? Einerseits haben die verschiedenen Sozialwissenschaften schon verschiedene Kriterien in Form von Regeln nach dem Schema Wenn-Dann herausgearbeitet und unter verschiedenen mehr oder weniger idealtypischen Bedingungen getestet, sodass wir dadurch ein mehr oder weniger grobes Raster besitzen, um uns im Einzelfall besser orientieren zu können. Die Wissenschaft liefert uns so Kriterien, mit deren Hilfe wir Probleme identifizieren können, aber keine solchen, um deren Existenz sicher zu stellen. Das vorrangige Problem jedoch bei dem, was sich bei jedem von uns und auch bei unserem Gegenüber im Modus des Individuums abspielt, ist prinzipieller Natur: Es gibt nämlich dabei keine greifbaren Objekte, sondern nur Geschehnisse, die wir uns so erklären, dass „dahinter" Phänomene stecken, die nicht sinnlich erfassbar und greifbar sind. Selbst die Neurobiologie, die schon vieles über unsere Hirnaktivitäten herausgefunden hat, hat damit nur unser Wissen über das Verhalten von Menschen im Modus der Spezies erweitert, aber kein Wissen darüber, was sich im

Modus des Individuums abspielt, ein Modus, der prinzipiell unzugänglich ist, und über den wir bei uns selbst uns oft genug falsche oder unzulängliche Vorstellungen machen.

Wenn wir allerdings davon ausgehen, dass diese Geschehnisse einen Rhythmus besitzen, und dass dieser Rhythmus mit entsprechenden Rhythmen von Geschehnissen bei uns selbst resonant oder dissonant sein kann, dass es hier also Wechselwirkungen in der Begegnung mit dem anderen gibt, die wir nicht mit unseren Sinnen wahrnehmen können, sondern nur feinstofflich (s. Kapitel 2), dann können wir intuitiv bzw. unter Einsatz unserer Liebesfähigkeit wesentlich mehr vom anderen und schließlich auch von uns selbst erkennen, als es durch die Wissenschaft allein möglich ist. Damit ist noch lange nicht gesagt, dass wir auf diese Weise alles echt und unmittelbar verstehen können, das wäre nur dann der Fall, wenn wir die Utopie der vollkommenen Liebe erreicht hätten. Wenn es allerdings unser Ziel ist, immer mehr von dem anderen zu wissen, ihn immer echter und unmittelbarer in seinem Worumwillen zu verstehen, also ihn immer vollkommener zu lieben, dann sind wir dazu aufgefordert, unsere Liebesfähigkeit stetig und ständig weiterzuentwickeln. Spätestens dann, wenn wir auf der Entwicklungsebene des repräsentationalen Selbst entdecken, dass wir nicht perfekt, sondern unzulänglich sind und uns prinzipiell immer wieder schuldig machen können, sind wir durch unseren Affekt des Entsetzens darüber, durch unsere Befindlichkeit der Scham deswegen und durch unser Gefühl einer dadurch möglichen Schuld aufgefordert, dies zu tun (Kolb, 2017, S. 125).

Bei der Begegnung mit anderen gibt es daher noch ein ganz anderes Problem außer der Frage, was ich über den anderen wissen kann, nämlich welche Wechselwirkungen es zwischen dem anderen und mir gibt, ob und wie ich ihn beeinflusse und jeweils umgekehrt er mich, und was dabei mit Absicht und was absichtslos geschieht, inwieweit ich verantwortlich bin für das, was im Kontakt mit anderen Menschen geschieht. Im Wort „beeinflussen" steckt das Wort „Fluss" bzw. „fließen", es hat also etwas mit Rhythmus zu tun, ein

Wort, in dem mit dem indogermanischen „ri" auch „Fluss" und „fließen" vorkommt, wie oben in Kapitel 1 bereits erwähnt. Man kann einander am besten verstehen und beeinflussen, wenn man auf derselben „Wellenlänge" ist. Ganz allgemein findet die wechselseitige Beeinflussung oder Kommunikation auf drei Ebenen statt, die man an bestimmten Körperregionen festmachen kann. Es sind dies die Ebene der Augen mit dem Blick, der Stimme und der Gesichtsmimik als Träger der Kommunikation, die Ebene der Brust mit Händen, Gestik, Zeichen-Machen und Sprache als Ausdrucksmittel der Kommunikation und die Ebene des Beckens mit der gesamten Körperhaltung und Bewegung als Übermittler der Kommunikation.

Die Ebene des Beckens mit Körperhaltung und Bewegung weist zurück auf die Herkunft und bewegt und motiviert uns auch psychisch wie die Vor-Habe beim hermeneutischen Zirkel, die Harmonie in der Musik oder die Berührung (Diathigê) beim Rhythmus (s. Kapitel 4, S. 59). Die Ebene der Augen mit dem Blickkontakt, der Stimme und der Mimik hat etwas Zukunftsweisendes und Geistig-Ideales wie die Vor-Sicht beim hermeneutischen Zirkel, die Melodie in der Musik oder die Wendung (Tropê) beim Rhythmus (ebenda). Die Ebene der Brust mit Händen, Gestik, Zeichen-Machen und Sprache ist gehalten in den beiden anderen Kontaktebenen und zeigt uns körperlich-materiell, wo wir angekommen sind, die Ankunft wie der Vor-Griff beim hermeneutischen Zirkel, der augenblickliche Klang in der Musik oder die augenblickliche Form beim Rhythmus (ebenda).

Hohe Töne oder blinkendes Licht (Ebene der Augen) haben meist einen hellen, grellen, spitzen, schrillen Charakter und warnen daher vor Gefahren in der Zukunft oder lenken zumindest die Aufmerksamkeit auf etwas Bevorstehendes, tiefe Töne wie Bässe, Pauken und Trommeln oder indirekte Beleuchtung (Ebene des Beckens) haben in der Regel einen dunklen, dumpfen, stumpfen Charakter und können unseren Körper zum Vibrieren bringen und uns bewegen, sodass wir unsere animalische Herkunft spüren, und mittelhohe Töne oder Farbmuster (Ebene der Brust) haben entweder wie ein Cello oder die Farbe Gold einen weichen, warmen Charakter oder einen harten und kalten wie eine Gitarre mit Stahlseiten oder die Farbe Silber und heißen uns entweder willkommen bzw. empfangen uns so auf angenehme Weise in der augenblicklichen Situation, in der wir gerade angekommen (Ankunft) sind, oder zeigen uns die „kalte Schulter" und weisen uns ab.

Da man etwas am besten affektiv begreifen und befindlich verstehen kann, wenn man dessen Herkunft und die weitere mögliche Entwicklung kennt, möchte ich, was die wechselseitige Beeinflussung betrifft, die erste zwischenmenschliche Beziehung und deren mögliche Entwicklung betrachten, nämlich die Beziehung zwischen Mutter und Kind. In der Schwangerschaft ist das Kind eine Erweiterung der Mutter, und die gegenseitige Beeinflussung ist weitgehend absichtslos, zumindest von Seiten des Kindes. Die Mutter wird höchstens bestimmte Vorsichtsmaßregeln befolgen, damit Schwangerschaft und Geburt möglichst komplikationslos verlaufen, und wenn sie sich auf ihr Kind freut, wird sie dies auch gerne und in Liebe machen. Inwieweit ihr ungeborenes Kind davon beeinflusst wird, lässt sich in manchen Bereichen nur vermuten, insgesamt tut es beiden auf jeden Fall gut.

Diese symbiotische Beziehung mit ihrer weitgehend absichtslosen wechselseitigen Beeinflussung dauert noch eine Weile nach der Geburt an, wobei hier nur die Kontaktebene der Augen die Kommunikation bestimmt. Mutter und Kind sehen sich oft intensiv in die Augen, beide reagieren sehr auf die Stimme des anderen, das Kind erkennt bald das Gesichtsschema und antwortet darauf mit einem Lächeln. Das Symbiotische ändert sich aber nach und nach in verschiedenen Bereichen, was mit der Entwicklung der Selbständigkeit des Kindes zusammenhängt, mit der Entwicklung des Selbst, wie dies bei Fonagy et al. beschrieben (Fonagy, Gergely, Jurist, & Target, 2008) und von mir in meiner Daseinsanalyse verarbeitet wurde (Kolb, 2017, S. 66 ff., Kapitel 3). In der symbiotischen Mutter-Kind-Beziehung, bei der es nur die Kontaktebene der Augen gibt, ist die Mutter dominant, d.h. sie beherrscht das Geistig-Ideale, plant die Zukunft und trifft spezifische Entscheidungen, und das Kind fühlt sich mit der feinstofflichen Struktur seines Körpers als Erweiterung seiner Mutter. Ein entsprechend mütterlicher Blick mit entsprechender Mimik (manchmal auch mit einer bestimmten höheren Tonlage der Stimme), sei er freudig bewundernd, streng und kontrollierend, beschützend, helfend, vorwurfsvoll, besorgt oder liebevoll, kann auch später noch bei jedem von uns die feinstoffliche Wahrnehmung auslösen, als seien wir lediglich die Erweiterung eines dominanten Gegenüber. Schmitz nennt dieses Phänomen „Einleibung" (Schmitz, 2011, S. 29 ff.), wenn man sich als Erweiterung von etwas fühlt, „in eine leibliche Dynamik aufgenommen" (ebenda, S. 29). Je mehr ein Kind sein physisches Selbst entwickelt, desto mehr setzt es dieses dem freudig bewundernden Blick der Mutter entgegen und hat damit immer mehr eine Fassung (ebenda, S. 45) seines Selbst gewonnen, mit der es der Dominanz seiner Mutter in diesem Bereich entgegenwirken kann. „*Fassung* ist das, was man verliert, wenn man die Fassung verliert" (ebenda). Entsprechendes gilt für das soziale Selbst und den strengen kontrollierenden Blick, das teleologische Selbst und den beschützenden Blick, das intentionale Selbst und den helfenden Blick, das repräsentationale Selbst und den vorwurfsvollen Blick und das geschlechtliche Selbst und den liebevoll-besorgten Blick. Andererseits kann auch ein Kind seine Mutter mit Blicken beeinflussen, indem es seine Mutter freudig lächelnd, fragend, schelmisch, herausfordernd, wütend oder devot, ängstlich, traurig oder schuldbewusst anschaut. Ein entsprechend kindlicher Blick, wozu auch immer eine entsprechende Mimik und manchmal kindlich hohe Stimme gehören, kann auch später im Erwachsenenalter andere Menschen beeinflussen und sie zu elterlichen Reaktionen bringen bzw. dazu, die Führung und die Verantwortung zu übernehmen.

Sobald ein Kind sich immer mehr bewegen kann, kommt die Kontaktebene des Beckens immer mehr ins Spiel. Seine Mutter interpretiert dann immer mehr, von was ihr Kind ergriffen ist bzw. was ihr Kind psychisch motiviert, sich anzustrengen und zu bewegen, d.h. woher es kommt (Herkunft), dass ihr Kind sich wie und wohin bewegt. So erzeugt die Mutter immer mehr Interpretationen über die individuellen Empfindungen ihres Kindes, mit denen sie ihr Kind immer mehr konfrontiert. Entsprechende Interpretationen von anderen über unsere Empfindungen können uns auch noch später einschüchtern und eine feinstoffliche Wahrnehmung auslösen, als ob der betreffende andere uns durchschaut und mehr von uns weiß als wir selbst. Da wir bei der Entwicklung unseres Selbst auf den verschiedenen Entwicklungsebenen nach und nach lernen, alle unsere Empfindungen affektiv zu begreifen (Kolb, 2017, S. 66 ff., Kapitel 3), gewinnen wir auf diese Weise immer mehr eine Fassung, mit deren Hilfe wir uns gegen Interpretationen von anderen immer besser wehren können und uns immer weniger davon einschüchtern lassen. Wir müssen uns allerdings nicht immer wehren, wir können unsere Fassung „auch einmal aufs Spiel setzen" (Schmitz, 2011, S. 46) und vom anderen dadurch mehr feinstofflich wahrnehmen als durch grobstoffliche Beobachtung. Als Feedback kann uns eine solche feinstoffliche Wahrnehmung viel über uns selbst mitteilen, wie wir auf andere wirken, aber nur bedingt, wie wir tatsächlich sind.

Sobald sich ein Kind immer mehr planvoll verhalten, mit den Händen Zeichen geben (auf etwas deuten) und sich entsprechend auch sprachlich ausdrücken kann (im Brustton der Überzeugung), kommt die Kontaktebene der Brust immer mehr zum Tragen. Einerseits zeigt ein Kind dabei offen der Mutter, was es kann, versucht auch, ihr dadurch zu imponieren und sie zu beeindrucken, also in diesem Fall sie ganz offen zu beeinflussen, zu überzeugen, zu überreden oder irgendwie Reaktionen der Mutter hervorzurufen, andererseits können Mutter und Kind auf dieser Kontaktebene solidarisch zusammenarbeiten und eine Aufgabe gemeinsam bewältigen. Während bei den anderen beiden Ebenen die Mutter die Führungsrolle übernimmt oder vom Kind hineingedrängt wird, zieht auf dieser Kontaktebene das Kind nach und kommt *selbst* in der gemeinsamen Situation an (Ankunft). Es ist mit ganzem Herzen dabei, daher auch Kontaktebene der Brust, in der das Herz schlägt. Zum ersten Mal geschieht dies auf der Ebene des intentionalen Selbst, wenn ein Kind seine Absichten zeigt und seiner Mutter demonstriert, was es schon alles kann und wo es noch Unterstützung braucht. Entsprechendes geschieht auf allen weiteren Entwicklungsebenen bis zum geschlechtlichen Selbst, wobei auf der geschlechtlichen Ebene an Stelle der Mutter ein Beziehungspartner die Position des Gegenübers oder des Solidarpartners einnimmt. Auf dieser Kontaktebene der Brust vollzieht sich auch die Sprachentwicklung, beide Beziehungspartner können sich dann offen darüber austauschen, was auf den beiden anderen Kontaktebenen zwischen ihnen geschieht, und lernen so, immer mehr die Verantwortung dafür zu übernehmen, wie sie aufeinander und auf andere wirken.

Auf den beiden Kontaktebenen der Augen und des Beckens kann in der Begegnung mit anderen noch vieles unkontrolliert und verdeckt ablaufen. Hier ist Wissen Macht und eine Versuchung, den anderen, der weniger weiß, zu manipulieren. Erst auf der Kontaktebene der Brust kommt Offenheit ins Spiel, und zwei Menschen können sich hier frei und gleichberechtigt begegnen, sodass mithilfe einer wachsenden kommunikativen Solidarität eine immer größere und vollkommenere Harmonie entsteht. Diese Harmonie kann sich so immer mehr auf die Utopie einer absoluten Freiheit und Gleichheit hin entwickeln, d.h. wir befinden uns auf dem Weg zur vollkommenen Liebe (Kolb, 2017, S. 30 f.).

7. Selbst, Ich und Persönlichkeit

Ursprünglich habe ich behauptet, das Selbst sei phänomenal enthalten in der Ergriffenheit, im Psychisch-Motivationalen, und der Erwartung, dem Geistig-Idealen, des menschlichen Daseins und zeige sich als Täuschung oder Erfüllung der Erwartung im Körperlich-Materiellen (Kolb, 2017, S. 21) in Anlehnung an Heidegger: „Die Sorge birgt schon das Phänomen des Selbst in sich" (Heidegger, 2006, S. 318), wobei Sorge sich darin äußert, dass ich von etwas ergriffen bin und Erwartungen habe, die mit den verschiedenen Möglichkeiten meines Seinkönnens verbunden sind, sodass ich mich für eine optimale Möglichkeit gemäß meiner Erwartungen entscheide und danach handle mit einem materiellen Ergebnis, wobei ich dann affektiv wahrnehme, ob ich mich getäuscht habe oder nicht. Wenn ich von einer Täuschung nichts wissen will, sondern mich nach der Meinung von anderen richte, nennt Heidegger dies das Man-Selbst (Heidegger, 2006, S. 126 ff.), wobei dies am Anfang des Lebens für jeden Menschen gilt, da jedes Kind sich zuerst nach der Meinung der Mutter richtet. Diese Darstellung legt nahe, dass die Ergriffenheit bzw. das Psychisch-Motivationale das Primäre sei, bei dem mir mein Selbst zuerst begegnet. Erst daraufhin plane und entwerfe ich Möglichkeiten dessen, wie ich handeln kann, schätze Chancen und Risiken ab und verknüpfe so die verschiedenen Möglichkeiten mit entsprechenden Erwartungen, sodass ich mich für eine der Möglichkeiten entscheiden kann und entsprechend handle. In dem Phänomen der Ergriffenheit sind aber zwei Aspekte vermischt, nämlich die affektive Wahrnehmung von dem, was mich ergreift, und dann das Begreifen, dass das Wahrgenommene mich ergriffen hat. Das erste gehört zum Aspekt des Körperlich-Materiellen, das zweite zum Aspekt des Psychisch-Motivationalen. Insofern ist das Körperlich-Materielle primär, mein Selbst begegnet mir aber erst im Psychisch-Motivationalen, wenn ich begriffen habe, dass mich etwas „angemacht" oder berührt hat. Erst dann bin ich *selbst* betroffen. Was die affektive Wahrnehmung betrifft, so scheint schon „ins

Wahrnehmungssystem [des Säuglings] ein Bias eingebaut" (Fonagy, Gergely, Jurist, & Target, 2008, S. 225) zu sein, „das den Säugling zur Beobachtung und Erforschung der äußeren Welt veranlasst, und […] Repräsentationen [werden von ihm] in erster Linie auf der Grundlage von äußeren Stimuli konstruiert. Er wird für die distinkten inneren Muster der physiologischen und viszeralen Stimulierung, die mit diskreten Emotionsausdrücken einhergehen, sensibilisiert, indem er den Kontingenzentdeckungsmechanismus auf die kontingente Beziehung zwischen seinen eigenen automatischen Emotionsausdrücken einerseits und den anschließenden affektspiegelnden mimischen/vokalen Äußerungen seiner Bezugsperson andererseits anwendet" (ebenda). Die affektive Wahrnehmung und das Begreifen davon finden immer im Modus des Genus statt, wir sind dabei also immer auf unsere Umwelt bezogene Gemeinschaftswesen, wir begreifen und verstehen etwas erst beim anderen und dann bei uns selbst, und uns selbst bzw. unserem Selbst begegnen wir zuerst im Modus des Genus als Gemeinschaftswesen. Es ist uns dort erschlossen, wenn auch noch nicht entdeckt.

Beim Wissen unterscheidet Cavell zwischen dem Wissen um die Existenz von etwas und dem Wissen, mit dem ich identifizieren kann, was es ist, wobei Kriterien mir bei Letzterem helfen, bei Ersterem aber keineswegs (Cavell, 2006, S. 105). Dass ich überhaupt existiere, weiß ich nicht deswegen, weil ich denke (Descartes), oder wegen irgendeines anderen Kriteriums, sondern nur durch meine Selbst-Betroffenheit, die mich dann zum Denken bringt. Erst danach kann ich identifizieren, wer, was und wie ich bin. Entsprechendes gilt auch für die Existenz des anderen. Erst wenn ich in der Begegnung mit einem anderen davon selbst betroffen bin, weiß ich um seine Existenz, und betroffen bin ich, wenn ich eine Regung bei mir spüre, und das ist ein rhythmisches Phänomen und hat mit Kontakt, Wahrnehmung und Resonanz zu tun (s. Kapitel 2, S. 41). Wer, was und wie er ist, kann ich dann über bestimmte Kriterien herausfinden. Wie entwickeln sich nun beim menschlichen Dasein die Selbst-Betroffenheit bzw. das Selbst und die Kenntnis von Kriterien, um zu unterscheiden, wer, was und wie ein anderer ist und ich bin?

Wer, was und wie ich bin, betrifft mich selbst, und diese Selbst-Betroffenheit kann ich sprachlich durch das Wort „Ich" ausdrücken. Das Ich ist also der Teil meines Selbst, von dem ich gerade selbst betroffen bin, mit dem ich mich gerade identifiziere („Das bin ja ich!"). Entsprechend ist das Du der Teil des Selbst meines Gegenübers, von dem ich gerade selbst betroffen bin, mit dem ich den anderen gerade identifiziere („Das bist ja du!"). Die anderen Personalpronomina lassen sich auf dieselbe Art und Weise beschreiben, wobei sich meine Betroffenheit bei mehreren Menschen auf ein gemeinsames Charakteristikum bezieht.

Wenn in den ersten Lebensmonaten die Mutter auf die reflexartigen Äußerungen ihres Kindes kontingent reagiert, dann kann der Säugling damit deswegen etwas anfangen, weil er dabei den Zusammenhang entdecken kann (Kontingenzentdeckung) zwischen seinen Äußerungen, sowie dem, wie seine Mutter sich verhält, und den Wirkungen, die er selbst anfänglich als Erweiterung seiner Mutter wahrnimmt. Je perfekter die Wirkung zu dem geäußerten Affekt des Kindes passt, je perfekter also der Kontingenzgrad ist, desto größere Betroffenheit zeigt es, indem es z.B. seine Aufmerksamkeit entsprechend lenkt. Es gibt aber aller Wahrscheinlichkeit nach noch keine Selbst-Betroffenheit, und auch die Äußerungen des Kindes, wenn es beispielsweise schreit, nenne ich deswegen reflexartig, weil es dabei vermutlich als Erweiterung seiner Mutter nur betroffen, aber nicht selbst betroffen ist. Auch wenn die Mutter das Verhalten ihres Kindes kontingent nachahmt, zeigt es großes Interesse, ist also betroffen.

Prinzipiell ist jede Art von solchem sozialen Spiegeln attraktiv für einen Säugling, es gibt dabei aber eine bemerkenswerte Besonderheit, „dass bei einem normalen menschlichen Säugling nach etwa drei Lebensmonaten der Kontingenzentdeckungsmechanismus auf ein anderes Zielsetting »umgeschaltet« wird, sodass er fortan nach hohen, aber unvollkommenen [statt perfekten] Kontingenzgraden sucht." (Fonagy, Gergely, Jurist, & Target, 2008, S. 195) Ein Kind ab drei Monaten interessiert sich also stärker für das etwas Fremde, und das impliziert, dass es schon etwas Eigenes, also etwas von seinem Selbst, gefunden hat oder gerade dabei ist, es zu finden. Dies passt auch dazu, dass ein Kind in diesem Alter beginnt, seine Urheberschaft auf der physischen Ebene (ebenda, S. 212) immer besser affektiv zu begreifen und entsprechend befindlich zu verstehen. Dabei kommt zusätzlich ins Spiel, dass Säuglinge schon sehr früh auf affektive Äußerungen der Mutter reagieren. „Säuglinge scheinen also von Anfang an eine artspezifische Sensibilität für die Mimik, die Stimme und die Verhaltensäußerungen des Menschen zu besitzen und eine angeborene Neigung zu zeigen, sich aktiv an affektiven Interaktionen mit Betreuungspersonen zu beteiligen" (ebenda, S. 217). Durch kontingentes Spiegeln der Mutter verbunden mit affektiven Äußerungen der Faszination von ihrem Kind, wenn es eine Veränderung in seiner direkten Umwelt verursacht hat, beginnt das Kind zuerst die Urheberschaft der Mutter zu entdecken, und, weil die Mutter beim Spiegeln es vielleicht doch etwas anders macht als das Kind, beginnt es immer mehr seine eigene Urheberschaft affektiv zu begreifen und befindlich zu verstehen, sodass es in der Folge entsprechende Aktivitäten selbst planen und durchführen kann. Das Kind ist jetzt zum ersten Mal selbst betroffen, es ist betroffen von der Betroffenheit seiner Mutter und dadurch fasziniert, und es beginnt, zuerst seine Mutter und dann sich selbst als »physischen Akteur« mit der Empfindung von Freude zu begreifen und befindlich zu verstehen, wieviel Spaß vom Gefühl her es dabei selbst haben kann, wenn es physisch agiert. Auf diese Weise entdeckt es sein Selbst auf der physischen Ebene der Entwicklung seiner Körperlichkeit, seines eigenen Wachstums (Physis bedeutet ja Eigenwüchsigkeit), welches es später auch absichtlich in gewissen Grenzen beeinflussen kann, z.B. seine Kraft, die es dann zusätzlich trainieren kann. Es findet auf dieser Ebene auch immer mehr Kriterien (zuerst bei anderen und dann bei sich selbst), die ihm anzeigen, welche Veränderungen in der Umwelt ein anderer oder es selbst bewirken kann, und welche nicht. Das Kind beginnt hier, grundlegende Prinzipien zu begreifen und zu verstehen, wie z.B.: „Von nichts kommt nichts." So kann es mit der Zeit immer besser wissen, wer, was und wie jemand anderes oder es selbst auf dieser Ebene ist. Das

Kind begreift und versteht auch immer mehr den Unterschied zwischen dem, wenn es selbst aktiv etwas verändert, oder wenn es nichts tut und selbst passiv bleibt. Es ist dies der Gegensatz aktiv-passiv als materielle Verankerung seines physischen Selbst.

Je mehr ein Kind sich auf dieser Ebene entwickelt hat, desto mehr erkennt es nicht nur die Grenzen seiner Physis, sondern auch Grenzen seiner Mutter-Kind-Symbiose, also dort, wo es noch Erweiterung seiner Mutter und noch nicht es selbst ist. Die Grenzen der Symbiose, wenn die Mutter z.B. nicht reagiert, machen das Kind bis jetzt nur betroffen, aber noch nicht selbst betroffen, wenn es bei der Wahrnehmung solcher Grenzen den Affekt der Aggression oder des Widerwillens zeigt. Wenn die Mutter nun die Aggression oder den Widerwillen ihres Kindes mimisch und stimmlich spiegelt und dabei so tut, als sei sie überfordert, dann werden zum einen die Affekte des Kindes reguliert nach dem Motto, dass geteilte Affekte halbe Affekte sind (das Kind kontrolliert in gewissem Sinne die Reaktionen seiner Mutter, wodurch es positiv beeinflusst wird), zum anderen kann das dadurch schon etwas beruhigte Kind die gespielte Überforderung seiner Mutter nachvollziehen, weil es sich an den Grenzen seiner eigenen Physis auch schon überfordert gefühlt hat. Damit hat es die Empfindungen seiner Wut bzw. seines Ekels begriffen und ist nun offen für Erklärungen seiner Mutter, wie dieses Problem gelöst werden kann, indem man nämlich Regeln für das soziale Zusammenleben aushandelt. (Prinzipielle Regeln hat das Kind ja schon als physischer Akteur kennengelernt.) *Ohne* solche Regeln (wie bisher) ist zu erwarten, dass die gemeinsame Situation von Unzufriedenheit und Frustration geprägt ist, diese Vorstellung erzeugt das Gefühl von Zorn oder Abscheu, aber *mit* solchen Regeln gibt es klare Grenzen, sodass niemand sich überfordert fühlen und deswegen Empfindungen von Wut oder Ekel bekommen muss. Damit ist das Kind zum ersten Mal selbst betroffen durch die affektive Wahrnehmung des sozialen Umgangs mit seiner Mutter und beginnt, zuerst die Urheberschaft seiner Mutter, die soziale Regeln aufstellt, und dann seine eigene Urheberschaft, wenn es sich mit seiner Mutter darüber auseinandersetzt, als »sozialer Akteur« mit der Empfindung seiner Wut oder seines Ekels zu begreifen und befindlich zu verstehen, wieviel Zorn oder Abscheu vom Gefühl her es sich ersparen kann, wenn es sich mit anderen über soziale Regeln auseinandersetzt. Auf diese Weise entdeckt es sein Selbst auf der sozialen Ebene der Entwicklung seiner sozialen Verhandlungsfähigkeit. Es findet auf dieser Ebene auch immer mehr Kriterien (zuerst bei anderen und dann bei sich selbst), die ihm anzeigen, welche Veränderungen in der sozialen Umwelt ein anderer oder es selbst bewirken kann, und welche nicht. Manchmal lassen sich auch keine Regeln festlegen bzw. niemand kann sie bestimmen, weil keine Kompromisse gefunden werden können. So kann es mit der Zeit immer besser wissen, wer, was und wie jemand anderes oder es selbst auf dieser Ebene ist. Das Kind begreift und versteht auch immer mehr den Unterschied zwischen dem, wenn es selbst nach seinen subjektiven Vorstellungen das Zusammenleben mit anderen bestimmen will, oder wenn es auch die Vorstellungen der anderen berücksichtigt und zusammen mit ihnen einen tragfähigen Kompromiss aushandelt, der nicht vom subjektiven Interesse eines einzelnen, sondern vom objektiven Gemeinschaftsinteresse bestimmt ist. Hier zeigt sich ihm der Gegensatz objektiv-subjektiv als materielle Verankerung seines sozialen Selbst.

Je mehr ein Kind sich auf dieser Ebene entwickelt hat, desto mehr erkennt es nicht nur die Nicht-Bestimmbarkeit (sowohl subjektiv als auch objektiv) in manchen Bereichen seiner Umwelt, sondern auch diese Nicht-Bestimmbarkeit seiner Mutter-Kind-Symbiose, also dort, wo es noch Erweiterung seiner Mutter und noch nicht es selbst ist. Die Nicht-Bestimmbarkeit der Symbiose, wenn von der Welt irgendeine Änderung eintritt, z.B. ein Hindernis, sodass es eine bestimmte Aktivität nicht wie sonst ausführen kann, machen das Kind bis jetzt nur betroffen, aber noch nicht selbst betroffen, wenn es bei der Wahrnehmung solcher Nicht-Bestimmbarkeit den Affekt des Schrecks, der Erstarrung oder der Unruhe zeigt. Wenn die Mutter nun diesen Affekt ihres Kindes mimisch und stimmlich spiegelt und dabei so tut, als sei sie hilflos, dann werden zum einen die Affekte des Kindes reguliert (siehe oben), zum anderen kann das dadurch schon etwas beruhigte Kind die gespielte Hilflosigkeit seiner Mutter nachvollziehen, weil es sich wegen der Nicht-Bestimmbarkeit in manchen Bereichen seiner Umwelt auch schon hilflos gefühlt hat. Damit hat es die Empfindung seiner Angst begriffen und ist nun offen für Erklärungen seiner Mutter, wie dieses Problem gelöst werden kann, dass man nämlich Aktivitäten von ihrem Ergebnis unterscheiden muss und dass situative Veränderungen bei derselben Aktivität deren Ergebnis verändern können, was nicht immer vorhersehbar und damit kontrollierbar ist. Daher ist es ratsam, einerseits Risiken immer besser einschätzen zu lernen, und andererseits für eine gewisse Sicherheit zu sorgen und darauf zu achten, dass man notfalls immer Hilfe bekommen kann, indem das Kind z.B. aufpasst, dass es in der Nähe seiner Mutter bleibt. *Ohne* Risikoeinschätzungen und Sicherheiten ist zu erwarten, dass bei allem, was man tut, zu große Gefahren entstehen können, diese Vorstellung erzeugt ein diffuses Gefühl von Furcht, *mit* solchen Sicherheiten und Risikoeinschätzungen gibt es genügend Schutz vor Gefahren, sodass niemand sich hilflos fühlen und deswegen Empfindungen von Angst bekommen muss. Damit ist das Kind zum ersten Mal selbst betroffen durch die affektive Wahrnehmung von Risiken und Gefahren und des Schutzes durch seine Mutter und beginnt, zuerst die Urheberschaft seiner Mutter, die für Sicherheit sorgt, und dann seine eigene Urheberschaft, wenn es Gefahren abschätzt und sich immer wieder vergewissert, dass es notfalls Schutz und Hilfe bekommen kann, als »teleologischer Akteur« mit der Empfindung seiner Angst zu begreifen und befindlich zu verstehen, wieviel Furcht vom Gefühl her es sich ersparen kann, wenn es Gefahren beachtet und notfalls für Schutz und Hilfe sorgt. Auf diese Weise entdeckt es sein Selbst auf der teleologischen Ebene der Entwicklung seiner Fähigkeit, den Einfluss äußerer Veränderungen auf das Ergebnis seiner Aktivitäten abzuschätzen, die sich nun gewandelt haben von einem einfachen Treiben auf der Ebene des physischen Selbst zu einem mehr oder weniger geschickten Fertigen (zur Überwindung äußerer Hindernisse entwickelt es Aktivitätsreihen wie beim Laufen mit Zwischenzielen – telos heißt Ziel – und versucht, diese Reihen fertig zu bekommen) und zu einem sich Hilfe von anderen Holen. Es findet auf dieser Ebene auch immer mehr Kriterien (zuerst bei anderen und dann bei sich selbst), die ihm die Fähigkeiten anzeigen, den Einfluss von äußeren Veränderungen auf das Ergebnis seiner Aktivitäten abzuschätzen und geschickt damit umzugehen. Manchmal gibt es auch nicht vorhersehbare Ereignisse mit entsprechenden Folgen, gegen die man sich nicht schützen oder absichern kann. So kann das Kind mit der Zeit immer besser wissen, wer, was und wie jemand anderer oder es selbst auf dieser Ebene ist. Das Kind begreift und versteht auch immer mehr den Unterschied zwischen dem, was mit einer gewissen Kontinuität auf sein Fertigen folgt, oder was unvorhergesehen und diskontinuierlich auf eine Aktivität erfolgen kann. Hier zeigt sich der Gegensatz kontinuierlich-diskontinuierlich als materielle Verankerung seines teleologischen Selbst.

Je mehr ein Kind sich auf dieser Ebene entwickelt hat, desto mehr erkennt es nicht nur die Nicht-Vorhersehbarkeit mancher Konsequenzen seiner Aktivitäten, sondern auch die Nicht-Erreichbarkeit bestimmter Ziele in seiner Mutter-Kind-Symbiose, also dort, wo es noch Erweiterung seiner Mutter und noch nicht es selbst ist. Diese Vergeblichkeit, wenn es z.B. von seiner Mutter getrennt ist, machen das Kind bis jetzt nur betroffen, aber noch nicht selbst betroffen, wenn es bei der Wahrnehmung solcher Vergeblichkeit den Affekt des Schmerzes zeigt. Wenn die Mutter nun diesen Affekt ihres Kindes mimisch und stimmlich spiegelt und dabei so tut, als sei sie hoffnungslos, dann werden zum einen die Affekte des Kindes reguliert (siehe oben), zum anderen kann das dadurch schon etwas beruhigte Kind die gespielte Hoffnungslosigkeit seiner Mutter nachvollziehen, weil es sich wegen der Vergeblichkeit seiner Aktivitäten auch schon hoffnungslos gefühlt hat. Damit hat es die Empfindung seines Leids begriffen und ist nun offen für Erklärungen seiner Mutter, wie dieses Problem gelöst werden kann, dass man nämlich Aktivitäten plant und ausführt als Zeichen dafür, dass man etwas Bestimmtes erreichen will, wodurch eine solche Aktivität für den, der das Zeichen erkennt, zum Ausführen eines Plans bzw. einer Absicht wird, und dass man nicht immer geradlinig ans Ziel kommt, sondern sich dabei manchmal im Kreise dreht, ohne an das Ziel seiner Absichten zu gelangen. Daher ist es ratsam, einerseits Geduld zu haben, günstige Gelegenheiten aufmerksam abzuwarten und es hartnäckig immer wieder zu probieren, und andererseits kurzfristige Bündnisse mit anderen einzugehen, bei denen man sich gegenseitig unterstützt, seine Ziele zu erreichen. *Ohne* geduldiges und aufmerksames Abwarten und Hartnäckigkeit oder ohne kurzfristige Bündnisse mit anderen ist zu erwarten, dass bestimmte Absichten und Ziele nicht erreicht werden können, und diese Vorstellung erzeugt das Gefühl von Trauer, aber *mit* derartiger Geduld und Bündnissen mit anderen gibt es deutlich größere Erfolgswahrscheinlichkeiten, sodass niemand sich hoffnungslos fühlen und deswegen Empfindungen von Leid bekommen muss. Damit ist das Kind zum ersten Mal selbst betroffen durch die affektive Wahrnehmung von einem Getrennt-Sein von seinen Zielen und der gegenseitigen Unterstützung durch Absprachen mit seiner Mutter und beginnt, zuerst die Urheberschaft seiner Mutter, die auch bestimmte Absichten verfolgt und dabei Unterstützung braucht, und dann seine eigene Urheberschaft, wenn es aufmerksame Geduld aufbringt und kurzfristige Bündnisse mit anderen eingeht, als »intentionaler Akteur« mit der Empfindung seines Leids zu begreifen und befindlich zu verstehen, wieviel Traurigkeit vom Gefühl her es sich ersparen kann, wenn es geduldig ist und gegebenenfalls sich mit anderen verbündet. Auf diese Weise entdeckt es sein Selbst auf der intentionalen Ebene der Entwicklung seiner Fähigkeiten, Geduld und Aufmerksamkeit aufzubringen und hartnäckig zu bleiben oder andere diplomatisch für kurzfristige Bündnisse zu gewinnen. Es findet auf dieser Ebene auch immer mehr Kriterien (zuerst bei anderen und dann bei sich selbst), die ihm die Fähigkeiten anzeigen, aufmerksam und geduldig zu bleiben und andere diplomatisch für kurzfristige Bündnisse zu gewinnen. Manchmal können derartige Bemühungen aber auch vergeblich sein. So kann es mit der Zeit immer besser wissen, wer, was und wie jemand anderes oder es selbst auf dieser Ebene ist. Das Kind begreift und versteht auch immer mehr den Unterschied zwischen dem, was linear und geradlinig erreicht werden kann, oder bei welchen Zielen und unter welchen Umständen man sich im Kreis dreht und nur durch Hartnäckigkeit oder mit gegenseitiger Unterstützung von anderen erfolgreich sein kann. Hier zeigt sich ihm der Gegensatz linear-zirkulär als materielle Verankerung seines intentionalen Selbst.

Je mehr ein Kind sich auf dieser Ebene entwickelt hat, desto mehr erkennt es nicht nur die Vergeblichkeit mancher seiner Bemühungen, sondern auch manche Vergeblichkeit in seiner Mutter-Kind-Symbiose, also dort, wo es noch Erweiterung seiner Mutter und noch nicht es selbst ist. Die Vergeblichkeit in der Symbiose, wenn seine Mutter z.B. andere Vorlieben, Meinungen oder Überzeugungen hat, macht das Kind bis jetzt nur betroffen, aber noch nicht selbst betroffen, wenn es bei der Wahrnehmung solcher Vergeblichkeit zuerst den Affekt des Entsetzens oder der Bestürzung zeigt. Wenn die Mutter nun diesen Affekt ihres Kindes mimisch und stimmlich spiegelt und dabei so tut, als sei sie entsetzt oder bestürzt über die persönlichen Differenzen zwischen ihr und ihrem Kind, dann werden zum einen die Affekte des Kindes reguliert (siehe oben), zum anderen kann das dadurch schon etwas beruhigte Kind das gespielte Entsetzen seiner Mutter nachvollziehen, weil es sich wegen der Vergeblichkeit mancher seiner Bemühungen auch schon entsetzt oder bestürzt gewesen ist. Schließlich begreift es affektiv und ist damit selbst betroffen, dass es derart persönliche Differenzen zwischen seiner Mutter und ihm gibt, und es wird ihm allmählich klar, dass seine Mutter gewisse Unzulänglichkeiten hat, und schließlich, dass auch das Kind selbst nicht perfekt ist und sich prinzipiell immer wieder schuldig machen kann. Damit hat es die Empfindung der Enttäuschung, des Schämens und des Fremd-Schämens begriffen und ist nun offen für Erklärungen seiner Mutter, wie dieses Problem gelöst werden kann, dass es nämlich wichtig ist, zu begreifen und zu verstehen, was einen anderen betroffen macht, was ein anderer für länger andauernde und bestehende Vorlieben, Interessen und Überzeugungen hat, und wie er die Welt im Einzelnen und im allgemeinen sieht und für sich im Gedächtnis repräsentiert hat, aber auch sich selbst in dieser Hinsicht begreifbar und verständlich zu machen, was einen selbst betrifft und betroffen macht. Bei diesem Austausch spielt die sprachliche Kommunikation eine entscheidende Rolle. Daher ist es ratsam, einerseits sich immer wieder und möglichst beständig darüber auszutauschen, damit man selbst immer besser begreift und versteht und auch lernt, sich selbst bei anderen immer besser begreiflich und verständlich zu machen. Da dies aber entsprechendes Vertrauen gegenüber dem jeweils anderen voraussetzt, damit dieser sein Wissen über mich nicht gegen mich verwendet, ist es andererseits empfehlenswert, langfristige Freundschaften mit anderen einzugehen, bei denen ich einigermaßen sicher sein kann, dass sie mir Wohlwollen entgegenbringen, also daran interessiert sind, dass es mir gut geht, und betroffen sind, falls nicht. Daher werden solche Freunde mich durch ehrliche Rückmeldungen ihrer Betroffenheit immer wieder auf Unzulänglichkeiten meinerseits aufmerksam machen, sodass ich damit immer besser umgehen kann und mich immer besser verständlich und immer weniger schuldig mache. Umgekehrt verhelfe ich ihnen ebenfalls zu einer derartigen Selbsterfahrung. *Ohne* solche Freundschaften ist zu erwarten, dass ich selbst und andere sich immer wieder oder sogar immer mehr schuldig machen oder dass Missverständnisse entstehen und wir bei anderen entsprechend negative Emotionen auslösen, sodass es ihnen schlecht geht und sie in negativer Weise betroffen sind, und diese Vorstellung erzeugt das Gefühl von Schuld, aber *mit* derartigen Freundschaften mit anderen gibt es deutlich größere Chancen, unsere Welt immer menschlicher zu machen bzw. unsere Liebesfähigkeit immer mehr zu verbessern. Damit ist das Kind zum ersten Mal selbst betroffen durch die affektive Wahrnehmung der Unzulänglichkeit von sich selbst und anderen Menschen und beginnt, zuerst die Urheberschaft seiner Mutter, die durch bestimmte Ereignisse betroffen gewesen war, die durch Repräsentationen in ihrem Gedächtnis verankert sind, und dann seine eigene Urheberschaft, dass es ebenfalls aufgrund von Betroffenheit entsprechende Repräsentationen gebildet hat, die jeweils sein Verhalten beeinflussen, als »repräsentationaler Akteur« mit der Empfindung des Schämens und des Fremd-Schämens zu begreifen und befindlich zu verstehen, wieviel Schuldgefühle es sich ersparen kann, wenn es langfristige Freundschaften mit anderen eingeht, um sich gegenseitig darüber auszutauschen, was einen jeweils an sich selbst und auch am anderen betroffen macht. Sein Ausführen ist dadurch, dass es auch die symbolische Bedeutung einer Repräsentation trägt, die es mitbestimmt hat, zu einer Handlung geworden, ein echtes Miteinander-Handeln und Sich-Austauschen. Auf diese Weise entdeckt es sein Selbst auf der repräsentationalen Ebene der Entwicklung seiner Fähigkeiten, seine eigene Betroffenheit immer mehr begreiflich und verständlich mitzuteilen und die von anderen immer besser zu begreifen und zu verstehen, wie sie sich jeweils auf Handlungen auswirkt. Es findet auf dieser Ebene auch immer mehr Kriterien (zuerst bei anderen und dann bei sich selbst), die ihm diese Fähigkeiten anzeigen. Manchmal ist es aber auch so, dass man die Betroffenheit eines anderen nicht begreifen und verstehen oder dass man die eigene Betroffenheit einem anderen nicht begreiflich und verständlich machen kann. So kann ein Kind mit der Zeit immer besser wissen, wer, was und wie jemand anderes oder es selbst auf dieser Ebene ist. Das Kind begreift und versteht auch immer mehr den Unterschied zwischen dem, welche Repräsentationen nur vorübergehend Raum im Gedächtnis einnehmen, und welche nachhaltig für lange Zeit bestehen bleiben und das menschliche Dasein entsprechend beeinflussen und prägen. Hier zeigt sich ihm der Gegensatz räumlich-zeitlich als materielle Verankerung seines repräsentationalen Selbst.

Mit unseren Repräsentationen haben wir bildlich gesprochen eine Hülle um uns herum geschaffen, und unser Selbst, wer, was und wie wir sind, von was wir betroffen sind und was uns betrifft, tönt durch diese Hülle hindurch, d.h. auf dieser Ebene wird ein Kind erst zur Person (von lateinisch per-sonare, hindurch-tönen), ohne eine Hülle von Repräsentationen ist ein Kind noch keine Person. Persönlichkeit ist dann die Eigenart, eine solche Hülle von Repräsentationen zu besitzen. Diese Eigenart haben wir Menschen erst ab einem Alter von etwa vier Jahren, und diese Eigenart kennzeichnet auch das Ende der symbiotischen Mutter-Kind-Beziehung. Je mehr ich die Hülle meiner eigenen Repräsentationen anderen begreiflich und verständlich mache, desto mehr erkennen sie meine Persönlichkeit, und je mehr ich die Hülle der Repräsentationen eines anderen begreife und verstehe, desto mehr erkenne ich dessen Persönlichkeit. Von jeweils anderen aus betrachtet ist die Persönlichkeit die Gesamtheit dessen, was bei ihm einen Eindruck bzw. ihn betroffen macht oder gemacht hat.

Die Hülle unserer Repräsentationen hilft uns selbst einerseits, mit der Welt und anderen immer besser zurecht zu kommen, sie stellt aber auch immer wieder ein Hindernis im Kontakt dar, insbesondere dann, wenn es um Betroffenheit geht, sowohl unsere eigene als auch die von anderen. Z.B. verwechseln wir wegen dieser Hülle oft den Ausdruck von Betroffenheit mit der Beschreibung davon. Dieses Problem spricht Wittgenstein an, wenn er schreibt: „der Wortausdruck des Schmerzes ersetzt das Schreien und beschreibt es nicht" (Wittgenstein, 2001, S. 873, § 244). Andererseits schützt uns diese Hülle auch davor, von allzu schlimmen Empfindungen überschwemmt zu werden.

Je mehr ein Kind sich auf dieser repräsentationalen Ebene entwickelt hat, desto mehr erkennt es die Schwierigkeiten, die verschiedenen Hindernisse im Kontakt zu überwinden, insbesondere dann, wenn es in die Pubertät kommt und aufgrund seiner sexuellen Reifung eine neue Betroffenheit erlebt, nämlich den leidenschaftlichen Wunsch nach sexuellem Kontakt und Partnerschaft mit einem bestimmten anderen Menschen. Die Schwierigkeiten im Kontakt und damit, einen bestimmten anderen Menschen, in den man sich verliebt hat, für sich zu gewinnen, machen den Betreffenden als Jugendlichen oder Erwachsenen selbst betroffen und er zeigt alle möglichen Affekte, je nachdem, ob er in seinen Bemühungen erfolgreich ist oder sich überfordert, hilflos, hoffnungslos oder unzulänglich fühlt. Wenn er oder sie sich dann mit Freunden oder Freundinnen darüber austauscht und diese seine bzw. ihre Betroffenheit immer mehr begreifen und verstehen lernt, kann sie oder er sich beruhigen und überlegen, wie dieses Problem gelöst werden kann, wie man sich für einen anderen als Partner oder Partnerin attraktiv machen kann. Einerseits ist es dabei wichtig, sich sexuell anziehend zu machen, aber das allein genügt nicht für eine stabile Partnerbeziehung. Walter Lechler, der frühere Chefarzt der Psychosomatischen Klinik Bad Herrenalb, sagte in diesem Zusammenhang des Öfteren: „Ein Penis ist zu kurz fürs ganze Leben." Eine Partnerbeziehung, aus der u.U. eine Familie mit Kindern wird, ist eine Gemeinschaft, und hier gibt es Aufgaben, die bewältigt werden müssen: Aufgaben, die mit allem, was sich außerhalb der Gemeinschaft befindet, zu tun haben – man muss sich vor äußeren Gefahren schützen und Ressourcen von der Welt für die Gemeinschaft herbeischaffen –, und Aufgaben, die damit zu tun haben, dass sich jeder möglichst wohl in der Gemeinschaft fühlt, dass die Atmosphäre innerhalb der Gemeinschaft möglichst harmonisch ist. Der erste Bereich hat mit Außendiplomatie und mit Technik zu tun und ist traditionellerweise eine Domäne der Männer, während der zweite das Sozial-Emotionale betrifft und von der Tradition her von Frauen erledigt wird. Es ist also andererseits mindestens genauso wichtig für die eigene Attraktivität, zu zeigen, dass man derartige Aufgaben gut bewältigen kann.

Da jeder Mensch noch in größere Gemeinschaften eingebunden ist (z.B. Großfamilie bis Nation), spielt auch noch Folgendes eine Rolle: Je mehr diese größere Gemeinschaft unter Druck steht, weil bestimmte Aufgaben der generellen Meinung nach besonders wichtig sind oder nur unzureichend bewältigt werden, desto größer ist die Gefahr, aus ihr ausgeschlossen zu werden. Wenn man jedoch mit einem Partner zusammen ist, der für die größere Gemeinschaft nützlich und damit wichtig ist, schützt einen das vor einem Ausschluss, sodass dann die entsprechenden Fähigkeiten einen Menschen als Partner noch attraktiver machen. Deswegen waren z.B. Soldaten oder gar Offiziere in der Wilhelminischen Zeit in Deutschland für junge Mädchen besonders attraktiv. Aber auch wenn man keine Partnerbeziehung eingehen möchte aus welchen Gründen auch immer, so bleibt es aufgrund des im Abschnitt über die repräsentationale Ebene Aufgezeigten wichtig, Freunde oder Freundinnen für sich zu gewinnen, sodass man Mitglied einer Gemeinschaft von Freunden werden oder bleiben möchte, und dafür bedarf es auch einer Attraktivität, die anderen zeigt, dass man es wert ist, geliebt zu werden, und dass man anderen begreiflich und verständlich macht, dass man das Wohlwollen ihnen gegenüber auch im Handeln ihnen zugutekommen lassen kann, weil man über die entsprechenden Fähigkeiten verfügt (es gibt nichts Gutes, außer man tut es). Damit ist ein Mensch zum ersten Mal selbst betroffen durch die affektive Wahrnehmung der Möglichkeit, dass er selbst oder andere Menschen nicht als liebenswert erachtet werden, und beginnt, zuerst die Urheberschaft anderer, die sich attraktiv machen, und dann seine eigene Urheberschaft, dass und wie er sich für andere attraktiv machen kann, als »geschlechtlich-erwachsener Akteur« mit der Empfindung der Begeisterung von anderen oder sich selbst oder der Sorge um andere oder sich selbst zu begreifen und befindlich zu verstehen, wieviel Kummer er sich ersparen kann, wenn er sich attraktiv macht, indem er nützliche Fähigkeiten entwickelt und diese auch zeigt. Auf diese Weise entdeckt er sein Selbst auf der geschlechtlich-erwachsenen Ebene der Entwicklung seiner Fähigkeiten, sich auf diese Weise attraktiv zu machen. Er findet auf dieser Ebene auch immer mehr Kriterien (zuerst bei anderen und dann bei sich selbst), die ihm diese Fähigkeiten anzeigen. Manchmal ist es aber auch so, dass man sich warum auch immer nicht attraktiv genug machen kann, um den anderen für eine Partnerschaft oder Freundschaft zu gewinnen, oder dass ein anderer nur so tut, als habe er Fähigkeiten, sich nützlich zu machen. So kann ein erwachsener Mensch mit der Zeit immer besser wissen, wer, was und wie jemand anderes oder er selbst auf dieser Ebene ist. Der erwachsene Mensch begreift und versteht auch immer mehr den Unterschied zwischen dem, was ich männliches und weibliches Prinzip genannt habe, nämlich den Aspekt der Notwendigkeit der Selbst-Konsolidierung, bevor man anderen hilft (männlich und optimal bei Problemen der Außenkontakte), und den Aspekt der Notwendigkeit der Selbst-Hingabe, dass man erst anderen hilft und dann für sich selbst sorgt (weiblich und optimal zur Herstellung der Harmonie in einer Gemeinschaft) (Kolb, 2017, S. 136 ff.). Hier zeigt sich jedem der Gegensatz männlich-weiblich als materielle Verankerung seines geschlechtlichen Selbst.

Freundschaften und Partnerschaften entwickeln sich in der Regel mit folgender Dynamik: grundlegend für beides ist das gegenseitige Wohlwollen, was man sich gegenseitig immer wieder auch versichert. Am Anfang gründet dieses Wohlwollen relativ oberflächlich in dem Nutzen, den diese Beziehung für beide jeweils hat, und vertieft sich dann immer mehr dadurch, dass das Zusammensein, der Kontakt immer angenehmer und erfüllender wird, sei es, dass der eine z.B. amüsant, witzig, interessant oder unterhaltsam ist, oder dass der Sex mit dem Partner großartig ist. Schließlich nähert sich die Beziehung immer mehr dem utopischen Ideal an, dass beide jeweils glücklich sind, wenn der andere glücklich ist, ein Glück, was sich bis ins Unendliche steigert und unzerstörbar ist, weil es von nichts mehr abhängig oder beeinflussbar ist. Aristoteles nennt dieses Glück in der Nikomachischen Ethik Eudaimonia (Aristoteles, 1985), das in der Freundschaft auf die oben beschriebene Weise erreicht werden kann.

Ich habe dieses utopische Ziel vollkommene Liebe genannt (Kolb, 2017, S. 31) und mit der Eudaimonia verglichen (ebenda, S. 34, 122, 188). Sie ist das Höchste und Tiefste, was wir erreichen können, das Einzige, was als „absolutes Nichts" (ebenda, S. 53) in sich selbst unendlich ganz und vollkommen unabhängig und nicht beeinflussbar und doch zugleich vollkommen offen ist, das einzig Unsterbliche, was es gibt. Unsere Psyche bzw. das Psychisch-Motivationale, was ich als solches bezeichnet habe (ebenda, S. 17), ist abhängig, beeinflussbar und kann je nachdem versessen und damit in sich verschlossen sein. Nur in der vollkommenen Liebe würde die Psyche oder Seele unsterblich, da sie dann mit Geist und Materie untrennbar und absolut vereint wäre (ebenda, S. 51).

Je mehr ein erwachsener Mensch sich auf dieser geschlechtlich-erwachsenen Ebene entwickelt hat, desto mehr erkennt er die Schwierigkeiten, von anderen als liebenswert und nicht als Belastung erachtet zu werden, insbesondere dann, wenn er immer älter und schwächer wird und aufgrund dessen eine neue Betroffenheit erlebt, nämlich die Sicherheit seines eigenen Todes, aber die Ungewissheit über dessen Zeitpunkt. Die Schwierigkeiten im Kontakt und damit, nicht aus dem gemeinschaftlichen Leben ausgeschlossen zu werden, machen den Betreffenden als älter werdenden Erwachsenen selbst betroffen und er zeigt alle möglichen Affekte, je nachdem, ob er in seinen Bemühungen dazuzugehören erfolgreich ist oder sich überfordert, hilflos, hoffnungslos oder unzulänglich und als Belastung wertlos fühlt. Wenn er oder sie sich dann mit Freunden oder Freundinnen darüber austauscht und diese seine Betroffenheit immer mehr begreifen und verstehen lernt, kann sie oder er sich beruhigen und überlegen, wie dieses Problem gelöst werden kann, wie man weiterhin in der Gemeinschaft integriert bleiben kann. Da das Leben aber mit dem Tod endet, lässt sich dieses Problem einerseits niemals richtig und befriedigend lösen. Andererseits kann jeder Mensch bis zu seinem Tod danach streben, seine Liebesfähigkeit immer weiter zu entwickeln, und seine Erfahrungen an andere weitergeben. Je mehr er dies tut, desto mehr muss er schließlich seine privaten Dinge mitteilen und damit öffentlich machen, sodass er sich immer mehr als »gesellschaftlich-reifer Akteur« zeigt und den Gegensatz öffentlich-privat, durch den diese Entwicklungsebene materiell verankert ist, immer mehr überwinden kann.

Mit Persönlichkeit wird nicht nur die Eigenart bezeichnet, eine bestimmte Hülle von Repräsentationen bzw. eine bestimmte allgemeine und/oder spezifische Weltanschauung zu haben, sondern auch die Eigenart der Person selbst, ihr Charakter, wie sie im Kontakt mit anderen sich gibt und verhält, wie sie „tickt", welchen Rhythmus bzw. welche Rhythmen sie hat, was man teilweise daraus erschließen kann, was für eine Hülle von Repräsentationen sie um sich herum geschaffen hat. Oft wird daher diese Hülle, die sich auch körperlich in chronischen Körperhaltungen und Muskelverspannungen niederschlagen kann, mit dem Charakter gleichgesetzt. Am besten lässt sich das m.E. betrachten, wenn man untersucht, wie jemand mit den o.e. verschiedenen grundlegenden Gegensätzen umgeht und wie gut er oder sie sie überwindet. Daraus lässt sich auch erkennen, wie weit die Liebesfähigkeit der betreffenden Person entwickelt ist. Sie wäre in der vollkommenen Liebe, wenn sie alle Gegensätze in ihrem Umgang mit der Realität vollkommen überwunden hätte

(Kolb, 2017, S. 30). Bei einem entsprechenden Rhythmus lassen sich Umgangsweisen, die sich überlagern, miteinander verbinden und integrieren, so dass ihre Gegensätzlichkeiten überwunden werden (s. Kapitel 1, S. 21 und Kapitel 4, S. 57).

Der Gegensatz aktiv-passiv hat viel mit Dynamik und Energie, Wachstum und Lebendigkeit zu tun, mit den grundlegenden Prinzipien der Beziehung des Daseins zu seinem Sein. Ein integrierender Rhythmus ist wie der Atemrhythmus bei dem Affekt der Begeisterung (s. Kapitel 5, S. 65) kurzes und entspanntes Einatmen verbunden mit langem Ausatmen, wobei wir die Freude nicht nur bei eigener Aktivität empfinden, sondern auch, wenn wir passiv sind und ein anderer etwas vollbringt. Dabei stärken und tun wir uns gut, steigern also unsere Vitalität und Lebendigkeit. Je weniger jemand diesen Gegensatz überwindet, desto mehr bekommt er negative Empfindungen wie Neid oder missgünstige Gefühle, entweder, weil der Betreffende meint, etwas tun zu müssen, oder wenn er glaubt, er dürfe nichts tun und müsse passiv bleiben im Gegensatz zu anderen. Dann ist der Atemrhythmus, was Stärkung betrifft, nicht mehr optimal und die betreffende Person verbraucht, wenn sie sich zu etwas zwingt und dadurch einen erhöhten Muskeltonus hat, unnötig Lebenskraft, die ihr dann an anderer Stelle fehlt, d.h. ihre Vitalität und Lebendigkeit werden vermindert, Neid und Missgunst „fressen einen auf". Menschen mit dieser Problematik ziehen sich meist aus der Gemeinschaft mit anderen zurück und werden immer einsamer und verbitterter.

Der Gegensatz objektiv-subjektiv hat mit den Regeln der Beziehung des Daseins zu seinem sozialen Sein, also mit seinem Leben in Gemeinschaften zu tun. Wenn es in einer Gemeinschaft nicht gerecht und fair zugeht, sodass die Harmonie gestört ist, und dies an ungerechten Regeln liegt, dann gilt es allen Mut zusammenzunehmen, um diese Regeln zu ändern. Ein entsprechender Rhythmus ist der oben beschriebene Atemrhythmus beim Affekt der Aggression und des Widerwillens (s. Kapitel 5), nämlich tiefes Luft-Holen und Ausatmen mit starken Anspannungskräften, wodurch wir Energie ansammeln und uns aufbauen, sodass wir das Gefühl der Überforderung überwinden. Sobald dies gelungen ist, sind wir in der Lage abzuschätzen, ob wir uns in Gelassenheit üben sollten, weil die Regeln momentan nicht veränderbar sind, oder ob wir unsere Energie erfolgreich dafür einsetzen sollten, sie zu ändern. Dabei ist der optimale Atemrhythmus wieder der der Begeisterung, der unsere Vitalität und Lebendigkeit steigert. Je weniger jemand diesen Gegensatz überwinden kann, desto mehr gerät er *im einen Fall* in eine ohnmächtige Wuthaltung und nimmt nicht mehr wahr, wie sehr er andere z.B. ärgert, stört, belästigt, verletzt, behindert, gefährdet oder gar schädigt. Er betrachtet u.U. als psychisches Subjekt das Geschehen immer mehr so, als werde nur er subjektiv beeinträchtigt und ist darüber als Objekt der Psyche wütend oder als Objekt des Geistes zornig und sinnt in der Regel auf Möglichkeiten, sich zu rächen, da er sich als Objekt der Psyche benachteiligt fühlt aufgrund schlechter Lebensbedingungen, die er als psychisches Subjekt zu erkennen glaubt – er hadert sozusagen mit seiner Herkunft. Der Rhythmus, in welchem die betreffende Person mit anderen „tickt" bzw. Kontakt eingeht und hält, ist sehr ambivalent, was den starken Ausweitungs- und Einengungskräften des Atemrhythmus beim Affekt der Aggression und des Widerwillens entspricht mit Empfindungen von Wut und Ekel, die in diesem Fall chronisch bzw. zu einer gewohnten Haltung mit entsprechenden Muskelverspannungen geworden sind. Einerseits sucht die betreffende Person Kontakt und geht tiefe Beziehungen ein, andererseits ist sie schnell wütend und verletzt, wenn der andere in ihren Augen einen Fehler gemacht hat. Im Extremfall entwickelt sich so eine psychopathische Persönlichkeit, die u.U. kriminell wird. *Im anderen Fall* verdrängt der Betreffende das Gefühl der Überforderung, kehrt sich damit aber von sich selbst ab und kann dann auch mit anderem, was ihm begegnet, nicht gut umgehen, er täuscht sich immer mehr, sodass die Entwicklung seiner Liebesfähigkeit stagniert und sich irgendeine psychische Störung entwickeln kann.

Der Gegensatz kontinuierlich-diskontinuierlich hat mit Vertrauen und Geschicklichkeit in der Beziehung des Daseins zu seinem teleologischen Sein, also mit seinem Leben als Fertigender zu tun. Wenn es bei einer Aktivität zu einem unerwartet negativen Ergebnis kommt oder ein überhöhtes Eigenrisiko besteht, sodass das Vertrauen in die eigenen Fähigkeiten und Fertigkeiten oder in die Situation gestört ist, und dies an mangelnder Sicherheit (eigene Vorkehrungen, Unterstützung/Schutz von anderen) liegt, dann gilt es alle möglichen Vorkehrungen zu treffen, um das Vertrauen in die Situation und in einen selbst wiederherzustellen. Ein entsprechender Rhythmus ist der oben beschriebene Atemrhythmus beim Affekt des Schrecks mit nachfolgender Unruhe oder Erstarrung (s. Kapitel 5), nämlich unruhiges, flaches und schnelles Atmen mit starker Anspannung, wodurch wir in Deckung gehen, sodass wir das Gefühl der Hilflosigkeit überwinden. Sobald dies gelungen ist, sind wir in der Lage abzuschätzen, ob wir uns in Gelassenheit üben sollten, weil wir momentan nichts tun können, oder ob wir unsere Energie erfolgreich dafür einsetzen sollten, zu kämpfen, zu fliehen oder sich Hilfe zu holen. Bei diesen Überlegungen ist der optimale Atemrhythmus wieder der der Begeisterung, der unsere Vitalität und Lebendigkeit steigert. Je weniger jemand diesen Gegensatz überwinden kann, desto mehr gerät er *im einen Fall* in eine hilflose Angststarre, nimmt nicht mehr wahr und begreift nicht, wie wenig planvoll er sein Leben organisiert hat. Er betrachtet dieses Geschehen je nachdem als psychisches Subjekt so, als herrsche um ihn herum Chaos, oder als ob er ganz hilflos sei, so dass er als Objekt der Psyche entsprechend große Angst empfindet und als geistiges Subjekt oft vergeblich nach Möglichkeiten sucht, wie er sich am besten schützen bzw. sich helfen lassen kann – er hat Angst vor der Zukunft. Der Rhythmus, in welchem die betreffende Person mit anderen „tickt" bzw. Kontakt eingeht und hält, wenn sie ihre Erstarrung überwunden hat, ist sehr chaotisch und unruhig, was dem Atemrhythmus bei Schreck und Unruhe entspricht, die in diesem Fall chronisch bzw. zu einer gewohnten Haltung mit entsprechenden Muskelverspannungen geworden sind. Einerseits sucht sie Kontakt und kann nicht allein sein, andererseits ist sie unstet und fluchtbereit, wenn der andere in ihren Augen sich als unzuverlässig erwiesen hat. Im Extremfall entwickelt sich so eine emotional unsichere Persönlichkeit, und wenn der Betreffende zusätzlich Schwierigkeiten mit dem Gegensatz objektiv-subjektiv hat, eine Persönlichkeitsstörung vom Borderline-Typ. *Im anderen Fall* verdrängt er das Gefühl der Hilflosigkeit, kehrt sich damit aber von sich selbst ab und kann dann auch mit anderem, was ihm begegnet, nicht gut umgehen, er täuscht sich immer mehr, sodass die Entwicklung seiner Liebesfähigkeit stagniert und sich irgendeine psychische Störung entwickeln kann.

Der Gegensatz linear-zirkulär hat mit Klugheit in der Beziehung des Daseins zu seinem intentionalen Sein, also mit seinem Leben als jemand mit bewussten Zielen, Wünschen und Bedürfnissen zu tun. Wenn eine bestimmte Absicht nicht erreicht werden kann, sodass eine Situation des Getrennt-Seins entstanden ist, und dies an mangelndem Vermögen liegt, dann gilt es, alle möglichen Strategien zu entwickeln, um das Getrennt-Sein zu überwinden. Ein entsprechender Rhythmus ist der oben beschriebene Atemrhythmus beim Affekt des Schmerzes (s. Kapitel 5), nämlich kürzeres und angespannteres Einatmen als bei Begeisterung mit stärkeren Ausweitungs- und Einengungskräften und langsames ebenfalls angespanntes Ausatmen, wodurch wir beim Einatmen Schmerz vermeiden und beim Ausatmen teils dagegen ankämpfen, teils versuchen, uns ihm hinzugeben, sodass wir das Gefühl der Hoffnungslosigkeit überwinden. Sobald dies gelungen ist, sind wir in der Lage abzuschätzen, ob wir uns in Gelassenheit üben und mit anderen beraten sollten, weil wir momentan nichts tun können, oder ob wir unsere Energie erfolgreich dafür einsetzen sollten, allein oder mit anderen zu kämpfen und es hartnäckig oder mit geduldiger Aufmerksamkeit immer wieder zu versuchen. Bei diesen Überlegungen ist der optimale Atemrhythmus wieder der der Begeisterung, der unsere Vitalität und Lebendigkeit steigert. Je weniger jemand diesen Gegensatz überwinden kann, desto mehr gerät er *im einen Fall* in eine hoffnungslose Haltung von Resignation, nimmt nicht mehr wahr und begreift nicht, wie wenig aufmerksame Geduld er mit sich und anderen hat, wie wenig er abwarten kann und wie wenig er sich um Bündnisse bemüht. Er betrachtet dieses Geschehen je nachdem als psychisches Subjekt so, als ob es nur Rückschläge gebe, alles hoffnungslos sei und ihm niemand helfen könne, sodass er als Objekt der Psyche vor allem Leid deswegen empfindet, und sucht als geistiges Subjekt meist vergeblich nach Möglichkeiten, wie er seine Verzweiflung aushalten kann – er hat das Gefühl, in einer leidvollen Welt angekommen zu sein (leidvolle Ankunft). Der Rhythmus, in welchem die betreffende Person mit anderen „tickt" bzw. Kontakt eingeht und hält, ist niedergedrückt und erschöpft, insgesamt also ziemlich depressiv, was dem Atemrhythmus bei Schmerz entspricht, der in diesem Fall chronisch bzw. zu einer gewohnten Haltung mit entsprechenden Muskelverspannungen geworden ist. Einerseits sucht sie Kontakt und kann nicht allein sein, andererseits zieht sie sich im Kontakt immer wieder resigniert zurück, wenn der andere in ihren Augen sich als enttäuschend erwiesen hat. Im Extremfall entwickelt sich so eine depressive oder melancholische Persönlichkeit. *Im anderen Fall* verdrängt der Betreffende das Gefühl der Hoffnungslosigkeit, kehrt sich damit aber von sich selbst ab und kann dann auch mit anderem, was ihm begegnet, nicht gut umgehen, er täuscht sich immer mehr, sodass die Entwicklung seiner Liebesfähigkeit stagniert und sich irgendeine psychische Störung entwickeln kann.

Der Gegensatz räumlich-zeitlich hat mit Weisheit in der Beziehung des Daseins zu seinem repräsentationalen Sein, also mit seinem Leben als jemand mit bestimmten Einstellungen und Anschauungen zu tun. Wenn eine bestimmte Repräsentation die eigenen Handlungsweisen derart beeinflusst, dass es immer wieder zu Täuschungen und Enttäuschungen führt, und der Betreffende sich selbst und anderen keine befriedigende Antwort diesbezüglich geben kann, dann gilt es, die entsprechenden Einstellungen verantwortungsvoll zu ändern, damit es nicht immer wieder zu denselben Täuschungen und Enttäuschungen kommt. Ein entsprechender Rhythmus ist der oben beschriebene Atemrhythmus beim Affekt der Scham (s. Kapitel 5), nämlich tiefes und angespanntes Einatmen mit stärkeren Ausweitungskräften und Atem-Anhalten oder langsames ebenfalls angespanntes, aber möglichst lautloses Ausatmen, wodurch wir beim

Einatmen Scham vermeiden, aber beim Ausatmen teils uns schamhaft verstecken wollen, teils versuchen, uns zu entschuldigen, sodass wir das Schuldgefühl überwinden. Sobald dies gelungen ist, sind wir in der Lage abzuschätzen, ob wir uns in Gelassenheit üben und uns mit anderen intensiver freundschaftlich austauschen sollten, weil wir momentan nichts tun können, oder ob wir unsere Energie erfolgreich dafür einsetzen sollten, allein oder mit anderen besser zu begreifen, woher unsere Täuschung kommt, und uns immer besser darauf zu verstehen, unsere Einstellungen und damit auch unsere Handlungsweise zu ändern. Bei diesen Überlegungen ist der optimale Atemrhythmus wieder der der Begeisterung, der unsere Vitalität und Lebendigkeit steigert. Je weniger jemand diesen Gegensatz überwinden kann, desto mehr gerät er *im einen Fall* in immer größere Schuldgefühle oder regt sich über die Einstellungen von anderen auf, nimmt nicht mehr wahr und begreift nicht, dass ein anderer die Wirklichkeit anders bei sich repräsentieren, unter anderen Gesichtspunkten betrachten kann als er, und wie wenig Vertrauen er in andere oder zu sich selbst hat, sodass es aufgrund seines mangelnden Begreifens immer wieder zu Missverständnissen kommt. Er beurteilt je nachdem das Geschehen als psychisches Subjekt so, als ob entweder er oder die anderen daran schuld seien, er verurteilt also sich und/oder andere, sodass er als Objekt der Psyche und des Geistes hauptsächlich Enttäuschung, Entrüstung, Scham und Schuld deswegen empfindet oder fühlt, und sucht als körperlich-materielles und geistiges Subjekt zu wenig die Freundschaft mit anderen und meist vergeblich nach Möglichkeiten, wie er seine Unzulänglichkeit oder die der Welt überwinden kann – er hat das Gefühl, in einer Welt zu existieren, die Auskunft über zu viele entsetzliche Dinge (die eigenen oder die von anderen) gibt. Der Rhythmus, in welchem die betreffende Person mit anderen „tickt" bzw. Kontakt eingeht und hält, ist entweder mit Schuldgefühlen beladen, oder sie versucht, ihr Gegenüber zu missionieren und von den eigenen Einstellungen und Glaubenshaltungen zu überzeugen, insgesamt also teils depressiv, teils versessen und verschroben, was dem Atemrhythmus bei Scham entspricht, der in diesem Fall chronisch bzw. zu einer gewohnten Haltung mit entsprechenden Muskelverspannungen geworden ist. Einerseits sucht sie Kontakt, um ihre eigene Position zu rechtfertigen – das entspricht dem übertrieben starken Einatmen –, andererseits zieht sie sich im Kontakt immer wieder voller Schuldgefühle zurück, wenn sie ihre Position nicht mehr zu verteidigen weiß, weil sie z.B. auf die Fragen der anderen keine Antwort mehr weiß. Im Extremfall entwickelt sich so eine selbstunsichere oder eine extremistische Persönlichkeit. *Im anderen Fall* verdrängt der Betreffende seine Schuldgefühle oder seine Empörung über die Einstellung der anderen, kehrt sich damit aber von sich selbst ab und kann dann auch mit anderem, was ihm begegnet, nicht gut umgehen, er täuscht sich immer mehr, sodass die Entwicklung seiner Liebesfähigkeit stagniert und sich irgendeine psychische Störung entwickeln kann.

Beim Gegensatz männlich-weiblich haben wir es mit einer Mischung der bisher aufgeführten Gegensätze zu tun: der typische Mann, obwohl längst nicht alle Männer so sind, ist *aktiv* im Bereich der Außendiplomatie und der Technik und *passiv* im Bereich des Sozial-Emotionalen, hat also in dieser Hinsicht den Gegensatz aktiv-passiv nicht überwunden und tut sich konkurrierend als der Beste in seinem Bereich hervor, freut sich also weder darüber, wenn ein anderer hier erfolgreich ist, noch beachtet er sonderlich, wenn jemand im Sozial-Emotionalen etwas leistet, einen Mann belächelt oder verachtet er sogar unter Umständen, als ob dieser kein richtiger Mann sei. Beim Gegensatz objektiv-subjektiv geht er vor allem *subjektiv* von sich selbst aus und betont die Selbst-Bestimmung, beim Gegensatz kontinuierlich-diskontinuierlich probiert er spontan und sprunghaft, also ohne direkten Plan oder Kontrolle, alles Mögliche aus und lässt sich kaum auf etwas Kontinuierliches ein, weil es ihm entweder zu langweilig oder zu anstrengend ist und ihm daher nichts bringt (Betonung des *Diskontinuierlichen*). In Bezug auf den Gegensatz linear-zirkulär will er Ergebnisse sehen und ist um geradlinigen Fortschritt bemüht (Betonung des *Linearen*), und bezüglich des Gegensatzes räumlich-zeitlich geht es ihm um immer stimmigere eigene Repräsentationen der Wirklichkeit, er forscht nach, woher Probleme kommen und wodurch Aufgaben sich ihm stellen, welches zukünftige Ideal erstrebenswert ist und welche gegenwärtigen Lösungsschritte er dazu durchführen muss (er bewegt sich frei in den drei Ekstasen Herkunft, Zukunft und Ankunft, um die Technik seines Handelns immer mehr zu verbessern, ohne darauf zu achten, ob er anderen vielleicht den Raum nimmt, betont also die *Zeitlichkeit* mehr als die Räumlichkeit), er konzentriert sich vor allem auf sich selbst und seine eigenen Belange, kümmert sich nicht um Freundschaften, höchstens um kurzfristige Bündnisse wie bei der Außendiplomatie und lässt sich von anderen weder beirren noch ablenken („Der Starke ist am mächtigsten allein", Schiller, Wilhelm Tell, I, 3.). Die typische Frau, obwohl längst nicht alle Frauen so sind, ist *aktiv* im Bereich des Sozial-Emotionalen und *passiv* im Bereich der Außendiplomatie und der Technik, hat also in dieser Hinsicht den Gegensatz aktiv-passiv nicht überwunden und tut sich fürsorglich und höchstens indirekt konkurrierend als die Beste in ihrem Bereich hervor, freut sich, wenn sie helfen kann, aber weder darüber, wenn eine andere im Sozial-Emotionalen erfolgreich ist, noch beachtet sie sonderlich, wenn jemand im Außendiplomatisch-Technischen etwas leistet, eine Frau belächelt oder verachtet sie sogar unter Umständen heimlich, als ob diese keine richtige Frau sei. Beim Gegensatz objektiv-subjektiv geht sie vor allem *objektiv* von den Bedürfnissen der anderen aus und stellt ihre eigenen Belange zurück, beim Gegensatz kontinuierlich-diskontinuierlich kontrolliert und regelt sie mit einer gewissen Rigidität vor allem die zwischenmenschlichen Beziehungen, sie hält *kontinuierlich* unter teilweise großen Verzichtleistungen an der Gemeinschaft und am Wir-Gefühl mit den anderen fest. In Bezug auf den Gegensatz linear-zirkulär erkundet sie wiederholt dasselbe von verschiedenen Seiten und wartet geduldig Gelegenheiten ab, bis die anderen zufrieden gestellt sind und sie dann auch ihre eigenen Ziele verwirklichen kann (Betonung des *Zirkulären* statt des Linearen), und bezüglich des Gegensatzes räumlich-zeitlich lässt sie sich ein, teilt sozusagen den Raum mit anderen (Betonung des *Räumlichen* statt das Zeitlichen) und tauscht sich ausgiebig mit ihnen darüber aus, wie man die Wirklichkeit repräsentiert und entsprechend erlebt, und wenn jemand sie verletzt oder ihr schadet, dann wandelt sie ihre Affekte von Aggression und Widerwillen bzw. ihre Empfindungen von Wut und Ekel oder ihre Gefühle von Zorn und Abscheu darüber durch Reaktionsbildung in Verständnis um (der andere habe das bestimmt nicht persönlich gemeint, vielleicht habe sie ihn dazu eingeladen, z.B. sie auszunutzen, oder er habe etwas, weswegen man ihm helfen sollte), d.h. sie interpretiert seine Verhaltensweise so, dass sie ihm verzeihen kann oder dass er ihr sogar unschuldig erscheint, der zwischenmenschliche Raum bleibt so immer offen und frei von trennenden Hindernissen. Insgesamt ist sie also ausgesprochen um dauerhafte Freundschaften und um Harmonie bemüht.

Bei beiden Einstellungen, bei der typisch weiblichen, dass zuerst die Selbst-Hingabe notwendig ist, bevor man für sich selbst sorgen sollte, und bei der typisch männlichen, dass zuerst die Selbst-Konsolidierung wichtig ist, bevor man für andere da sein kann, verbraucht man Lebenskraft und vermindert mit der Zeit, wenn man diesen Gegensatz nicht überwindet, immer mehr die eigene Vitalität und Lebendigkeit, da man sich aufgrund mehr oder weniger versteckter Konkurrenz, die sich dann auch in der Partnerschaft fortsetzt, nicht wirklich auch über die Aktivitäten anderer, insbesondere des Partners, freuen kann. Über kurz oder lang müssen beide daher mit ihrer einseitigen Lebensstrategie scheitern. Dann hadert der typische Mann subjektiv nur auf sich bezogen mit seiner Herkunft, was die typische Frau eher abspaltet, indem sie sich sagt, schließlich hätten alle irgendwie objektiv betrachtet eine schlimme Kindheit gehabt. Beide haben schließlich Angst vor der Zukunft, wobei sie sich eher noch an Strohhalme klammert und kontinuierlich ihr Gefühl der Furcht verdrängt, indem sie zur Bewältigung der Furcht z.B. zu Ärzten geht, um dort Hilfe zu bekommen, während er seine Empfindungen der Angst dadurch abwehrt, dass er immer wieder auf ein diskontinuierlich eintretendes Wunder hofft. Die typische Frau empfindet die Enttäuschung über ihr Scheitern als zirkulär immer wiederkehrendes Leid, während der typische Mann bei seiner Enttäuschung die Empfindung des Leids abwehrt und gerade heraus (linear) nur Wut oder Ekel empfindet. Unzulänglichkeiten sieht er nur bei anderen und bewältigt so seine Schuldgefühle, indem er anderen Vorwürfe macht, man habe ihm nicht genug Raum zur Entfaltung seines Potenzials gegeben. Sie dagegen ist der Meinung, sie habe die ganze Zeit über ihr Bestes gegeben, jetzt aber sei sie mit ihrer Kraft am Ende, sodass nun andere sich aufopfern müssten, wobei sie dabei unausgesprochen erwartet, von anderen versorgt zu werden, sie denkt für sich, schließlich habe sie viel gegeben, aber leider nur wenig zurückbekommen. Letztlich fühlen sich beide nicht richtig wertgeschätzt, können nichts anderes mehr schätzen und sich für nichts mehr begeistern und sorgen sich nur noch eifersüchtig um sich selbst, er offen, sie versteckt.

Indem sie jeweils in ihre Gefühle der mangelnden Wertschätzung mit dem entsprechenden Atemrhythmus hineingehen, können sie diese Gefühle überwinden und konstruktiv nutzen, um sich immer mehr mit ihrer Zusammengehörigkeit mit ihrem Partner bzw. ihrer Partnerin auseinanderzusetzen. Je mehr diese Zusammengehörigkeit sich entwickelt, desto mehr Begeisterung mit dem entsprechenden Atemrhythmus (siehe oben) löst sie aus und drängt die jeweilige Sorge oder Eifersucht immer mehr zurück, indem sich beide darin üben, immer wieder die Alternativen auszuprobieren, sodass sie sich gegenseitig im Laufe ihrer Entwicklung auf der Ebene ihres geschlechtlich-erwachsenen Selbst immer mehr finden, und dabei kann sich dann die Liebe zum anderen und die zu sich selbst immer besser entwickeln. Wenn dann der Gegensatz Selbst- und Fremdfürsorge bzw. männlich-weiblich vollständig überwunden wäre, wäre die vollkommene Liebe erreicht, und man hätte den anderen und sich selbst vollkommen gefunden. Je öfter und durchgängiger wir uns im Alltag begeistern, je mehr wir unsere Herkunft, Zukunft und Ankunft im Alltag dankbar wertschätzen können, desto weiter sind wir auf dem Weg zur vollkommenen Liebe gekommen.

Aufgrund der dankbaren Wertschätzung bemühen wir uns nämlich um immer echtere Auskunft über Herkunft, Zukunft und

Ankunft unserer bzw. in unserer momentanen Situation, eine notwendige und hinreichende Bedingung, um uns immer mehr der Utopie der vollkommenen Liebe zu nähern (Kolb, 2017, S. 62). Insgesamt konnte hier die wichtige Bedeutung der Begeisterung im Alltag deutlich gemacht werden und der damit zusammenhängende Atemrhythmus, der die Vitalität und Lebendigkeit immer mehr stärkt, was damit auch für die Begeisterung gilt. Interessanterweise findet man denselben Atemrhythmus bei der Zen-Meditation, der dadurch erreicht wird, dass man sich auf das Ausatmen konzentriert und es zählt, möglichst ohne an etwas anderes zu denken, worin ich ein vorontologisches Zeugnis zur Bewährung meiner Interpretation der wichtigen Bedeutung der Begeisterung im Alltag sehe, um sich immer mehr der Utopie der vollkommenen Liebe zu nähern. Wie schon oben in der Fußnote am Ende von Kapitel 1 erwähnt, hat eine derartige Bewährung zwar nur geschichtliche Beweiskraft, sie zeigt aber, dass meine These schon früher von anderer Seite implizit akzeptiert wurde.

Der Gegensatz öffentlich-privat führt im Alter auf der Entwicklungsstufe des gesellschaftlichen Selbst entweder dazu, dass die eigenen Haltungen, Einstellungen und Stimmungen immer mehr erstarren und wir immer verschrobener werden, wenn wir zu sehr unser Privates betonen und schützen, oder wir lassen uns immer mehr gehen, meinen, uns alles erlauben zu können, alle unsere Unzulänglichkeiten präsentieren zu dürfen, indem wir allzu offen und damit peinlich für die anderen sind. Je mehr wir diesen Gegensatz überwinden, desto mehr zeigen wir zwar auch unsere Unzulänglichkeiten und geben unsere Fehler zu, zeigen aber auch, was wir für uns entwickelt haben und übernehmen für alles immer mehr die Verantwortung, sodass wir in dieser Hinsicht wenigstens keine Belastung für andere darstellen. Durch unsere Miteilungen geben wir unsere Identität nicht ab, sondern lassen sie in der Bedeutungslosigkeit versinken, sodass wir unseren Tod, der unsere Existenz beendet, immer besser und mit immer weniger belastenden Empfindungen und Gefühlen annehmen können. Der Tod ist dann wie die letzte Prüfung, wie weit wir unsere Liebesfähigkeit entwickelt haben.

8. Emotionen und Repräsentationen

Lachen und Weinen sowie jede Art von Betroffenheit durchdringen die Hülle unserer Repräsentationen und können diese manchmal aufreißen. Wie ist dies möglich und was spielt dabei eine Rolle? Da Betroffenheit das ursprünglichere Phänomen ist, indem es uns die Existenz von etwas aufzeigt, und wir unsere Repräsentationen aufgrund einer Betroffenheit bilden, indem wir das Existierende genauer identifizieren, dringt Betroffenheit immer in die Hülle unserer Repräsentationen ein, wenn auch nicht durch, und rückt die entsprechenden Repräsentationen, die zu dem Existierenden passen, in den Vordergrund, falls es derartige Repräsentationen gibt. Wenn es diese Repräsentationen nicht gibt, oder diese nicht ausreichen, das Existierende genauer zu identifizieren, dann wird die Hülle unserer Repräsentationen aufgerissen, die Betroffenheit dringt durch, erschüttert uns eventuell, und wir sind durch unsere Betroffenheit dazu aufgefordert, die fehlenden Repräsentationen zu kreieren und fehlerhafte Repräsentationen zu verbessern. Nur in den seltenen Fällen, in denen es uns unmittelbar einsichtig ist, was da gerade existiert, können wir auch auf derartig identifizierende Repräsentationen verzichten, und es macht uns nichts aus, dass die Betroffenheit direkt zu uns durchdringt.

Da für jeden Menschen nur das existiert und daher im Gedächtnis repräsentiert wird, was ihn irgendwie betrifft, also was ihn betroffen macht oder gemacht hat und was damit eine Bedeutsamkeit für ihn besitzt, ist jede Repräsentation mit seiner Selbst-Repräsentation verbunden, d.h. mit einer oder mehreren Repräsentationen *seiner* Bedingtheiten, der Möglichkeiten *seines* Seinkönnens und *seiner* Gesamtsituation, was er als sein Eigenes begreift. Wenn ich begriffen habe (oder das glaube), was ist, gewesen ist oder noch sein könnte, dann kann ich dies in meinem Gedächtnis als Repräsentation speichern und mit dem Bereich meiner Selbst-Repräsentationen entsprechend verknüpfen, und zwar so, wie ich mich auf meine Möglichkeiten verstehe, in der jeweiligen Situation sein zu können. Innerhalb meiner Selbst-Repräsentationen gibt es die beiden Strukturen der Selbst-Bedeutsamkeit, wie die Möglichkeiten meines Seinkönnens bedeutsam darauf bezogen sind, was mich bisher ergriffen hat, nachdem ich es entsprechend begriffen und woraufhin ich es befindlich verstanden habe, indem ich bestimmte Möglichkeiten meines Seinkönnens als Antwort darauf in Handlung umsetzen kann, und der Selbst-Bewusstheit, wie die Möglichkeiten meines Seinkönnens hierarchisch strukturiert sind bezüglich der Differenziertheit (als verschiedene Variationen einer Möglichkeit bzw. als Untermöglichkeiten und genauere, später entworfene Repräsentationen einer Möglichkeit) und bezüglich der Stärke meiner Betroffenheit, als ich die betreffende Möglichkeit meines Seinkönnens entworfen habe (Kolb, 2017, S. 189 ff.).

Es gibt nun Menschen, deren Hülle von Repräsentationen so starr und unflexibel ist, dass sie jedes Aufreißen ihrer Hülle vermeiden und auf alles aggressiv reagieren, was etwas Derartiges bewirken könnte. Sie bestehen ganz rigide und zwanghaft auf bestimmten Routinen und Tagesabläufen und geraten in große Krisen, wenn es einmal anders zugeht. So vermeiden sie jede Art von Betroffenheit, in extremen Fällen reden sie von sich auch nur in der dritten Person, um jeglicher Betroffenheit aus dem Weg zu gehen. Wenn dies jeden Bereich der Hülle ihrer Repräsentationen betrifft, nennt man dies Autismus, wenn es nur bestimmte Bereiche betrifft, der Betreffende generell nach außen aber normal wirkt, bezeichnet man es als zugehörig zum autistischen Symptomenkomplex (manchmal auch als Asperger-Syndrom). Bei der Hülle von Repräsentationen gibt es im Normalfall bei demselben Sachverhalt oder derselben Situation mehrere mögliche Repräsentationen – manche nennen es fantasievoll Parallel-Welten –, von denen wir uns vorstellen, dass sie zutreffend sein können. Unsere Hülle ist anschaulich ausgedrückt mehrschichtig und schützt uns so vor Überraschungen, wir rechnen mit mehreren Möglichkeiten. Kinder sind dazu erst ab der Entwicklungsebene des repräsentationalen Selbst in der Lage, autistische

Kinder nie (Fonagy, Gergely, Jurist, & Target, 2008), d.h. sie scheinen nur eine ganz einfache, einschichtige Hülle von Repräsentationen zu haben. So lässt sich das Phänomen des Autismus auch für Erwachsene verdeutlichen.

Es gibt jedoch auch das gegenteilige Phänomen, dass jemand eine sehr dicke und vielschichtige Hülle von Repräsentationen um sich herum geschaffen hat, als ob er oder sie sich dadurch vor einer Gefahr von der Welt schützen möchte. Diese Strategie hat allerdings einen Haken, die betreffende Person muss in ihren Repräsentationen viel mehr Aufwand betreiben, um nicht den Überblick zu verlieren, und gerät dadurch schnell ins Grübeln und in Gedankenschleifen, die sie tagsüber lähmen oder ihr nachts den Schlaf rauben können. Ähnlich wie beim Autismus begegnet uns hier etwas Zwanghaftes, nämlich das Grübeln, was auf eine Mischung der beiden Empfindungen von Wut/Ekel und Angst hinweist, wobei aufgrund der vermuteten Gefahr die Angst mit dem Gefühl einer ursprünglichen Hilflosigkeit die primäre Empfindung ist, aus der sich dann, nachdem der Betreffende sich aufgrund seiner Angst eine dickere Schutzhülle von Repräsentationen als Vorkehrungen gegenüber möglichen Gefahren geschaffen hat, ein Gefühl der Überforderung ergibt, welches über das Begreifen des Affekts der Aggression und des Widerwillens zu der sekundären Empfindung von Wut und Ekel führt.

Eine Betroffenheit kann nur bei entsprechender Stärke die Hülle unserer Repräsentationen nachdrücklich aufreißen. Wir sind dann angehalten, den Bereich unserer Selbst-Repräsentationen zu ändern. Dadurch ändern sich insbesondere unsere Selbst-Bedeutsamkeit und unsere Selbst-Bewusstheit. Am stärksten ist dies bei einem Trauma der Fall, da es dabei um die Frage unserer eigenen Existenz oder die von anderen geht. Nicht nur beim sich entwickelnden Kind, sondern auch bei uns Erwachsenen gibt es den Unterschied zwischen Betroffenheit und Selbst-Betroffenheit. Meistens gibt es bei Menschen einen sensiblen Bereich im Körper, in dem wir Betroffenheit wahrnehmen, z.B. den Magen, das Herz oder den Bauch, manchmal auch den Kopf. Man nennt dies den psychosomatischen Marker. Wenn wir unsere Reaktionen in diesem Bereich verdrängen, können psychosomatische Störungen entstehen, es bleibt lediglich bei einer Betroffenheit, und wir sind in gewissem Sinn an dieser Stelle noch eine Erweiterung von etwas anderem, von dem wir uns abhängig machen oder gemacht haben, statt uns abzunabeln. Viele Menschen mit derartigen Störungen gehen dann als Ausdruck ihrer Abhängigkeit von Arzt zu Arzt, bestehen darauf, dass eine körperliche Diagnose gefunden werden muss, und sind nur schwer dazu zu bringen, darüber nachzudenken, dass ihre Beschwerden auch psychosomatischer Natur sein könnten („Ich bin doch nicht verrückt!"). Da diese Beschwerden meist mit körperlichen Schmerzempfindungen verbunden sind, möchte ich dieses Phänomen im Vergleich zur Schmerzempfindung aufgrund des Getrennt-Seins von etwas Ersehntem (kurz: seelisches Leid) näher betrachten. Von der Neurobiologie her weiß man, dass körperlicher und seelischer Schmerz dieselben Hirnareale aktiviert (Schiepek, 2011, S. 513).

Ein körperlicher Schmerz, insbesondere, wenn er von der Welt verursacht wurde, löst als Impuls aus, dass ich weg möchte von der auslösenden Quelle des Schmerzes. Aber nach dem Auslösen ist der Schmerz Teil von mir geworden und ich kann mich nicht mehr von ihm trennen, selbst wenn die Quelle weit entfernt von mir ist. Ich möchte weg, aber es ist ausweglos bzw. hoffnungslos. Beim seelischen Leid ist es genau umgekehrt, ich bin von der Quelle meiner Sehnsucht getrennt und kann mich nicht mit dem vereinen, was ich gerne möchte, und das empfinde ich dann als Leid. Das Gemeinsame zwischen beiden Arten der Schmerzempfindung ist die Ausweg- und Hoffnungslosigkeit. Beim körperlichen Schmerz, insbesondere wenn er anhaltend oder gar chronisch ist, gibt es zwei Arten, damit umzugehen (Schmitz, 2011, S. 16): Entweder machen wir etwas, was unsere volle Konzentration, Kraft und Ausdauer erfordert – wir sammeln uns, spannen uns an und gehen dann vom Rhythmus her immer wieder in eine Anschwellung, pumpen Energie in unseren Körper, die wir gleichzeitig verbrauchen (der Handwerker, der sich verletzt hat, arbeitet weiter, ohne etwas zu merken, und hinterher weiß er oft nicht einmal, wann und wie er sich verletzt hat) –, oder wir geben uns wie ein Fakir auf dem Nagelbett ganz dem Schmerz hin, entspannen uns, wobei wir uns u.U. etwas Angenehmes vorstellen, und integrieren ihn so in unserem Körpergefühl – wir schwellen vom Rhythmus her an, aber im Unterschied zum ersten Vorgehen ohne Energie zu sammeln und zu verbrauchen, sind also dabei ganz entspannt. Wir dehnen uns in beiden Fällen aus, wobei Endorphine (körpereigenes Schmerzmittel) freigesetzt werden, und umfassen auf diese Weise bildlich gesprochen den Schmerz, um ihn so zu verdauen. Beim seelischen Leid ist es ganz ähnlich, auch hier haben wir zwei entsprechende Strategien zu seiner Bewältigung: Entweder konzentrieren wir uns und probieren immer wieder hartnäckig, also mit Kraft und Ausdauer, ob wir nicht doch unser Ziel, von dem wir getrennt sind, erreichen können, oder wir beruhigen uns, entspannen und warten geduldig auf eine günstige Gelegenheit, wobei wir uns u.U. vorstellen, wir hätten unser Ziel schon erreicht. Wir dehnen uns je nachdem auch noch in der Hinsicht räumlich aus (schwellen an), dass wir kurzfristige Bündnisse mit anderen eingehen, um uns gegenseitig zu unterstützen.

Fatal wird es nur, wenn wir körperliches Schmerzempfinden oder seelisches Leid abwehren, denn dann kehren wir uns von uns selbst ab, sodass wir nicht mehr auf dem Weg zur vollkommenen Liebe sind. Entweder können wir dann körperlich schwer erkranken, weil wir keine Vorkehrungen treffen und z.B. zum Arzt gehen, oder wir entwickeln, wie oben dargestellt, psychosomatische Symptome, oder wir vergessen immer mehr die mit dem abgewehrten Leid verbundenen Sehnsüchte, Wünsche und Bedürfnisse – das sind alles Selbst-Repräsentationen, sodass wir uns selbst immer mehr dadurch vergessen – und werden mit der Zeit immer depressiver.

Bisher haben wir uns vor allem mit den Affekten und den Empfindungen, aber noch kaum mit unseren Gefühlen im Zusammenhang mit Repräsentationen beschäftigt. Emotionen sind für uns im Modus des Genus, also als Gemeinschaftswesen, die mit der Wahrnehmung verknüpften Affekte; im Modus des Individuums sind es die Empfindungen, wodurch wir begreifen, was uns ergriffen hat, und die uns motivieren, nach Möglichkeiten unseres Seinkönnens zu suchen, durch deren praktische Umsetzung unsere Befindlichkeit sich verbessert; und im Modus der Spezies, also als praktisch handelndes Wesen, sind es die Gefühle, die mit den Erwartungen verbunden sind, wenn wir vorfühlen, was bei der praktischen Umsetzung unserer Möglichkeiten wohl herauskommt, sodass die Gefühle unsere Entscheidungen leiten (Kolb, 2017, S. 24). Positive Affekte werden, nachdem wir sie begriffen haben, zu Empfindungen von Freude, und die Vorstellung bzw. Erwartung, etwas wahrzunehmen, was mit positiven Affekten verknüpft ist, erzeugt das Gefühl von Spaß oder Begeisterung. Affekte von Aggression und Widerwillen werden zu Empfindungen von Wut und Ekel und die entsprechende Erwartung, etwas derart affektiv wahrzunehmen, löst in uns ein Gefühl von Zorn und Abscheu aus. Der Affekt des Schrecks wird zur Empfindung von Angst, und entsprechende Erwartungen bereiten uns Gefühle von Furcht und Hilflosigkeit. Schmerz wird zu Leid, und die Erwartung, dass dies nicht aufhört, führt zu dem Gefühl von Trauer und Hoffnungslosigkeit. Negative Affekte des Entsetzens bei der Wahrnehmung von uns selbst werden zu Empfindungen von Scham, wenn wir die Folgen unseres Verhaltens begreifen, und die Erwartung der Folgen löst Schuldgefühle bei uns aus. Bei anderen kann der Affekt des Entsetzens zu Empfindungen von Fremd-Schämen oder Enttäuschung führen, je nachdem, wie nahe wir uns diesen Menschen fühlen, und die Erwartung der Konsequenzen erzeugt je nach eigener Betroffenheit eine Mischung von Gefühlen der Entrüstung, der Überforderung, der Furcht und Hilflosigkeit und von Leid und Hoffnungslosigkeit.

Je komplexer die Affekte sind (bis jetzt habe ich nur die grundlegenden Affekte erwähnt, in den meisten Fällen ist unsere Wahrnehmung, je nachdem welche Aspekte für uns im Vordergrund stehen, von komplexen Mischungen dieser Basis-Affekte begleitet), desto stärker kommt es auf unsere Repräsentationen der Situation an, wie wir diese begreifen und welche unterschiedlichen Empfindungen bei uns daraus entstehen. Bei dem Prozess, wie sich dann aus diesen Empfindungen unsere Erwartungen, unsere Gefühle und schließlich unsere Entscheidungen entwickeln, spielen dann unsere Selbst-Repräsentationen die wichtigste Rolle.

Gefühle sind mit unseren Repräsentationen ähnlich verknüpft wie die Affekte mit der Wahrnehmung: Wenn wir uns etwas vorstellen, fühlen wir, welche Affekte aufkommen würden, wenn die vorgestellte Möglichkeit zur Wirklichkeit werden würde, und begreifen, was wir dann empfänden. Dabei sind unsere Gefühle zweifach mit unseren Repräsentationen verbunden: Was für Affekte entstünden, resultiert aus einer Selbst-Repräsentation, der Möglichkeit unseres Seinkönnens, und der damit verbundenen Repräsentation der dadurch entstehenden Situation, und die Empfindung ist Teil der Selbst-Repräsentation, die das Ergebnis unseres Begreifens der entsprechenden Situationsrepräsentation ist.

So wie wir oft Vorstellungen mit Wahrnehmungen verwechseln, unterscheiden wir meist nicht zwischen Gefühlen und Affekten. Ich erinnere nur an die „Geschichte mit dem Hammer" von Paul Watzlawick: Ein Mann geht hinüber zu seinem Nachbarn, um sich von ihm einen Hammer auszuleihen. Unterwegs kommt ihm der Gedanke, wenn der Nachbar ihm nun den Hammer nicht geben würde, und er bekommt ein zorniges Gefühl. Indem er diese Vorstellung für immer wahrscheinlicher und wirklicher hält, löst das zuerst einen aggressiven Affekt bei ihm aus, und dann wird er bei dieser für real gehaltenen Vorstellung immer wütender, weil er begreift, er habe seinem Nachbarn doch letzte Woche den Rasenmäher geliehen, es wäre ja eine bodenlose Unverschämtheit, wenn dieser ihm nun keinen Hammer leihen würde. Inzwischen öffnet gerade der Nachbar die Tür, und der Mann entscheidet sich aufgrund seiner Wut für folgende Seinsmöglichkeit und sagt zu ihm: „Deinen Hammer kannst du dir sonst wohin stecken!" und geht mit einer starken Empfindung von Wut nach Hause. Auf welche unserer Repräsentationen wir uns konzentrieren, die wir durch diese Einbildung für immer wahrscheinlicher halten, und welche Gefühle, Affekte und schließlich Empfindungen dabei entstehen, können wir wesentlich stärker beeinflussen als das, was wir wahrnehmen, und welche Affekte diese Wahrnehmung begleiten. Bei der Wahrnehmung können wir uns höchstens auf bestimmte Aspekte konzentrieren und so unsere Affekte etwas steuern.

Wenn wir unsere Gefühle verdrängen, vergessen wir unsere Erwartungen und die damit verbundenen Selbsterfahrungen bzw. Selbst-Repräsentationen. Wenn wir negative Erfahrungen vergessen, können wir nicht mehr klug handeln, und bei vergessenen positiven Erfahrungen, die ja mit Sehnsüchten, Wünschen und Bedürfnissen verknüpft sind, werden wir immer mehr verbittert bzw. depressiv. Gefühle zu verdrängen, bedeutet, dass wir uns von uns selbst abkehren, indem wir bestimmte Selbst-Repräsentationen vergessen und uns damit nicht mehr auf dem Weg zur vollkommenen Liebe befinden.

9. Struktur und deren Wirken bei Raum und Zeit

Die Wirkungen und Bedeutungen, wodurch sich jeweils eine Wirkung entfaltet, der Wahrnehmungsstrukturen von Rhythmik, Raum und Zeit sind die entsprechenden Daseinsstrukturen der Wirklichkeit, Räumlichkeit und Zeitlichkeit. Wenn wir etwas eine Struktur gegeben haben, dann können wir anschließend dem Ganzen und verschiedenen Aspekten davon bestimmte Bedeutungen zuschreiben, die für uns eine mehr oder weniger große Wichtigkeit haben und so die Struktur verfeinern. Bei einer Tagesstruktur z.B. kann ein Tag die Bedeutung zugesprochen bekommen, dass ich an diesem Tag einen Freund besuchen möchte, und der Aspekt des Tages, dass früh am Morgen und spät am Nachmittag mit großem Verkehrsaufkommen auf der Strecke zu ihm zu rechnen ist, erhält von mir die Bedeutung, dass ich zu diesen Zeiten nicht fahren will. So gebe ich dem Tag eine verfeinerte Struktur. Wie oben schon erwähnt (s. Seite 17), besitzt eine Struktur eine umso stärkere Suggestivkraft bzw. Wirkung, je wichtiger die damit verbundene Bedeutung für den Einzelnen ist. Je bedeutender für mich der Besuch meines Freundes und eine freie Fahrt zu ihm sind, desto stärker ist die Wirkung der Struktur, dass ich mich an sie halte, also mich von ihr beeinflussen lasse. Wenn Schmitz von Bewegungssuggestionen spricht (Schmitz, 2011, S. 33), so ist dies nur ein Spezialfall der Suggestivkraft bedeutungsvoller Strukturen, denn eine Bewegungssuggestion kommt nur dadurch zu Stande, dass wir von der Andeutung einer Bewegung – und das gilt nicht nur für Bewegungen, sondern für alle Phänomene, denen wir begegnen – betroffen sind, was aber nur von der Wirkung der Bewegung bzw. des Phänomens auf uns herrührt, die sie bzw. es hatte, als sie tatsächlich ausgeführt wurde bzw. es tatsächlich ganz in Erscheinung trat und sie bzw. es erst daraufhin von uns eine Bedeutung bekam. Dabei ist die Betroffenheit das primäre Phänomen, und erst durch die Selbst-Betroffenheit entstehen Bedeutung und Struktur.

Eine Suggestivkraft setzt damit voraus, dass sich Ähnliches wiederholt von etwas, das schon zuvor eine Bedeutung von uns bekommen hat. Dann gibt es eine Struktur und einen Rhythmus, und erst dadurch kann schon bei Andeutungen, der Wiederholung des Beginns des Eintretens eines Phänomens, Betroffenheit entstehen. Damit ist der Rhythmus das ursprünglichste Phänomen, ohne den es keine Strukturen, also weder Räumlichkeit, noch Zeitlichkeit, noch Wirklichkeit geben kann. Damit ist erneut aufgezeigt: Im Anfang war der Rhythmus (s. Kapitel 1).

Welche Bedeutungen können wir nun dem Raum geben, d.h. welche Strukturen bzw. welche Räumlichkeit kann der Raum für uns haben? Dies lässt sich meiner Meinung nach am besten aufzeigen, wenn wir beim Kind nochmals die Entwicklung des Selbst auf den verschiedenen Entwicklungsebenen des physischen, sozialen, teleologischen, intentionalen und repräsentationalen Selbst betrachten und analysieren, welche Strukturen ein Kind auf diesen Ebenen dem Raum geben kann. Als physischer Akteur ist ein Kind jeweils nur betroffen vom jeweiligen Ort seines Handelns, also dort, wo es gerade aktiv eine Wirkung erzielt hat. Es gibt dem Raum also lediglich die Bedeutung, eine bestimmte Menge absoluter Orte zu enthalten. Der Raum ist also nur eine Menge einzelner Elemente, und das ist seine einzige Struktur. Die einzelnen Elemente bzw. absoluten Orte fordern das Kind dann auf, sich einzulassen und aktiv zu werden, und zwar umso stärker, je bedeutungsvoller bzw. wichtiger die Aktivität und ihre Wirkung für das Kind sind. Danach gestaltet sich dann die Struktur der Räumlichkeit für das Kind.

Als sozialer Akteur ist ein Kind zusätzlich betroffen von bestimmten Grenzen seines Handelns, weil es bestimmte Regeln des Zusammenlebens mit seiner Mutter begriffen hat und einhält. Es gibt dem Raum damit zusätzlich die Bedeutung, dass die Menge absoluter Orte in durch Regeln bestimmte zusammenhängende Teilmengen unterteilt werden kann. Damit hat die Mengenlehre des Kindes schon gewisse „mathematische Qualitäten" erreicht (Vereinigung und Unterteilung). Entsprechende Verbindungen und Abgrenzungen gibt es dann auch innerhalb der Struktur der Räumlichkeit, wo das Kind sich eher einlassen möchte, nachdem es sich gerade an einer bestimmten Stelle eingelassen hat, und wo eher nicht.

Als teleologischer Akteur ist ein Kind zusätzlich betroffen von bestimmten Richtungen im Raum, wo es die Auswirkungen und Ergebnisse seines Handelns erblicken kann. Von der Struktur her bekommt der Raum dadurch die zusätzliche Bedeutung, dass er strahlenförmig vom Kind selbst ausgeht. Man kann diese Richtungen als Vektoren bezeichnen, es liegt aber noch nicht die Struktur eines Vektorraums vor, da die Vektoren nicht umkehrbar sind und es noch keine Entfernungen, also noch keine Vektorlänge gibt. Was die Struktur der Räumlichkeit betrifft, so gibt es nun Pfade, auf die sich das Kind gerne einlässt, und andere, vor denen es zurückschreckt. Eine Dauer des Einlassens ist dabei nicht berücksichtigt, und es gibt dabei auch nur die Vorwärtsbewegung.

Als intentionaler Akteur ist ein Kind zusätzlich betroffen von bestimmten Richtungen im Raum, wo es Dinge erblickt, von denen es getrennt ist, aber nicht getrennt sein möchte, die sich ihm also nähern sollen (wobei es gleichgültig ist, ob die Dinge sich auf das Kind zu bewegen oder das Kind auf die Dinge zu). Der Raum bekommt dadurch die zusätzliche Bedeutung, dass er strahlenförmig auch auf das Kind zugeht. Aufgrund dieser Umkehrbarkeit der Vektoren der teleologischen Ebene kann man insgesamt mathematisch schon von einem Vektorraum sprechen, denn das Kind schätzt schon je nach Ziel Entfernungen ein, die es miteinander vergleichen kann, d.h. mathematisch ausgedrückt, dass es Vektorlängen gibt und umkehrbare Richtungen bzw. Vektoren nicht nur addiert und subtrahiert, sondern auch mit Längen bzw. Skalaren multipliziert werden können. Für die Räumlichkeit bzw. das Sich-Einlassen gibt es jetzt auch das Sich-Zurückziehen und die Berücksichtigung der Dauer des Sich-Einlassens. Weil das Kind aber immer noch der absolute Mittelpunkt im Raum ist, liegt noch keine vollständige Geometrie im mathematischen Sinne vor, und andere Menschen erscheinen ihm von der Räumlichkeit bzw. vom Sich-Einlassen her gleichgeschaltet.

Dies ändert sich erst auf der Ebene des repräsentationalen Selbst der Fall, wenn das Kind realisiert hat, dass andere Menschen in einer anderen Welt leben können, d.h. eine andere Weltanschauung haben können, die mehr oder weniger der eigenen ähnlich sein kann oder nicht. Der Raum bekommt jetzt insgesamt die Bedeutung, dass er aus einer Menge von relativen Orten besteht, die einander ähnlich sein können oder nicht. Relativ heißt, dass der Raum und seine Orte jeweils auf einen anderen oder auf mich bezogen sind, und da der andere an einem anderen Ort ist im Vergleich zu mir, sind alle Orte relativ zueinander. Mathematisch betrachtet haben wir nun eine Affine Geometrie des Raumes, nämlich eine Menge von Punkten, denen ein dreidimensionaler Vektorraum derart zugeordnet ist, dass zwei Punkten A und B jeweils ein Vektor von A nach B und von B nach A zugeordnet ist. Punkte sind nun relativ zueinander und keine absoluten Orte mehr, verschiedene Teilmengen von Punkten können nach der Dimension der zugeordneten Vektormenge in Punkte, Strecken, Flächen und Körper unterschieden werden, und man kann diese Teilmengen oder Gestalten vergleichen hinsichtlich Größe und Ähnlichkeit. Als affiner Raum oder Ähnlichkeitsraum hat der Raum nun die Räumlichkeit bzw. die Strukturen, die wir als Erwachsene alle kennen. Entsprechend ist jetzt auch die Räumlichkeit bzw. das Sich-Einlassen relativ, wir können uns vorstellen und teilweise auch wahrnehmen, dass andere sich ähnlich oder anders als wir einlassen oder auch gar nicht.

Da es im affinen Raum kein absolutes Zentrum gibt, erschließt sich damit neben der subjektiven Betrachtungsweise vom eigenen Standpunkt aus, wie sie auf der Ebene des intentionalen Selbst gegeben war, zum einen die empathische, wenn ich mich in die Position eines anderen versetze, und die objektive Betrachtungsweise von nirgendwo, die desengagierte Haltung eines Wissenschaftlers, die es beide erst ab dieser Entwicklungsstufe des repräsentationalen Selbst gibt und die für Tiere verschlossen sind. Wenn Rorty letzteres als sinnlos abtut (Dreyfus & Taylor, 2016, S. 245 ff., Kapitel 7), dann muss er die empathische Haltung ebenfalls ablehnen, denn die subjektive und die empathische vermitteln die objektive, und diese zwischen den beiden anderen Sichtweisen. Wie man leicht sehen kann, befinden sich alle drei in einem absolut dialektischen Verhältnis, sodass keine bezüglich der Erkenntnisgewinnung einen Vorzug vor der anderen besitzt.

Dass wir auf keine der drei Arten jemals ein vollständiges Bild bzw. eine vollständige Repräsentation der Realität bekommen können, zeigte uns Gödel mit seinem Unvollständigkeitssatz, wo er rein logisch bewies, dass wir nicht einmal so einfache Gegebenheiten wie die natürlichen Zahlen mithilfe eines endlichen Axiomensystems derart beschreiben können, dass es nur endlich viele Aussagen darüber gibt, die nicht als logisch falsch oder richtig bewiesen werden können. Wir können also bis in alle Ewigkeit immer neue Erkenntnisse über die Realität gewinnen, und bei Nicht-Entscheidbarkeit müssen wir spekulieren, bis wir neue Erkenntnisse bekommen. Dabei ist es allerdings für uns unverfügbar, ob wir jemals zu diesen Erkenntnissen gelangen. Ich gehe dabei von einer einzigen Realität aus, für die es unendlich viele Beschreibungen gibt. Nach Gödel bräuchten wir nicht nur unendlich viele, sondern sogar überabzählbar unendlich viele Axiome für eine vollständige Beschreibung der natürlichen Zahlen, sodass es nicht verwundern muss, wenn wir Realitätsbeschreibungen vorfinden, die insofern realitätsbezogen sind, als sie bestimmte praktische Probleme zu lösen helfen, die aber nach unserem heutigen Kenntnisstand nicht miteinander zu vereinbaren sind. Man nehme nur unsere westliche Medizin und die traditionell chinesische.

Allen bisher aufgeführten Strukturen des Raumes bis hin zum Ähnlichkeitsraum ist eines gemeinsam: Wir müssen uns immer wieder auf das Räumliche einlassen, sonst gibt es im Raum und geben wir dem Raum keine dieser Strukturen. Dann und nur dann, wenn wir unsere Selbst-Betroffenheit und damit unsere Selbstwahl nicht abwehren, findet diese Entwicklung statt, weswegen die alles übergreifende Struktur, die Wirkung des Raumes, die Räumlichkeit darin besteht, dass wir durch den Raum aufgefordert sind, uns einzulassen, dass er uns Auskunft über unser Selbst gibt und uns dadurch zur Selbstwahl auffordert. So behält der Raum immer eine

Dynamik, der wir uns nicht entziehen können und durch die wir immer wieder betroffen gemacht werden: Bestimmte Orte können plötzlich ihre Bedeutung verlieren, z.B., wenn jemand, der mir nahesteht und an einem solchen Ort wohnt, plötzlich stirbt. Prinzipiell kann es immer wieder Ereignisse geben, die meinen Raum und seine Wirkung, die Räumlichkeit verändern und mich mehr oder weniger stark betroffen machen.

Die entsprechende Auskunft, die ich über derartige Veränderungen bekomme, versetzt mich selbst aufgrund meiner Selbst-Betroffenheit in einen ekstatischen Zustand, von dem ich mich zwar abkehren kann, aber dann kehre ich mich von mir selbst ab. Ich habe also nur die Wahl, mich einzulassen, mich selbst zu wählen, die Selbstwahl anzunehmen, oder mich von mir selbst abzuwenden und damit den Weg zur vollkommenen Liebe zu verlassen. Damit bekommt der Raum seine wirkliche Struktur, seine Räumlichkeit, die in der Art der Entschlossenheit liegt, wie ich mich auf diesen Ähnlichkeitsraum einlasse, ob ich meine Selbstwahl annehme oder nicht. Räumlichkeit ist die Wirkung des Raums als Aufforderung, sich einzulassen. In dieser Hinsicht bin ich von der Räumlichkeit voll und ganz betroffen, ein Problem bzw. eine Aufgabe, die mich immer wieder *zeitlebens* betrifft und die ich niemals vollständig lösen kann. Diese Aufgabe ist erst in der *Zeitlosigkeit* der Utopie der vollkommenen Liebe gelöst, also in der Ewigkeit.

Wie sieht das Ganze nun entsprechend für die Zeit aus? Auch hier lohnt der Blick auf die Entwicklung des Kindes. Als physischer Akteur ist ein Kind jeweils nur betroffen vom jeweiligen Augenblick seiner Aktivität, also von dem Moment, in dem es gerade aktiv eine Wirkung erzielt hat. Es gibt der Zeit also lediglich die Bedeutung, eine bestimmte Menge absoluter Augenblicke zu enthalten, eine Minimalstruktur der Zeit, die mit unserer Zeitlichkeit als Erwachsene kaum etwas zu tun hat, da es nur die Ekstase des absoluten Moments gibt. Wenn man es mit unserem Zahlensystem vergleicht, dann gibt es nur die 1 und die 0, die Wirkung wird erzielt oder nicht.

Als sozialer Akteur ist ein Kind zusätzlich betroffen von bestimmten Grenzen seines Handelns, weil es bestimmte Regeln des

Zusammenlebens mit seiner Mutter begriffen hat und einhält. Es gibt der Zeit damit zusätzlich die Bedeutung, dass die Menge absoluter Augenblicke derart gekennzeichnet ist, dass es manchmal einen weiteren derartigen Augenblick geben kann und manchmal nicht. Den Ball, den das Kind wegwirft, bringt die Mutter ihm ein paar Mal zurück, und dann nicht mehr. Damit hat das Kind u.a. die Regel des Nachfolgenden begriffen, beginnt nun zu zählen und kann sich so immer mehr die Menge der natürlichen Zahlen erschließen und *induktiv* denken, wo etwas im Allgemeinen herkommt (das ist die zeitliche Ekstase der Herkunft). Von dem zehnmaligen Herholen des Balls kommt es her, dass die Mutter ihn das elfte Mal nicht mehr holt.

Als teleologischer Akteur ist ein Kind zusätzlich betroffen von bestimmten Ergebnissen im Zeitverlauf, wenn es zuerst handelt und dann daraufhin ein Ergebnis folgt. Von der Struktur her bekommt die Zeit dadurch die zusätzliche Bedeutung, dass es ein Vorher und ein Nachher gibt. Wenn ich vorher zwei Äpfel hatte und dann einen esse, werde ich nachher nur noch einen Apfel haben. Auf diese Art und Weise begreift das Kind negative Zahlen, kann *deduktiv* denken, wo etwas im Speziellen hinführt, sich später auch die ganzen Zahlen im Minusbereich erschließen und damit mathematisch ausgedrückt den Ring der ganzen Zahlen. Zeitlich betrachtet gibt es nun die Einteilung der Zeit in die Ekstasen Herkunft und Zukunft, in die ich mich versetzen kann.

Als intentionaler Akteur ist ein Kind zusätzlich betroffen von bestimmten Ausdehnungen der Zeit, in der es eine bestimmte Absicht verfolgt, aber erst nach einer gewissen Zeitdauer sein Ziel erreicht, dass es mit etwas zusammengeführt wird. Die Zeit bekommt dadurch die zusätzliche Bedeutung, dass es zwischen zwei Augenblicken eine Ausdehnung von bestimmter Dauer geben kann, die Zeit hat einen bestimmten lückenlosen Verlauf. Durch dieses Fließen erhält die Zeit eine Dynamik, das Kind, dessen Herz an etwas Ersehntem hängt, spürt seinen Herzschlag und erlebt so den Puls der Zeit. Zeit bekommt als Struktur dadurch einen Rhythmus und wird messbar. Indem das Kind auf dieser Stufe lernt, *conduktiv* zu denken, wo und worauf es ankommt bzw. womit es wann zusammengeführt wird, und seine Zeit einzuteilen – als Erwachsene teilen wir den Tag in Stunden, die Stunden in Minuten und die Minuten in Sekunden ein – und zu rationieren, erschließen sich ihm mathematisch ausgedrückt zuerst die rationalen Zahlen und durch die Vervollständigung der Metrik, die sich aus unendlich kleinen Unterteilungen ergibt, schließlich die gesamten reellen Zahlen mit den Zwischenräumen zwischen den ganzen Zahlen. Die Zeit hat jetzt auch die Ekstase der Ankunft, womit man bei der Ankunft zusammengeführt wird.

Auf der Ebene des repräsentationalen Selbst, wenn das Kind realisiert hat, dass andere Menschen in einer anderen Welt leben können, d.h. eine andere Weltanschauung, einen anderen Blickwinkel haben können, ist es zusätzlich betroffen von den unterschiedlichen Vorstellungen der Zeit, die andere Menschen von ihr haben. Was für den einen z.B. eine kurze Zeitdauer ist, ist für den anderen sehr lange. Dabei merkt es, dass von ihm selbst der Zeitverlauf und die Dauer der Zeit auch nicht immer in gleicher Weise wahrgenommen werden. Die Zeit in ihrem Verlauf bekommt so für jeden einen objektiven Aspekt, nämlich die Dauer der Zeit, wie sie objektiv, d.h. gemeinsam von allen in der Gemeinschaft erfahren wird, z.B. durch eine gleichmäßige Einteilung des Tagesrhythmus oder der Schwingung einer Atomuhr, und einen empfindungsmäßigen Aspekt, nämlich die Dauer der Zeit, wie sie von der Empfindung her als Individuum verläuft. Es gibt aber noch etwas drittes, nämlich einen spezifischen Aspekt der Zeit, die Zeitdauer, wenn jemand praktisch handelt und im Modus der Spezies die Zeit erfährt. Ich erlebe die Zeit in verschiedener Weise, je nachdem, in welchem Modus ich mich befinde und dabei andere Blickwinkel einnehme und andere Aspekte auf diese Weise wahrnehme. Wenn ich sehnsüchtig auf etwas warte, dauert die empfindungsmäßige Zeit ganz lange, und wenn eine Zeit sehr schön ist für mich, vergeht sie wie im Fluge. Entsprechend verrinnt die spezifische Zeit langsamer, wenn ich kaum Erwartungen habe und mir langweilig ist, als wenn es spannend ist, ob etwas gelingt oder nicht. Der objektive Zeitaspekt ist von etwas abhängig, was alle in der Gemeinschaft gleichermaßen wahrnehmen, der empfindungsmäßige nur von dem, was ich individuell empfinde, und der spezifische von dem, was ich während der Interaktion mit meiner Umwelt erlebe. Die Zeitlichkeit ist also komplex zusammengesetzt aus einem objektiven, einem imaginativen und einem spezifischen Zeitaspekt. Es gibt objektive Rhythmen wie z.B. den Tagesrhythmus, der durch den Sonnenaufgang bestimmt ist, empfindungsmäßige wie z.B. meinen Herzrhythmus, der nicht nur, aber auch durch meine Empfindungen beeinflusst wird, und spezifische wie z.B. meinen Atemrhythmus, der nicht nur, aber auch durch die Interaktion mit meiner Umwelt gesteuert wird. Zwischen diesen verschiedenen Rhythmen gibt es natürlich viele Abhängigkeiten und Beeinflussungen, die man als Überlagerungen und Interferenzen beschreiben kann, und hier erschließen sich uns dann im Mathematischen die komplexen Zahlen, wenn man wie in der Physik für das Zeitmaß nicht nur reelle Zahlen, sondern auch imaginäre zulässt und Schwingungsgleichungen als Zustandsgleichungen betrachtet und analysiert, um den zeitlichen Verlauf und die Dauer von Prozessen in einem System zu berechnen.

Wie beim Raum gibt es auch bei der Zeit ein prinzipiell nicht lösbares Problem, denn der wirkliche Zeitverlauf, wie lange etwas wirklich dauert, ist für niemanden sicher erschließbar. Das ist ja das Grundproblem der Quantenphysik. Ich kann die Dauer zwar abschätzen, habe aber keine Gewissheit nur Wahrscheinlichkeiten. Damit stellt uns die wirkliche Struktur der Zeit, die Zeitlichkeit, welche die Wirkung der Zeit ist als Aufforderung, sich entrücken zu lassen in die drei zeitlichen Ekstasen der Herkunft, Zukunft und Ankunft, vor das prinzipiell nicht lösbare Problem, den wirklichen Zeitverlauf und uns selbst in ihm genau zu bestimmen. Diese mangelnde Bestimmbarkeit zeigt sich in vielerlei Hinsicht, die uns mehr oder weniger betroffen machen kann, hier nur zwei allgemeine Beispiele: Zum einen wissen wir zwar sicher, dass unsere Lebenszeit begrenzt ist, aber es gibt keine Gewissheit darüber, wann genau unser Tod eintreten wird bzw. wie lange unser Leben noch dauert; zum anderen birgt der

Zeitverlauf unseres Lebens ein Identitätsproblem, denn im Laufe unseres Lebens verändern wir uns ständig, wie kann ich also derselbe sein, obwohl ich ständig ein anderer bin? Diesem Paradoxon hat sich Nishida zugewandt (Nishida, 2011) und die fünf grundlegenden Gegensätzlichkeiten des Umgangs mit der Realität, nämlich aktiv-passiv, objektiv-subjektiv, kontinuierlich-diskontinuierlich, linear-zirkulär und räumlich-zeitlich betrachtet, die es zu vereinen gilt, um das gesamte Paradoxon zu lösen. Diese fünf Widersprüchlichkeiten begegnen jedem Kind schon auf den fünf Entwicklungsebenen des physischen (aktiv-passiv), sozialen (objektiv-subjektiv), teleologischen (kontinuierlich-diskontinuierlich), intentionalen (linear-zirkulär) und repräsentationalen Selbst (räumlich-zeitlich) (Kolb, 2017, S. 72 ff., Kapitel 3) und werden dort bis zu einem gewissen Grad gelöst, bevor die nächste Entwicklungsebene möglich wird, eine vollständige und vollkommene Lösung all dieser Paradoxien bzw. des Paradoxons der Zeit ist utopisch und könnte nur in der vollkommenen Liebe gelingen (ebenda), wenn wir uns zu nichts mehr wirklich entschließen, auf nichts mehr wirklich einlassen, also in der *Raumlosigkeit* des Nirwana.

Die dritte Wahrnehmungsstruktur ist der Rhythmus, den wir über Resonanz wahrnehmen, und der uns vermittelt, ob etwas lebt oder nicht. Indem wir dies immer mehr begreifen, wirkt die Struktur des Rhythmischen immer mehr auf unser Dasein ein und vermittelt uns Lebendigkeit. Dadurch sind wir aufgefordert, lebendig zu bleiben, lebendig als physische, soziale, teleologische, intentionale und repräsentationale Akteure. Wir nehmen über die Rhythmik zuerst wahr, ob etwas, was uns begegnet, lebendig ist oder nicht, und dann, dass wir selbst lebendig sind. Um lebendig zu bleiben, gilt es, mit den grundlegenden Gegensätzen der fünf Entwicklungsebenen immer besser umzugehen und so unsere Liebesfähigkeit immer weiterzuentwickeln.

Indem wir die Strukturen von Raum und Zeit immer mehr begreifen, wirken diese Strukturen auf unser Dasein ein. Räumlichkeit und Zeitlichkeit vermitteln die lebendige Wirklichkeit und diese vermittelt zwischen Räumlichkeit und Zeitlichkeit, das ist ein Teil der absoluten Dialektik zwischen diesen drei grundlegenden Daseinsstrukturen (Kolb, 2017, S. 49). Dass die lebendige Wirklichkeit eine große Suggestivkraft für uns hat, zeigt die große Bedeutung, die wir dieser Struktur geben. Die Wirklichkeit ist die Struktur des Wirkens bzw. aller Wirkungen in unserer Welt und wird vermittelt durch die entschlossene Annahme unserer Selbstwahl (Räumlichkeit) und durch unser darauf aufbauendes Bemühen, den Zeitverlauf immer echter und unmittelbarer zu verstehen (Zeitlichkeit), d.h. uns um eine immer echtere Auskunft zu bemühen über die drei zeitlichen Ekstasen der Herkunft, der Zukunft und der Ankunft, was wir bis zu deren Horizont jeweils erblicken. Je besser uns dies gelingt, desto mehr nähern wir uns der vollkommenen Liebe an.

10. Körper, Seele und Geist im alltäglichen Sprachgebrauch

Die drei grundlegenden Aspekte des menschlichen Daseins habe ich Materie bzw. Körperlich-Materielles, Psyche bzw. Psychisch-Motivationales und Geist bzw. Geistig-Ideales genannt (Kolb, 2017, S. 16 ff., Kapitel 1). Während der Idealismus (z.B. Hegel) den Geist, der Materialismus (z.B. Marx) die Materie und Freud die Psyche zu sehr in den Mittelpunkt rückten, konnte ich aufzeigen, dass alle drei Aspekte in ihrer Bedeutung für das Dasein vollkommen gleichgestellt sind (Kolb, 2017, S. 42 ff., Kapitel 2). Als Begriffe sind diese Aspekte Vorstellungen bzw. Repräsentationen der Realität oder Teile davon und als solche nicht ableitbar aus der Realität, sondern nur aus dem praktischen Leben, aus unserem Umgang mit der Realität, nämlich daraus, ob und inwieweit unsere Vorstellungen der Realität im praktischen Leben brauchbar der Realität entsprechen, wobei brauchbar bedeutet, dass wir uns dadurch möglichst wenig täuschen bzw. enttäuscht sind. Somit stellt sich die Frage, wie diese Begriffe im Alltag verwendet werden, was also ihre Bedeutung in der Alltagssprache ist (die Bedeutung ist ja ihr Gebrauch nach Wittgenstein) und was das über uns und unser Verständnis von uns selbst und anderen aussagt.

Wittgenstein meint, wir sprechen dort von Geist (ich denke, er meint hier ein unkörperlich vorgestelltes Wesen, häufig mit menschenähnlichen Zügen und übernatürlichen Fähigkeiten), wo wir etwas vermuten, wo aber nichts ist. „Wo unsere Sprache uns einen Körper vermuten lässt, und kein Körper ist, dort, möchten wir sagen, sei ein Geist." (§ 36) (Wittgenstein, 2001) Wenn wir bei einem Menschen ein Gehirn (einen Körper) mit viel Intelligenz erwarten, wir aber feststellen müssen, dass da nichts ist, zumindest kein Gehirn mit viel Intelligenz, dann heißt das nicht, dass dieser Mensch sehr geistreich ist – hier bezeichnet Geist pauschal alle kognitiven Fähigkeiten des Menschen. Es kann aber sein, dass wir dann erschaudern und ergriffen und aufgeregt sind, was der indogermanischen Wurzel

„gheis-" von Geist entspricht. Der Geist der Ahnen kann in bestimmten Gemäuern noch wehen – das erinnert an das griechische „Pneuma", Wind oder Atem. Der Geist der Französischen Revolution hat ganz Europa in Atem gehalten. Der Geist in alkoholischen Getränken, deren Wirkung uns etwas vermuten lässt, was wir nicht sehen, nur riechen können, kann den Geist im Sinne unserer Denkfähigkeit beeinträchtigen. Cavell spricht davon, „dass es einen Geist gibt, in dem Worte gemeint sein können" (Cavell, 2006, S. 602). Der Geist ist hier ein Merkmal einer Sprachgemeinschaft und erinnert an den „objektiven Geist" von Hegel, der sich in Gemeinschaften manifestiert, so wie dieser Begriff auch in Max Webers Rede vom „Geist des Kapitalismus" verwendet wird. Geist ist im Sprachgebrauch also etwas Individuelles, wenn ich von meinem Geist rede und dem, was ich denke und meine, er ist etwas Spezifisches von mir, wenn ich damit meine kognitiven Fähigkeiten und Fertigkeiten meine, und er ist etwas Generelles, wenn er einer Gemeinschaft gegenübersteht, die sich an ihm orientiert. Da er als Orientierung eine Richtung gibt und so auf etwas Höheres hinweist (und im Christentum als der Heilige Geist alle Menschen vereint, damit sie zurück zu Gott finden), kann man ihn als Aspekt der Rückkehr zur vollkommenen Liebe (Kolb, 2017, S. 31) bezeichnen. Interessant ist auch, dass *der* Geist männlich ist, was dem traditionell männlichen Anführer entspricht, dem so genannten „Task-Leader" in der Sozialpsychologie, der eine Gemeinschaft vor äußeren Gefahren schützt und ihr hilft und dafür sorgt, Ressourcen aus der Umwelt zu beschaffen.

Dagegen ist *die* Seele weiblich, und als die Seele *in* einer Gemeinschaft – im Gegensatz zu einem Geist, der *über* oder einer Gemeinschaft *gegenüber* steht – entspricht sie dem so genannten „Social-Emotional-Leader" in der Sozialpsychologie, der innerhalb einer Gemeinschaft für Harmonie sorgt und dafür, dass sich alle möglichst wohl fühlen. Die Seele ist das Charakteristikum aller belebten Wesen und damit ein Symbol für lebendige Dynamik und für das Leben insgesamt, und das, was Mensch und Tier lebendig macht, sind die Empfindungen, weil sie die Beziehung zu ihrem jeweiligen Sein konstituieren. Insofern werden Seele und Psyche auch synonym verwendet. Im Gegensatz zum Geist, der nach oben strebt, ist die Seele tiefgründig. Es ist so, „als sei es ein unumstößlicher grammatischer Punkt, dass eine Seele mindestens so hoch auf der Skala des Seienden anzusiedeln ist wie der Körper, in dem sie gerade steckt. Die Seele mag unter ihr Niveau gehen, aber niemals darüber hinaus. Sie kann nur heruntergezogen werde." (Cavell, 2006, S. 603) Im Märchen z.B. schlüpft eine menschliche Seele nie in ein höheres Wesen wie eine Fee oder einen Engel, sondern nur in Tiere, Pflanzen oder sogar Gegenstände. Worte sind in einem bestimmten Geist gemeint und können etwas Seelisches ausdrücken. Die Seele ist im Sprachgebrauch etwas Individuelles, wenn ich damit meine Lebendigkeit und meine Empfindungen meine, sie ist etwas Spezifisches, wenn sie mir je nachdem Kraft und Motivation gibt, einen Plan bzw. eine Handlung durchzuführen, und sie ist etwas Generelles, wenn sie als Seele in einer Gemeinschaft gemeinsame Werte schafft, sodass gemeinsame Ziele verfolgt werden. Die Seele gibt also insgesamt die Kraft, damit die vom Geist vorgegebene Rückkehr zur vollkommenen Liebe vollzogen werden kann. Daher habe ich die Seele bzw. die Psyche als die Dynamik der vollkommenen Liebe bezeichnet (Kolb, 2017, S. 31). Hier wird noch einmal klar und deutlich, dass Geist und Psyche zusammenarbeiten müssen, damit die Entwicklung des Daseins in Richtung vollkommener Liebe geht. In ihrer Tiefgründigkeit geht die Seele hinunter bis zum geringsten Lebewesen und bündelt so alle Kräfte, um zur Liebe zu gelangen. In der griechischen Mythologie wird die Tiefgründigkeit der Seele dadurch ausgedrückt, dass sie nach dem Tod in die Unterwelt geht, so wie Jesus nach seinem Tod auch erst hinab gefahren ist in die Hölle.

Wenn wir uns Seele und Geist parallel zu Frau und Mann vorstellen, dann ist in dem Zusammenhang, dass die Seele tiefgründig eine Verbindung mit dem Totenreich und dem Tod eingeht und der Geist nach oben zu Gott und dem Ursprung des Lebens tendiert, die folgende Vorstellung passend: Die Frau erlebt im Orgasmus eine Hingabe wie im Tod, während der Mann im Orgasmus auf die „primitivste Stufe der Objektbeziehung" (Balint, 1988, S. 128 unten) regrediert, das heißt auf die ursprünglichste Stufe der Existenz, wie sie zu Beginn seines Lebens, seiner ursprünglichen Unverfügbarkeit vorherrschte. Im Orgasmus verbindet sich die Frau also mit dem Tod, und der Mann strebt empor zum Anfang allen Lebens. Was beim Orgasmus des Mannes geschieht, ist bei Balint ganz gut beschrieben (ebenda), während der Orgasmus der Frau zum Beispiel im Mythos von Persephone und Hades als Tod dargestellt wird. Auch der keltische Mythos vom Harlekin deutet den Tod als ultimativen Orgasmus der Frau (McClelland, 2006). Man könnte es auch so formulieren: Der Mann strebt im Orgasmus zum göttlichen Ursprung des Lebens hin, während die Frau sich im Orgasmus dem Tod und damit ihrer Sterblichkeit hingibt. Indem sich beides zusammenfügt, Anfang und Ende des Lebens, Mann und Frau, Geist und Seele, kann einer befruchteten körperlichen Eizelle neues Leben eingehaucht werden. So entsteht der durch die Gesetze von Anfang und Ende begrenzte Raum, der Rhythmus des Lebens (s. S. 18, das Zitat von Jaucourt).

Der menschliche Körper stellt den materiellen Aspekt des Menschen dar. Über sein Verhältnis zu Seele und Geist gibt es entsprechende Mythen bzw. Entstehungsgeschichten. Für unsere christliche Kultur ist die biblische Schöpfungsgeschichte prägend: Der Körper als Lehmmasse wird durch den Atem Gottes beseelt und zugleich begeistert, und durch den Sündenfall, als Adam und Eva vom Baum der Erkenntnis aßen – hier kommt der Körper mit dem Essen und das Materielle ins Spiel, dem der Zweifel, *verkörpert* durch die Schlange, eine falsche Funktion zugeschrieben hat, nämlich dass das Materielle dasselbe vermittelt wie Gott, dass es Adam und Eva glücklich machen kann –, teilte sich dieser ursprüngliche und vollkommene Seelengeist (der Atem Gottes) auf in das, was wir heute Seele und Geist nennen. Wenn der Körper und das Materielle verabsolutiert werden, geraten Psyche und Geist in einen immer größer werdenden Gegensatz und Widerspruch zueinander. Diese Entzweiung oder Absonderung von Geist und Seele ist der Ursprung des Bösen bzw. der Sünde, die Erbsünde, weil diese Trennung von Geist und Seele sich immer weitervererbt hat. Hier hat der Mensch geteilt, was von Gott her eins war. Beides wieder zusammenzufügen zum göttlichen Seelengeist ist unsere Aufgabe, die wir nur „im Schweiße unseres Angesichts" lösen können, also nur mit Hilfe unserer materiell-körperlichen Grundlage, der wir wieder die wahre Bedeutung geben sollen und die uns immer wieder mit schonungsloser Offenheit zeigt, an welcher Stelle wir uns gerade in unserer Entwicklung befinden bzw. in welcher Hinsicht Geist und Seele noch getrennt und gegensätzlich sind. Da der Geist männlich und die Seele weiblich sind, geht es so betrachtet um die gleichberechtigte Vereinigung von Mann und Frau.

Wenn Heidegger vom befindlichen Verstehen redet und Wittgenstein die Sprache nicht nur als Mittel der Gedankenübertragung, sondern auch als Ausdrucksweise von Empfindungen sieht, so kann man darin jeweils dieselbe Tendenz erkennen, nämlich das Bestreben, diese Vereinigung von Geist und Seele herzustellen, was meiner Analyse nach nur im echten und unmittelbaren Verstehen des Worumwillens unseres Seins, also nur in der vollkommenen Liebe möglich ist. Solange Seele und Geist sich noch gegensätzlich gegenüberstehen, offenbart der menschliche Körper die entsprechenden Gegensätze und stellt damit die Entfremdung der Liebe (Kolb, 2017, S. 31) dar.

Der menschliche Körper ist in diesem Mythos bzw. in dieser Vorstellung das vermittelnde Element zwischen Seele und Geist, mithilfe dessen Geist und Seele wieder zueinander finden können, nachdem sie ursprünglich durch die Verabsolutierung des Körpers getrennt wurden. Diese Entstehungsgeschichte passt zu Wittgensteins Vorstellung, dass der „menschliche Körper [...] das beste Bild der menschlichen Seele" (Wittgenstein, 2001, S. 1002, PU 496) ist. Der menschliche Körper ist insofern individuell, als ich ihn als den meinigen wahrnehmen kann, er ist insofern spezifisch, als er sich auf eine bestimmte Weise entwickelt hat und immer weiter entwickelt, mit bestimmten Fähigkeiten und Fertigkeiten, die jeweils entstehen und vergehen, und er ist insofern generell, als er bei allen Menschen aus den gleichen Atomen und Molekülen aufgebaut ist, von allen als menschlicher Körper erkannt wird und in ähnlicher Weise etwas

Geistiges oder Seelisches ausdrücken kann. Solange ich meine Körperlichkeit als vermittelndes Element zwischen Seelischem und Geistigem auffasse und an der körperlich wahrnehmbaren Selbst-Betroffenheit mich derart orientiere, dass ich immer mehr auf die Harmonie von Seele und Geist achte und das Ziel der Einheit von beidem anstrebe, bin ich in meinem Rhythmus, bei dem die Modi Genus, Individuum und Spezies in ähnlicher Weise wiederkehren und sich abwechseln. Dann bin ich auf dem Weg zur vollkommenen Liebe.

Die oben erwähnten Aspekte bzw. Strukturen des menschlichen Körpers, das Grobstoffliche und das Feinstoffliche bzw. Körper und Leib bei Schmitz (Schmitz, 2011) betreffen nur die Wahrnehmung des Materiellen, nämlich ob wir ein Raster anwenden und das Wahrgenommene demgemäß in voneinander unabhängige Einzelheiten zerbrechen und dann deren Konstellation möglichst ohne Empfindungen analysieren, oder ob wir das Wahrgenommene ganz lassen und uns von bestimmten Hinweisreizen ansprechen lassen, denen wir lebendige Gestalten aus unserem Gedächtnis zuordnen bzw. (subjektiv) unterlegen, sodass wir unsere Affekte bzw. unsere Selbst-Betroffenheit, die das Wahrnehmen bei uns auslöst, möglichst umfassend begreifen können. Beim Begreifen der Körperlichkeit als vermittelndes Element zwischen Seelischem und Geistigem habe ich zuvor meinen Körper feinstofflich wahrgenommen, bestimmte Hinweise zeigen mir die lebendigen Gestalten meiner Seele und meines Geistes auf, und nur so kann ich meinen Körper intuitiv als Abbild von Seele und Geist und deren Verhältnis zueinander auffassen.

Der menschliche Körper weist aber noch eine weitere Besonderheit auf, die wir bisher noch nicht beachtet haben: Wir können weibliche und männliche Körper unterscheiden mit mehr oder weniger weiblichen und männlichen Anteilen, die daher ein Bild von seelischen und geistigen Anteilen darstellen können. Entsprechend gibt es auf der Ebene der individuellen Einstellungen das männliche und das weibliche Prinzip, welches sich jeweils auf der Entwicklungsebene des geschlechtlichen Selbst immer mehr manifestiert.

Das weibliche Prinzip, dass es notwendig ist, die eigenen Belange erst einmal hinzugeben und zuerst den anderen zu helfen, also bildlich gesprochen erst einmal hinabzusteigen zu denjenigen, die noch nicht so weit entwickelt sind, um sich selbst zu helfen, entspricht mehr der Seele, die sich fortwährend und dynamisch für das Erreichen der vollkommenen Liebe einsetzt, während das männliche Prinzip, dass es notwendig ist, erst einmal die eigene Position zu konsolidieren, bevor man andere unterstützt, bildlich gesprochen erst einmal aufzusteigen zu entsprechend hohen Fähigkeiten und Fertigkeiten, um dann erst richtig und viel effektiver helfen zu können, mehr die Haltung des Geistes ausdrückt, der danach strebt, zurück zur vollkommenen Liebe zu finden.

Wenn Eva in dem Mythos von Adam und Eva aus einer Rippe von Adam erschaffen wird, dann lässt sich das folgendermaßen interpretieren: Adam wurde aus Lehm gebildet, der noch durch Gottes Atem veredelt werden musste, während Eva von ihrer Grundsubstanz schon edel war und nur noch entsprechend geformt werden musste. Adam mit seinem männlichen Körper war von seiner Herkunft aus betrachtet von unten aus der Erde gekommen und strebte nach oben zum Göttlichen, während Eva von oben aus der göttlichen Idee kam, dass das Alleinsein von Adam nicht gut sei, und nach unten zur dynamischen Unterstützung von Adam strebte. Insofern verkörperte Adam das Geistige und Eva das Seelische. Beide waren anfänglich körperlich vereint, entfremdeten sich dann aber durch den Zweifel verkörpert durch die Schlange, wie der Fortgang des Mythos zeigt: Adam und Eva, also Mann und Frau, sind die Hauptpersonen dieser Geschichte, die noch nackt und völlig ungeniert im Paradies umhergehen und noch keinen Unterschied zwischen öffentlich und privat kennen, wodurch klar wird, dass sie sich anfangs auf der Ebene des gesellschaftlichen Selbst befinden, allerdings ohne sie dies entdecken zu können. Sie leben ganz naiv und unschuldig im Paradies und wissen gar nicht, welche Gefahren hier lauern bzw. wodurch sie sich ins Unglück stürzen könnten. Es gibt zwar Verhaltensregeln, dass sie die Früchte von einem bestimmten Baum, dem Baum der Erkenntnis, nicht essen sollen, aber sie wissen nichts von dem Sinn, den diese Regel haben soll. Damit stoßen wir auf das Phänomen des Nichtwissens. – Ich versuche hier eine Verbindung zu den zwölf Stufen bzw. Gliedern des buddhistischen Lehrsatzes vom abhängigen Entstehen (Pratītyasamutpâda) aufzuzeigen. – Weil sie es nicht wissen, ist es nur eine Frage der Zeit, dass sie gegen diese Regel verstoßen.

In der Geschichte taucht nun die Schlange auf, die Eva zum Regelverstoß verführt. Ich würde die Geschichte folgendermaßen modifizieren: Die eigentliche Verhaltensregel kommt daher, dass es nicht gut ist, „dass der Mensch allein sei" (Genesis 2, 18). Darin liegt die Aufforderung, zusammenzuhalten und sich zu verstehen, letztlich also sich zu lieben und nicht etwas Böses zu tun, was sie zu der bitteren Erkenntnis führen würde, dass sie Böses und nicht Gutes getan haben. Adam und Eva wissen beide nicht, was gut und böse ist und wozu das Füreinander-da-sein gut sein soll. Im Laufe der Zeit gehen sie jeweils immer mehr eigene Wege und leben sich auseinander, weil sie für unterschiedliche Dinge eine Leidenschaft entwickeln. Eva begegnet der Schlange ja auch allein, beide haben sich schon auseinandergelebt. Leidenschaft ist ja das spezifische Gefühl passend zur Befindlichkeit der Begeisterung, die zur geschlechtlichen Entwicklungsebene des Selbst gehört, auf der sie sich nun befinden. Es ist eine Problematik zwischen Mann und Frau, eine Spannung zwischen Geist und Seele entstanden. Eva ist vielleicht die erste, die sich dabei unwohl fühlt – es entspricht ja dem weiblichen Prinzip, Situationen auf sich wirken zu lassen und als Objekt der Psyche die jeweilige Befindlichkeit wahrzunehmen –, sie zweifelt an Adam und an ihrer Liebesfähigkeit, also am Geist, dass sie mit Liebe die Situation ändern kann, ihr Geist verdunkelt sich deshalb und es entsteht in ihr eine fatale leidenschaftliche Willensregung, die Aufmerksamkeit Adams wieder auf sich zu ziehen und für ihn eine Göttin zu sein. Dabei hört sie zwar auf ihre Psyche, die sie auf den Missstand der fehlenden Liebe aufmerksam gemacht hat, zweifelt aber an ihrer Fähigkeit, den Geist, also das, was einzig zur Rückkehr zur vollkommenen Liebe führen kann, zur Lösung dieses Problems verwenden zu können, und benutzt ihre Schönheit, ihre schönen Haare, die sich lieblich um ihr Antlitz schlängeln, also etwas aus dem Bereich der Materie – hier haben wir die Schlange als Symbol für weibliche Schönheit –, um Adam zu verführen. In Adam entsteht dadurch, dass er auf Evas Schönheit aufmerksam wird, ebenfalls eine fatale leidenschaftliche <u>Willensregung</u>. Aber er zweifelt an seiner Psyche und ihrer entsprechenden Warnung, nichts Böses zu tun, da er deren Sinn nicht versteht (<u>Nichtwissen</u>), und ihn durchzuckt in seinem verdunkelten Geist der Gedankenblitz, dass er jetzt vielleicht die Gelegenheit hat, Eva zu beherrschen – im Chinesischen wird der Gedankenblitz durch den Drachen symbolisiert, wobei der chinesische Drache Ähnlichkeit mit einer Schlange besitzt, und eine Schlange kann auch den männlichen Penis symbolisieren und somit als Symbol für männliche Potenz dienen, also auch etwas aus dem Bereich der Materie, gegenüber der Schlange als Symbol für weibliche Schönheit. Der Geistesblitz Adams könnte auch die Erkenntnis gewesen sein, die er als Hirte aus der Beobachtung von Tieren gewonnen hatte, dass er mit seinem Penis Nachkommen zeugen konnte und Eva ihn daher unbedingt brauchte, um Kinder bekommen zu können (es gibt die Behauptung, dass durch diese *Erkenntnis* die Vorherrschaft von Frauen, die allein Kinder bekommen konnten, also das Matriarchat, vom Patriarchat, der Vorherrschaft der Männer, abgelöst wurde). Adam jedenfalls lässt sich auf dieses Machtspiel ein. Es ist böse, weil es auf einer wahnhaften Vorstellung beruht (sein wie Gott) und nichts mehr mit gegenseitigem Verstehen und mit Liebe zu tun hat. Böse heißt auf Lateinisch „malum", und weil ein mittelalterlicher Mönch stattdessen einmal „mallum" geschrieben hat, was Apfel bedeutet, gibt Eva Adam einen Apfel und verführt ihn somit dazu, bei diesem bösen Spiel der Leidenschaften mitzumachen. Dass Adam mitmacht, beruht auch bei ihm auf <u>Nichtwissen</u> und einer fatalen leidenschaftlichen <u>Willensregung</u>, denn auch er will von Eva als Gott verehrt werden. Beide versuchen jeweils den anderen zu benutzen, um egoistisch ihre eigene Lust und Leidenschaft zu stillen und ihre Selbstzweifel zu beseitigen.

Ich finde es an dieser Stelle wichtig, einmal festzuhalten, dass die Schuld bzw. die Verantwortung für den Sündenfall nicht allein bei Eva liegt, sie konnte aufgrund ihres Nichtwissens dem Bösen, symbolisiert durch die Schlange, nicht widerstehen und hat an ihrem Geist gezweifelt, während Adam aufgrund seines Nichtwissens dem Bösen, symbolisiert durch den Drachen, ebenfalls nicht widerstehen konnte und an seiner Psyche gezweifelt hat. Wie leicht einsichtig ist, sind dies die beiden Formen, wie Böses bzw. die Abkehr vom Weg zur vollkommenen Liebe entsteht, denn alles, was eine Gegensätzlichkeit zwischen Geist und Psyche schafft, bringt das Dasein von diesem Weg ab.

Nach einer Weile aber erkennen sie, dass sie in diesem Spiel nicht das bekommen, was sie wirklich brauchen, nämlich Liebe. Eva hatte sich eingebildet, dass Adam sie wegen ihrer Schönheit wie eine Göttin anbeten würde, und Adam hatte geglaubt, dass Eva ihn wegen seiner Potenz und Zeugungsfähigkeit wie einen Gott anhimmeln würde, was ihm sein Geistesblitz suggeriert hatte. Beide hatten also geglaubt, sie würden durch dieses unselige Spiel „sein wie Gott" (Genesis 3, 5). Nachdem ihnen aber die Erkenntnis dämmerte, dass sie sich beide jeweils nur auf ein falsches Spiel eingelassen hatten, empfanden sie Scham und Schuld, d.h. sie befanden sich jetzt auf der Ebene des repräsentationalen Selbst. Ihr böses Handeln hatte ihnen diese Erkenntnis gegeben, und daraus wurde dann durch den oben erwähnten Mönch der Apfel vom Baum der Erkenntnis. Sie spielten sich gegenseitig etwas vor, versuchten zu verschleiern, dass sie ohne Liebe gehandelt hatten, sie gaben ihrem Tun falsche Namen wie „Liebe", obwohl sie nur noch von ihrer Leidenschaft beherrscht waren, und versteckten sich selbst hinter Formen und Förmlichkeiten wie hinter einem Feigenblatt. Bei allem aber merkten sie, dass ihnen die wirkliche Liebe, das eigentliche Paradies, fehlte, und so setzten sie alle ihre Fähigkeiten und Fertigkeiten ein, um geliebt zu werden. Dabei verstanden sie die Aufforderung »Macht euch die Erde untertan« (Genesis 1,28) falsch, indem sie nicht danach trachteten, die Gegensätze der Materie zu überwinden, sondern sie hafteten an schönen Umgangsformen und versteckten sich hinter Namen und Titeln, sodass sie die Gegensätze und Widersprüchlichkeiten der Materie dadurch nur noch vertieften, so wie dies auch ihre beiden

Söhne Kain und Abel taten, als sie ihre Erträge aus Ackerbau und Viehzucht jeweils als Opfer präsentierten, um Anerkennung statt Liebe zu bekommen.

Damit befanden sie sich auf der Ebene des intentionalen Selbst. Sie setzten alle ihre Sinne ein (die <u>sechs Bereiche</u>) und ließen sich von den materiellen Dingen viel zu sehr <u>berühren</u>, während sie dieses Ziel, geliebt zu werden, zu erreichen suchten. In ihrem dadurch angestachelten verzweifelten <u>Empfinden</u> probierten sie alles aus, suchten sprunghaft überall, wo sie nur konnten, und setzen sich so vielen Gefahren aus, weil sie nicht wussten, wohin ihre jeweilige Suche sie führte.

So befanden sie sich auf der Ebene des teleologischen Selbst. Aufgrund der vielen Fehler, die sie auf diese Weise machten, gerieten sie immer mehr in Not, sie entfernten sich immer mehr von der Liebe, von ihrer Lebensquelle, und bekamen immer mehr <u>Durst</u> nach Liebe. Jeder kümmerte sich immer weniger um den anderen, wurde immer egoistischer und griff raffgierig nach allem, was nur zu erreichen und zu <u>ergreifen</u> war.

Damit befanden sie sich auf der Ebene des sozialen Selbst. Sie kämpften immer rücksichtsloser gegeneinander, und jeder trachtete nur danach, dass aus ihm bzw. ihr etwas wurde. Jeder wollte der oder die Beste <u>werden</u>, man verglich sich immer mehr miteinander, war neidisch aufeinander, jeder wollte sich beweisen, die Konkurrenz wurde immer schlimmer. Wer Sieger wurde, strengte sich noch mehr an, um weiter zu siegen, und viele Verlierer gaben auf und wurden lethargisch, oder wenn sie auf diese Weise nicht selbstdestruktiv wurden, trachteten sie voller Neid danach, anderen zu schaden – Kain brachte schließlich Abel um.

Damit war nun die unterste Entwicklungsebene, nämlich die des physischen Selbst erreicht. Wenn es jemand nach oben geschafft hatte, dann war ein Star <u>geboren</u>, aber niemand konnte sich für immer dort halten, am Ende bzw. im <u>Alter</u> und im <u>Tod</u> spätestens sank jeder in den Staub zurück, aus dem er gekommen war. Alles in allem hatten Adam und Eva und ihre Nachkommen schließlich eine Welt geschaffen, in der sich niemand zuhause fühlen konnte, weil es keine

Liebe mehr gab, und weil nur noch Wut und Verzweiflung, Angst und Grauen, Leid und Trostlosigkeit, Abscheu und Elend herrschte.

In dieser Geschichte sind alle zwölf Stufen bzw. Glieder des buddhistischen Lehrsatzes vom abhängigen Entstehen (Pratītyasamutpâda) enthalten (jeweils <u>unterstrichen</u>), und auf jeder Stufe wird ersichtlich, dass es an Liebe fehlt, und zwar an echtem und unmittelbarem Verstehen des Worumwillens des Seins des Daseins.

Dem physischen Selbst entspricht auf der einen Seite die Passivität, die Stagnation, und damit <u>Alter und Tod</u>, was damit verbunden ist, dass das Dasein verzweifelt, dass es ihm unheimlich ist, untröstlich und elend. Dies ist wechselseitig abhängig von der Aktivität, aus der etwas Neues geboren wird, also so etwas wie eine <u>Geburt</u> stattfindet, was mit entsprechender Freude des Daseins verbunden ist, aber auch mit entsprechenden Geburtswehen. Dem sozialen Selbst entspricht auf der einen Seite die Objektivität, bei der das Dasein seine Wirkung auf andere betrachtet, also die Entwicklung bzw. das <u>Werden</u> seines Einflusses auf andere, und dies ist wechselseitig abhängig von der Subjektivität, wobei das Dasein nur von sich ausgeht und ergreift, was ihm in den Sinn kommt, wovon es ergriffen ist, die Subjektivität entspricht also dem <u>Ergreifen</u> des ergriffenen Daseins. Dem teleologischen Selbst entspricht auf der einen Seite die Kontinuität, wobei das Dasein wie beim Wandern in der Wüste dafür sorgen muss, dass es immer Wasser zum Trinken hat, d.h. Kontinuität ist wichtig bei jeder Art von <u>Durst</u>, auch im übertragenen Sinne, und dies ist wechselseitig abhängig von der Diskontinuität, bei der das Dasein je nach seiner <u>Empfindung</u> sprunghaft alles Mögliche ausprobiert. Dem intentionalen Selbst entspricht auf der einen Seite die Zirkularität, bei der das Dasein wiederholt dasselbe von verschiedenen Seiten aus erkundet und berührt, aber auch selbst davon berührt ist – wir haben es hier also mit der <u>Berührung</u> zu tun –, und dies ist wechselseitig abhängig von der Linearität, bei der das Dasein alle sechs Sinne, also die fünf leiblichen Sinne und den Sinn des Intellekts (siehe Kapitel 1), einsetzt, um geradlinig an sein Ziel zu kommen, d.h. die Linearität hat mit dem zu tun, was im Buddhismus der <u>sechsfache Bereich</u> genannt wird. Dem repräsentationalen

Selbst schließlich entspricht auf der einen Seite die Räumlichkeit, das Sich-Einlassen, wobei das Dasein sich mit anderen den Raum teilt und sich austauscht, und sich dabei persönlich mit <u>Namen</u> und in einer bestimmten <u>Form</u> präsentiert, und dies ist wechselseitig abhängig von der Zeitlichkeit, wobei das Dasein dadurch immer mehr erkennt, wie es die Technik seines Handelns immer mehr verbessern kann, d.h. die Zeitlichkeit ist mit dem <u>Erkennen</u> verknüpft. Zuletzt erreicht das Selbst die Entwicklungsstufe des geschlechtlichen Selbst mit dem zugeordneten Gegensatz weiblich-männlich, sowie mit der zugehörigen Befindlichkeit der Begeisterung vom In-der-Welt-sein und dem Gefühl der Leidenschaft für etwas bestimmtes Seiendes. Dem geschlechtlichen Selbst also entspricht auf der einen Seite die Weiblichkeit, bei der das Dasein als Objekt der Psyche entsprechend eigene <u>Willensregungen</u> bekommt, wenn es sich mit Leidenschaft gegen Geist oder Psyche wendet, und dies ist wechselseitig abhängig von seiner Männlichkeit, bei der das Dasein als geistiges Subjekt sich im Zustand des <u>Nichtwissens</u> hält, solange es voller Zweifel Psyche oder Geist beherrschen will. In beiden Fällen muss es so immer tiefer in die Welt der Materie eintauchend dort seine Erfahrungen machen und erhält dabei die Gelegenheit, aus dem Zustand des Nichtwissens immer mehr herauszukommen.

In Abhängigkeit vom <u>Nichtwissen</u> des leidenschaftlichen oder zweifelnden geschlechtlichen Selbst entstehen entsprechende <u>Willensregungen</u>, da die Psyche dazu auffordert, den Geist mit Wissen zu benutzen, sodass das Individuum in seinem <u>Nichtwissen</u> entweder an der Psyche oder am Geist zweifelt und sich mit eigenen <u>Willensregungen</u> leidenschaftlich dagegenstellt. In Abhängigkeit von den eigenen <u>Willensregungen</u> versucht das Dasein immer besser zu <u>erkennen</u>, wie es die Technik seines Handelns gegen Psyche bzw. Geist optimieren kann. In Abhängigkeit von der <u>Erkenntnis</u>, dass es von anderen profitieren und sie ausnutzen kann, tauscht es sich immer mehr mit anderen aus, was ja vor allem in <u>Form</u> von <u>Namen</u> und sprachlichen Benennungen erfolgt, und in Abhängigkeit davon schaltet es immer mehr seine <u>sechs Sinne</u> ein, um das von anderen Mitgeteilte oder von ihnen Weggenommene zu überprüfen und zu benutzen, und in Abhängigkeit von seinen sechs Sinnen lässt es sich von den Dingen affektiv berühren. In Abhängigkeit von der Berührung entstehen im Individuum Empfindungen, die es sprunghaft von einer Sache zur anderen bringen. Abhängig von dieser Unstetigkeit seiner Empfindungen entsteht beim Dasein ein Durst nach Kontinuität, und es greift nach allem, um diesen Durst zu stillen. Abhängig von diesem Ergreifen entstehen bestimmte eigene Fähigkeiten bzw. sind bestimmte eigene Fähigkeiten im Werden begriffen, sodass schließlich in ihm etwas Neues geboren wird. Da aber alles Neue irgendwann altert und den Tod erleidet, endet das Dasein schließlich in verzweifelter Überforderung, unheimlicher Hilflosigkeit, untröstlicher Hoffnungslosigkeit und Wertlosigkeit im Elend. Im Buddhismus wird dies die Leidensmasse genannt. So finden wir also sowohl im Buddhismus als auch in der Genesis des Alten Testaments, welches den drei Buchreligionen Judentum, Christentum und Islam zu Grunde liegt, ziemlich ähnliche Auffassungen, was den Gebrauch und die Bedeutung der Begriffe Körper, Seele und Geist betrifft.

Wenn man sich jetzt nur auf das Böse konzentriert, was im Mythos von Adam und Eva durch die Schlange bzw. durch den Drachen symbolisiert ist, dann könnte man auf die Idee kommen, man müsse nur Evas Schönheit und ihre Haare verhüllen, also sie ein Kopftuch tragen lassen, wie dies teilweise im Islam gefordert wird. Dann müsste man aber auch konsequenterweise fordern, dass Männer sämtliche Status- und Potenzsymbole bescheiden verstecken oder verhüllen. Derartige Ideen sind zwar verständlich und von der guten Absicht geleitet, das Böse aus der Welt zu schaffen, sie greifen aber insofern zu kurz, weil sie nichts am Nichtwissen ändern, von dem es ja abhängig ist, dass eine leidenschaftliche Willensregung entsteht, sodass Psyche oder Geist angezweifelt werden und so das Böse sich in der Materie manifestiert. Eine derartige Manifestation kann nicht durch Verhüllen, Verdrängen oder Verleugnen verhindert werden.

Cavell hat sich im Unterschied zu der Geschichte von Adam und Eva einen ganz anderen Mythos ausgedacht (Cavell, 2006, S. 603 ff.), was die Entstehungsgeschichte unseres Körpers betrifft:

Menschen seien ursprünglich körperlose Wesen gewesen, die sich gewisse Gestalten, menschliche Gestalten, ausgesucht hätten, in die sie hineingeschlüpft seien, teils aus Jux und Tollerei, teils, weil sie einen gewissen Nutzen daraus gezogen hätten. Anfänglich habe man jederzeit den Körper, die Gestalt wechseln können, nur wenn man zu lange eine Gestalt angenommen habe, habe man die Gestalt nur noch durch den Tod des Körpers wechseln können. Inzwischen sei der Trick, in Gestalten zu schlüpfen, verschwunden, und jeder sei ein Leben lang an seinen Körper gebunden. Ohne einen Menschen sei die menschliche Gestalt ein Zombie, aber man könne dies nicht von einem Menschen in menschlicher Gestalt unterscheiden, es sei denn, man öffnete den Körper und schaute nach. Allerdings habe die Natur vor der Geburt eine Körperschale so kunstvoll um den Körper gebildet, dass niemand mehr eine menschliche Gestalt von einem Menschen unterscheiden könne. „Die Schale wurde hauchdünn, und würde man sie öffnen, fände man kein getrenntes menschliches Wesen, sondern bloß, was man zu finden erwarten würde, wenn man einen altmodischen Menschen ohne Schale öffnen würde." (ebenda, S. 604) Da das Wissen um diese Vorkommnisse vergessen worden sei, „scheint es sogar schwer vorstellbar, wie wir jemals auf die Idee verfallen konnten, dass jemand da drinnen ist, dass wir die wahre Sachlage erfasst haben." (ebenda, S. 605) Und wenn Menschen heute sagen, es sei niemand drinnen im Körper, „das hält nur den Drang nachzuschauen wach. [(Absatz)] Halten wir uns selbst für (möglicherweise) bewohnte Körper, für Menschen in nicht abzustreifender menschlicher Gestalt?" (ebenda) Der menschliche Körper stellt also ein Hindernis dar, der unseren Blicken verbirgt, was im Inneren eines Menschen vorgeht. Damit stellt dieser Mythos bzw. diese Vorstellung des menschlichen Körpers einen Mythos dar, der uns entmutigt und die Motivation nimmt, unser Getrennt-Sein von anderen zu überwinden. Wir sind in der Annahme dieser Vorstellung auch hoffnungslos von uns selbst getrennt: „ich kann sowenig meiner selbst intim habhaft werden wie du. Und die Erinnerung wäre hier auch nur ein Strohhalm. Niemand von uns erinnert sich an seine Geburt, obwohl jeder von uns weiß, dass er, wenn mir der Ausdruck erlaubt ist, gebürtlich ist. Oder etwa nicht?" (ebenda) Unser Körper ist uns entfremdet, wir nehmen ihn in Besitz wie ein Kleidungsstück, und er versperrt uns die Möglichkeiten, sowohl den anderen als auch uns selbst zu erkennen. „Damit erhält das Problem des Fremdpsychischen wieder einmal eine bekannte erkenntnistheoretische Form, die von Kant in der Nachfolge Lockes und Leibniz´ hinterlassene Form, der zufolge ich in den Kreis meiner Erfahrungen eingeschlossen bin, ohne je (aus eigener Kraft) zu wissen, ob diese Erfahrungen mit einer unabhängigen Wirklichkeit übereinstimmen." (ebenda, S. 606)

Wenn ich diese Vorstellung in Bezug auf mich selbst annehme, „dann möchte ich diesem Körper […] nicht entkommen, um […] seine Reaktionen mit meinem Inneren zu korrelieren […], ich möchte meine Reaktionen vielmehr offenlegen. […] Warum aber sollte ich das wünschen wollen, es vielleicht heftig genug wünschen, um dafür zu sterben, indem ich diesen Körper verlasse?" (ebenda) Wenn Cavell an dieser Stelle vermutet, dass es vielleicht darum geht, erkannt bzw. anerkannt zu werden, um eine Bestätigung „der Existenz meines Leidens und meines Tuns" (ebenda), dann muss ich nur die Perspektive eines misshandelten oder missbrauchten Kindes einnehmen, und alles passt perfekt zusammen.

Wenn mir als einem derart misshandelten Kind nicht geglaubt wird, dann ist es die Regel, „dass ich nicht an die Äußerung meiner selbst glaube, an meine Fähigkeit, mich so zu präsentieren, dass mir Anerkennung zuteil wird" (ebenda, S. 607). Aus dieser Perspektive heraus gebe ich auf und äußere nichts mehr, indem ich zu mir sage: „Es nicht zu tun, dafür gibt es einen guten Grund. Du könntest entdecken, dass du nicht wichtig bist." (ebenda, S. 608) Wenn wir aus der Perspektive des Missbrauchs den gesamten Mythos von Cavell noch einmal betrachten, dann schildert er die Geschichte, wie sich ein Missbrauch ereignen kann. Der Täter, ein erwachsener Mensch, benutzt einen menschlichen Körper, nämlich ein schutzloses kleines Kind, um seinen Spaß daran zu haben. Dabei hält er das Kind häufig für ein empfindungsloses Wesen, einen Zombie, der hinterher nichts mehr weiß und dem das alles nichts ausmacht. Je länger er das macht, desto schlimmer die Folgen, bis das Kind in seinem misshandelten Körper hoffnungslos gefangen ist und am liebsten nur noch sterben möchte, um dem Ganzen zu entkommen. „Der da drinnen erleidet alles, was dem Körper zustößt, und noch mehr." (ebenda, S. 605) (Eine grausamere Interpretation wäre, dass der Täter, wenn er zu lange ein Kind missbraucht hat, Angst bekommt, durch das Kind überführt zu werden oder anderweitig von dem Kind abhängig zu sein, und deswegen das Kind tötet.) Wenn das Kind dann erwachsen ist, sind die Zeiten des Missbrauchs zwar schon lange vorüber, aber alle, „die jetzt in einer menschlichen Gestalt stecken, sind ein Leben lang daran gebunden" (ebenda, S. 604), sie müssen ein Leben lang mit dieser schrecklichen Erfahrung leben, auch wenn jegliche Evidenz dafür fehlt, die Erfahrung also abgespalten oder verdrängt ist. Aber obwohl sie sagen oder sagen möchten »Da ist niemand drinnen«, wird der Drang nachzuschauen trotzdem wach bleiben. Um das Trauma des Missbrauchs zu verarbeiten, reicht es nicht aus, „bloß anzuerkennen, wie es um einen selbst steht, und folglich anzuerkennen, dass man sich wünscht, der andere möge sich darum kümmern, zumindest darum, es zu wissen. Es heißt auch anzuerkennen, dass deine Äußerungen tatsächlich dich zum Ausdruck bringen, dass es deine sind, dass du in ihnen enthalten bist. Das bedeutet, du musst es zulassen, verstanden zu werden, etwas, was du stets unterdrücken kannst. Es nicht zu unterdrücken heißt, wie ich sagen möchte, deinen Körper und den Körper deiner Äußerungen als deinen anzuerkennen, als das, was du hier auf Erden bist, als alles, was es je von dir *geben wird.*" (ebenda, S. 608) Wenn der Körper also als Hindernis empfunden wird, Menschen (sich selbst oder andere) zu erkennen, dann kann dies ein Indiz dafür sein, dass die betreffende Person in ihrer Kindheit misshandelt oder missbraucht wurde bzw. Zeuge war, als dies einem anderen Menschen geschah. Wenn ich meinen Körper als Hindernis erachte, dann nehme ich ihn grobstofflich als Konstellation von Einzelheiten wahr, in die ich ihn zerbrochen habe oder in die er zerbrochen wurde. Im Grunde genommen ist dann aber nicht mein Körper das Hindernis, sondern das Raster, mit dessen Hilfe er zerbrochen wurde. Das grobe

Raster ist aus der groben und unmenschlichen Missbrauchshandlung entstanden, und wurde von dem missbrauchten Kind übernommen. Es ist wie mit einem Spiegel: solange er ganz ist, kann ich mich selbst darin sehen, ist er zerbrochen, ist mein Bild entstellt, und ich kann mich nicht mehr richtig erkennen. Wenn mein Körper für mich ein Hindernis zu sein scheint, dann ist mein Rhythmus gestört bzw. ich bin aus meinem Rhythmus gebracht, denn der Prozess, bei dem ich immer wieder die drei Modi Genus, Individuum und Spezies durchlaufe ist unterbrochen bzw. wird behindert und zwar an der Stelle, an der ich vom Modus der Spezies in den des Genus wechsle, denn hier kommt der Moment, bei dem ich normalerweise wahrnehmen würde, was mein Handeln als Spezies für Ergebnisse erzielt hat. Wenn mein Körper aber ein Hindernis darstellt, meine Seele und meinen Geist zu erkennen, dann kann ich diese Handlungsergebnisse nicht mit meinen geistigen Erwartungen aufgrund meiner seelischen Ergriffenheit vergleichen und begreifen, ob und inwieweit ich mich getäuscht habe. Wie auch immer ich handle, ich kann mich nicht mehr als Teil einer Gemeinschaft fühlen, mein misshandelter oder missbrauchter Körper verhindert den Übergang vom Modus der Spezies in den des Genus.

Kehren wir zurück zu der alternativen Vorstellung, dass der menschliche Körper das beste Bild der menschlichen Seele ist, bzw. dass unser Verhältnis zu oder unsere Vorstellung von ihm uns zeigt, welche Konflikte zwischen Seele und Geist noch nicht gelöst sind. Den Konflikt, den uns unser Bezug zu unserem Körper deutlich macht, wenn wir ihn als Hindernis empfinden, Menschen zu erkennen, können wir so umreißen, dass unsere Seele sich wünscht, verstanden zu werden, unser Geist dies aber unterdrückt. Die Gründe für die jeweiligen Positionen von Seele und Geist sind oben geschildert und Möglichkeiten der Konfliktlösung sind zumindest grob angedeutet worden.

Was für eine Art von Konflikt wird deutlich, wenn jemand seinen Körper als Besitz oder gar als Leibeigenen versteht, wenn es ihm ganz wichtig ist, „dass der eigene Körper nicht einem fremden Willen untertan ist" (ebenda, S. 608 f.), auch wenn daraus noch nicht zwingend folgt, „dass der eigene Körper dem eigenen Willen unterworfen sein soll" (ebenda, S. 609)? Hier geht es meines Erachtens um ein Machtstreben, das entweder vom Geist oder von der Seele ausgeht und so einen Konflikt zwischen beiden heraufbeschwört. „Jede Vorführung oder jede Tat kann durch Willen oder durch Anmut zustande kommen" (ebenda), also entweder durch Macht- (Wille) oder durch Harmoniestreben (Anmut). Wenn etwas gewollt ist, dann liegen Seele und Geist im Streit und das Ganze ergibt nur einen „Wulst", wenn dagegen Seele und Geist miteinander harmonieren, dann ist das Ganze gekonnt und damit Kunst. Wenn Seele und Geist in Harmonie sind, dann haben wir nichts zu verlieren, weil uns alles und nichts gehört, und somit sind wir wirklich frei. Wenn ein Imperativ technisch oder hypothetisch ist im Sinne von Kant (Kant, 1785 (A), zweite Auflage 1786 (B)), dann dominiert entweder der Geist oder die Seele. Nur beim kategorischen Imperativ sind Seele und Geist im Gleichgewicht, und wir sind frei. Damit wird klar, dass der kategorische Imperativ von Kant, das taoistische Wu wei (absichtsloses Tun), die absolute Harmonie bzw. Einheit von Geist und Seele, das echte und unmittelbare Verstehen des Worumwillens unseres Seins, also das vollkommene Lieben und das Absolute Nichts (Kolb, 2017, S. 53) alle auf dasselbe hinauslaufen.

Unsere Körperlichkeit zeigt sich nicht nur an uns, sondern wir drücken sie in verschiedenen Kulturprodukten aus, z.B. in Puppen, Statuen und Robotern, die unsere Körperlichkeit teils darstellen, teils ihre Funktionen übernehmen: Schaufensterpuppen zeigen, wie Kleidung an uns aussehen kann, Statuen erinnern uns an bestimmte Persönlichkeiten und mahnen uns vielleicht, und Roboter und Maschinen übernehmen bestimmte Arbeiten und ersetzen so unseren Körper. Wir haben einen bestimmten Umgang mit Puppen, mit denen wir z.B. spielen, mit Statuen, die wir auf ein Podest stellen, und mit Robotern und Maschinen, die wir konstruieren und bauen. Was aber lassen sich daraus für Rückschlüsse ziehen, wie wir mit uns selbst und anderen teilweise umgehen!?

Wenn wir unsere Kinder, meistens sind es Mädchen, mit Puppen spielen lassen, ist damit oft der pädagogische Hintergedanke verknüpft, dass das Kind darauf vorbereitet werden und lernen soll, später einmal gut mit Kindern umzugehen (daher sollen vor allem Mädchen als zukünftige Mütter mit Puppen spielen, wobei Väter mit Kindern eigentlich mindestens genauso gut umgehen können sollten). Hier soll also das Seelische entwickelt werden. Wir sind ja nicht nur Objekte der Seele bzw. Psyche, indem wir unserer Befindlichkeit ausgeliefert sind, wie Heidegger (Heidegger, 2006) aufgezeigt hat, sondern wir sind auch seelische bzw. psychische Subjekte, indem wir Mitgefühl mit anderen haben und ganz allgemein das Wahrgenommene anfänglich zumindest auch mit anderen (z.B. mit der Mutter) begreifen und in unserem Dasein integrieren, um so unser Zusammenwirken und unsere Zusammenarbeit effektiver und ganz allgemein unser Zusammensein möglichst für alle in irgendeinem Sinne positiv zu gestalten.

Das Spielen mit der Puppe kann bei der Entwicklung für beide Aspekte des Seelischen nützlich sein: es kann unsere Entwicklung als psychische Subjekte fördern, indem wir Mitgefühl und Gemeinsamkeit mit anderen, ein Wir-Gefühl, entwickeln und stärken, und indem wir eigene Empfindungen auf Puppen projizieren, lernen wir uns selbst als Objekte der Psyche kennen, denn wie Heidegger schon feststellte, erkennen wir zuerst etwas in der Welt und dann bei uns selbst, weil ontologisch das andere uns näher ist als wir uns selbst. Cavell nennt es „empathische Projektion" (Cavell, 2006, S. 668), wenn es darum geht, wie wir in anderen das Menschliche erkennen können, und schreibt über Puppen: „Es gibt nur einen, der weiß, was wahr ist, derjenige, dem die Puppe gehört. Und auch von ihm kann man strenggenommen nicht sagen, er *wisse* es, es sei denn im Scherz oder als Fiktion." (ebenda, S. 637) Man kann den Begriff Puppe hier auch als etwas ansehen wie in der Biologie der Insekten, dass eine Puppe etwas in ihrem Inneren versteckt und zurückhält, was erst später zum Vorschein kommt. Dann ist dies eine Vorstellung wie die vom Körper als Hindernis, sich selbst oder andere zu erkennen, allerdings mit der Erwartung, dass sich bald das zeigt, was er, der Körper, bzw. sie, die Puppe, noch verbirgt. Dadurch, dass die

Puppe dem Kind gehört, wir sie ihm übereignen, vermitteln wir unseren Kindern eine doppelte symbolische Botschaft: einerseits die Vorstellung, dass wir ihnen ihren eigenen Körper übereignen, andererseits, „dass irgend jemandem ihr Körper gehört. Wie sollten wir anders erklären, dass sie die außergewöhnliche Vorstellung haben, sich bei Selbstverletzungen schuldig fühlen zu müssen, [...] ja sogar schuldig dafür, krank zu werden?" (ebenda, S. 638) Wenn sie ihre Puppe kaputt machen, halten wir ihnen das ja auch oft vor, entweder als Dummheit oder sogar als Bösartigkeit. Hier wird das Kind als Spezies oder sogar als Genus verurteilt, es wird ein Gegensatz geschaffen zwischen ihm als <u>Individuum</u>, das im Spiel machen kann, was es will, und ihm als <u>Spezies</u>, dem vorgehalten wird, etwas nicht gekonnt zu haben, oder ein Gegensatz von ihm als <u>Individuum</u> und ihm als <u>Genus</u>, dem vorgeworfen wird, sich gegen die Gemeinschaft zu stellen bzw. die Gemeinschaft zu belasten, die die Puppe bzw. den Körper jetzt reparieren bzw. behandeln muss.

„Einigen wird gesagt, ihr Körper sei ein Tempel. Damit scheint ein Besitzverhältnis ausgeschlossen, außer vielleicht seitens einer Gemeinde. Ansonsten ist es jedoch eine gefährlich offene Vorstellung, vor allem hinsichtlich der Bedingung für die Zutrittserlaubnis." (ebenda, S. 638 f.) Wenn ich nicht im Besitz meines Körpers bin, ist Missbrauch immer möglich, und das scheint die gefährliche Wahrheit zu sein, mein Körper zumindest scheint kein Mitspracherecht darüber zu haben, wie es ihm geht, er kann sich höchstens mit Symptomen wehren und mir das Leben schwermachen. Das kann eine Puppe nicht. Kann ich mich von meinem Körper genauso distanzieren, wie von einer Puppe? Manche Menschen scheinen das zu können. Die hier angesprochene Problematik hat mit mir als Individuum zu tun, mit meiner Würde, dass ich als geistiges Subjekt mich frei für ein bestimmtes Seinkönnen entscheiden kann, und meiner Bürde, dass ich als Objekt der Psyche mit meiner Befindlichkeit und dem, was ich begriffen habe, umgehen oder zumindest berücksichtigen muss, eine Problematik, die sich mir nach dem Handeln aufgrund meines befindlichen Verstehens im <u>Körperlich-Materiellen</u>

stellt, wofür die Puppe ein Symbol ist, ein Symbol für unsere verborgene Einzigartigkeit und ein Symbol für die eigene Hoffnung und die der Gemeinschaft, dass diese Einzigartigkeit sich bald zeigt – das kann bei einer Abkehr von sich selbst in Richtung einer narzisstischen Hoffnung (männliches Prinzip) oder aber einer Selbstaufopferung (weibliches Prinzip), beides bis hin zur Hoffnungslosigkeit (Leid) gehen.

Wenn wir dagegen Statuen aufstellen, dann benutzen wir sie als Orientierung, sie stehen ja meistens auf Podesten und sind dadurch weithin sichtbar. Als Orientierungen bzw. Idealvorstellungen sollen sie helfen, unseren Geist zu entwickeln, indem wir uns für die Ideale, die sie verkörpern, begeistern. Sie stehen für die Werturteile der Gemeinschaft, in die ich durch meine Geburt hineingeworfen bin. Auch hier ist für mich eine doppelte Botschaft zu erkennen: einerseits soll ich mich für etwas begeistern, für etwas entscheiden als Objekt des Geistes (eines Geistes, der von der Welt kommt) und danach streben, was ich andererseits selbst gar nicht aus meiner Befindlichkeit heraus entwickelt habe, wobei ich selbst u.U. gar nicht befindlich verstehen kann, was damit auf mich zukommt, und worauf ich mich noch gar nicht verstehe, was außerhalb meiner Fähigkeiten und Fertigkeiten liegt, sodass es die Frage ist, ob ich diese Fähigkeiten und Fertigkeiten überhaupt entwickeln kann und will. Hier sind meine beiden Modi als Gemeinschaftswesen (Genus) und als Individuum im Widerstreit, wenn ich nicht will, oder die beiden Modi als Genus und als Spezies, wenn ich nicht kann oder glaube, nicht zu können. Diese Problematik hat mit mir als Gemeinschaftswesen zu tun, mit meiner Gedankenfreiheit, die ich als Individuum und geistiges Subjekt gegenüber der Gemeinschaft habe, und meiner Verantwortung, dass ich mich als Spezies und Objekt des Geistes entscheiden muss, in welche Richtung ich mich entwickeln will, eine Problematik, die sich mir im Geistig-Idealen stellt, wobei Statuen Symbole für die entsprechenden Ideale darstellen – das kann bei einer Abkehr von sich selbst in Richtung Selbst-Unterwerfung und -

Unterdrückung (weibliches Prinzip) oder Unterwerfung und Unterdrückung anderer (männliches Prinzip) gehen und in beiden Fällen zu einer <u>Überforderung</u> (Wut) führen.

Aufgrund des technischen Fortschritts sind wir immer mehr in der Lage, immer menschenähnlichere Roboter zu konstruieren, sodass dies bei technischen Laien immer mehr auch Ängste schürt, von irgendwelchen gefühllosen Hominiden beherrscht zu werden. Roboter stehen für unsere Fähigkeiten und Fertigkeiten, die Welt zu beherrschen bzw. die Erde uns untertan zu machen. Hier gibt es ebenfalls zwei Seiten: einerseits erleben wir, dass wir immer mehr zustande bekommen, immer erfolgreicher werden, dass unsere Fähigkeiten und Fertigkeiten immer wieder Grenzen überschreiten, von denen wir noch vor kurzem geglaubt hatten, sie seien unüberwindbar, andererseits aber erschrecken wir vor der Möglichkeit, von unseren eigenen Schöpfungen beherrscht oder gar zerstört zu werden. Letzteres ist aufgrund der von uns geschaffenen ABC-Waffen nur allzu realistisch, und bei der Spielsucht kann der betreffende Mensch, der von ihr befallen ist, von einem der von uns geschaffenen Glücks- oder Computerspiele beherrscht werden. Unser Fortschritt, den wir im Modus der <u>Spezies</u> erreichen, läuft also Gefahr, uns zu vernichten oder uns von ihm abhängig zu machen, d.h. möglicherweise zerstören wir uns als <u>Genus</u>, indem wir unsere ganze Art und viele andere Lebewesen vernichten, oder als <u>Individuen</u>, indem wir uns zum Spielball unserer Süchte machen. Diese Problematik hat also mit mir als Spezies zu tun, mit der freien Entfaltung meines Potenzials, was ich als Genus und psychisches Subjekt für förderlich für meine Gemeinschaft halte und entsprechend positiv beurteile, wobei ich andererseits als Individuum und Objekt der Psyche Vorsicht walten lassen muss, damit kein Schaden entsteht. Diese Problematik stellt sich mir im <u>Psychisch-Motivationalen</u>. Roboter können wir in dieser Hinsicht als Symbole für unseren (technischen) Fortschritt nehmen – das kann bei einer Abkehr von sich selbst in Richtung Abhängigkeit (weibliches Prinzip) oder Vernichtung (männliches Prinzip) gehen und in beiden Fällen <u>Hilflosigkeit</u> (Angst) erzeugen.

Aus diesen Überlegungen wird die absolute Dialektik von Geist, Körper (Materie) und Psyche (Seele) oder von den drei Modi unseres Daseins Individuum, Spezies und Genus ersichtlich (Kolb, 2017, S. 36 ff., Kapitel 2). Der für mich wesentliche Schluss, den ich aus dem bisher Aufgezeigten bezüglich Puppen, Statuen und Robotern ziehen kann, ist der, dass weder das Seelisch-Motivationale, noch das Geistig-Ideale, noch das Körperlich-Materielle, also weder Seele, Geist, noch Körper irgend einen Vorrang haben, was unser Menschsein betrifft, dass wir aber immer wieder dazu neigen, entweder das Seelische, das Geistige oder das Körperliche zu überschätzen und den anderen Aspekten unseres Menschseins eine zu geringe Wertigkeit zu geben.

Wenn wir unseren Körper überbewerten, dann putzen wir uns und unsere Kinder wie Puppen heraus, achten narzisstisch nur auf äußerliche Schönheit, die wir aber nie erreichen, sodass es uns wie Tantalos ergeht, der sein (inneres und auch sein tatsächliches) Kind den Göttern geopfert hat, so wie wir, wenn wir uns und unsere Kinder zu Puppen machen, und dessen Strafe, die Tantalos-Qualen, darin bestand, dass er alle Freuden des Lebens um sich herum zwar sah, aber nicht erreichen konnte, wenn er danach griff. Dies erzeugt Hoffnungslosigkeit und Leid. Mit der Vergötterung äußerlicher Schönheit verleugnen wir deren Vergänglichkeit und den Tod.

Wenn wir aber unseren Körper abwerten, dann bringt uns das in die Lage, beweisen zu müssen, dass wir seelisch oder geistig etwas Besonderes, also gut und nicht böse oder klug und nicht dumm sind. Wir fixieren uns geistig auf etwas, werden starr wie Statuen, müssen ständig unsere Fortschritte dokumentieren, versuchen, die Grenzen unseres Lebens zu überlisten, und werden zu Sklaven des Fortschritts, den wir wie Sisyphos, der den Tod überlistet hat, wie einen Stein immer wieder auf den (Leistungs-)Gipfel eines Berges hochwuchten müssen, von dem er immer wieder hinunterrollt. So agieren typischerweise Männer, wenn sie die traditionelle Männerrolle übernommen haben, mit dem Gefühl der Überforderung bzw. des Zorns. Wenn wir dagegen beweisen wollen, dass wir vom Seelischen her gut sind, was der traditionellen weiblichen Rolle entspricht, entwickeln wir ein Helfersyndrom, d.h. wir sorgen für andere und vergessen unsere eigenen Wünsche, Bedürfnisse und Belange, sodass wir uns früher oder später immer <u>hilfloser</u> und damit ängstlicher fühlen.

Zur Veranschaulichung der beiden letzten Haltungen mag folgende Geschichte dienen: Ein Lehrer fragt drei seiner Schüler, was sie tun würden, wenn sie eine mit viel Geld gefüllte Geldbörse auf der Straße finden würden. Als der erste antwortet, er würde sofort alles tun, damit der rechtmäßige Besitzer seine Geldbörse zurückbekommt, sagt der Lehrer zu ihm: „Du Heuchler!" Als der zweite antwortet, er würde natürlich die Geldbörse behalten, sagt der Lehrer zu ihm: „Du Verbrecher!" Aber als der dritte antwortet, er würde Gott darum bitten, dass er ihm die Kraft gebe, das Richtige zu tun und dem rechtmäßigen Besitzer die Geldbörse wiederzugeben, sagt der Lehrer: „Das ist die richtige Haltung, wenn man seine seelischen, geistigen und körperlichen Schwächen kennt, aber sich ihnen weder von der Seele, vom Geist noch vom Körper her überlässt." Der Heuchler bzw. Idealist achtet nur auf seine moralische Wirkung, indem er glaubt beweisen zu müssen, dass er gut und nicht böse ist, er bewertet das Psychisch-Motivationale und die Reinheit der Seele zu stark und hält dies wie ein Dogmatiker für das Primäre. Der Verbrecher bzw. Materialist will beweisen, dass er klug und nicht dumm ist, er überschätzt damit den Geist und glaubt, er könne allein mit klugem Denken und Handeln seine materiellen Bedürfnisse befriedigen und müsse sonst nichts beachten, und nur der dritte Schüler weiß um die Schwächen und Stärken von Körper, Geist und Seele, bewertet alle gleichermaßen und setzt sie alle ein, um das Richtige zu tun: Gott zu bitten, bedeutet, Seele und Geist zu vereinen (Gottes Atem war ja die Einheit von Seele und Geist, mit der er Adam belebte), so dass das Selbst nicht zerrissen ist, sondern eine Einheit bildet, um damit der Kraft und Energie seines Körpers die richtige Richtung geben zu können für die entsprechende Tat.

(Nebenbei bemerkt, wenn ich Wittgenstein, sein Leben und seine beiden Hauptwerke betrachte, dann drängt sich mir folgende

Vermutung auf: aus vermögendem Elternhaus stammend gab es wohl in seiner Kindheit kaum Schwierigkeiten bei der Befriedigung seiner Bedürfnisse, und eine besonders strenge und genussfeindliche Religiosität ist auch nirgendwo erwähnt, sodass seine Seele im Unterschied zu Nietzsche nicht verteufelt oder als böse verurteilt wurde, wie ich im nächsten Kapitel ausführen werde. Bei seinem erfolgreichen Vater hatte er wohl eher den Eindruck, er müsse seine geistigen Fähigkeiten beweisen, was ihm bei seinem Lehrer Bertrand Russell schließlich gelang, nachdem er ihn anfänglich durch seine aufdringliche Art genervt hatte. Wenn man etwas beweisen will, besteht immer die Gefahr, aufdringlich zu wirken. Er überschätzte also wohl anfänglich den Geist, aber ohne seine Seele zu verteufeln. Diese Haltung Wittgensteins zeigt sich meines Erachtens auch in seinem ersten Werk, dem *Tractatus*, eine Fleißarbeit, mit der er sich traktiert hat. Dagegen wirkt sein Spätwerk, die *Philosophischen Untersuchungen*, vollkommen anders: die teilweise fast lexikografisch anmutende Aneinanderreihung von Gedanken lässt eine Vielzahl von Interpretationen zu und erweckt bei mir den Eindruck, dass Wittgenstein es nicht mehr nötig hatte, seine geistigen Fähigkeiten und Fertigkeiten zu beweisen. Dadurch hat er etwas Bestimmtes, vielleicht die Freiheit der Grammatik von der Logik und ihrer Leistungsorientiertheit, damit ausgedrückt, dass er dem Ganzen keine logisch geschlossene Form gegeben hat. In eher freier Assoziation lässt er seine Gedanken fließen und erreicht auf diese Art und Weise eine Kreativität, die sein Buch in meinen Augen als modernes Kunstwerk erscheinen lässt, das ganz neue literarische Kunstformen aufweist. Hier hat Wittgenstein wohl ein Gleichgewicht zwischen Körper, Seele und Geist erreicht.)

Unser Sprachgebrauch gründet auf unseren Vorstellungen, unseren Repräsentationen der Realität und damit auf unserem befindlichen Verständnis von ihr. Unser Erleben, unser Verstehen und Empfinden, können wir sprachlich ausdrücken, indem wir unsere Deutung unseres befindlichen Verstehens auslegen und sprachlich (Heidegger nennt dies „in der Rede" (Heidegger, 2006)) ausdrücken. Der herkömmliche Grammatikbegriff setzt erst beim sprachlichen

Ausdruck an, während Wittgensteins grammatische Kriterien die Deutung mit einbeziehen. So betrachtet kann man den gesamten hermeneutischen Zirkel bestehend aus Vor-Habe, Vor-Sicht, Vor-Griff und praktischem Ausdruck zur Grundlage dieser Grammatik machen. Wenn es uns um unsere Existenz geht, dann erwarten wir (Vor-Sicht, Geist), auch noch in der Zukunft existieren zu können, d.h. es geht uns um die Möglichkeiten unseres Seinkönnens – Heidegger nennt dies Existenzialität. Wir sind aber auch von dem, was bisher geschehen ist und was unsere Existenz bedingt, ergriffen (Vor-Habe, Psyche bzw. Seele) – Heidegger nennt dies Faktizität. Existenzialität und Faktizität liegen unseren Repräsentationen der Realität (Vor-Griff) zu Grunde bzw. halten diese Repräsentationen aufrecht, und je weniger brauchbar diese Vorstellungen der Realität entsprechen, um unsere Aufgaben im praktischen Leben (Ausdruck, Körper bzw. Materie) zu bewältigen, je mehr unsere Repräsentationen der Realität widersprechen, statt ihr zu entsprechen, desto größer ist unsere Täuschung bezüglich der Realität, desto größer ist unser Scheitern, dass unsere Erwartungen nicht erfüllt werden, und die damit verbundene Enttäuschung. Wenn wir uns damit nicht entschlossen auseinandersetzen, dann entsteht etwas, was Heidegger als Verfallenheit bezeichnet. Genau dann, wenn es keinen Gegensatz bzw. keine Widersprüchlichkeit zwischen unseren Vorstellungen und der Realität gibt und damit auch keine Täuschung, genau dann ist unsere Ergriffenheit von unseren Existenzbedingungen im Einklang mit unseren Erwartungen von unserem möglichen Seinkönnen, d.h. Seele und Geist bilden eine Einheit. Wir sind es jeweils selbst, die aus bestimmten Bedingtheiten herkommen (Herkunft), auf die bestimmte Möglichkeiten unseres Seinkönnens zukommen (Zukunft), die bei bestimmten Repräsentationen der Realität ankommen (Ankunft), und die im praktischen Leben mit all dem auskommen müssen (Auskunft). Damit ist die Vorstellung von dem Wesen unseres Selbst geklärt, dass wir eigentlich ständig immer jeweils wir selbst sind, denn mit der Ganzheit von Herkunft, Zukunft, Ankunft und Auskunft haben wir den Rahmen, in dem dieses unser Selbst verständlich ist. Unsere jeweilige Ergriffenheit und entsprechende Erwartung, aus denen wir uns unsere Vorstellung der Realität bilden, sind nicht aus der Realität ableitbar, sondern nur aus unserem praktischen Leben. Die Ergriffenheit und die Erwartung sind jeweils die von uns selbst, sodass sie das Phänomen unseres Selbst schon in sich bergen, d.h. das Selbst ist phänomenal in unserer Seele und unserem Geist enthalten und nur aus unserem praktischen Leben, unserem Körper bzw. unserer Körperlichkeit ableitbar. Wenn Seele und Geist von uns sich im Widerstreit befinden, dann ist unser Selbst zerrissen und uneigentlich und unsere feinstoffliche Körperlichkeit bzw. unsere Leiblichkeit verliert ihre Lebendigkeit. Unser Selbst ist nur dann ganz und einheitlich, also ursprünglich, wenn Seele und Geist eine absolute Einheit bilden, wie das nach dem Mythos vom Sündenfall in dem Moment der Fall gewesen ist, als Gott mit seinem göttlichen Atem Adam zum Leben erweckte. Wenn wir dorthin wieder zurückkämen, wären wir wieder in der vollkommenen Liebe.

Körper, Geist und Seele müssen als verschiedene Aspekte eines Menschen zusammen gesehen werden, wenn wir das Mensch-Sein immer besser verstehen wollen. Wenn wir vollkommen lieben würden, also das utopische Ziel erreicht hätten, dass wir das Worumwillen von allem Seienden echt und unmittelbar verstünden, dann sähen wir im Körper den Aspekt der Entfremdung der vollkommenen Liebe, im Geist den Aspekt der Rückkehr zur vollkommenen Liebe und in der Seele den dynamischen Aspekt der vollkommenen Liebe, sodass Körper, Geist und Seele als Einheit, vereint in der vollkommenen Liebe, erkennbar wären. Je mehr man umgekehrt Körper, Geist und Seele zusammen als Einheit sehen kann, desto mehr versteht man die Dynamik im Seelischen, das Richtung-Gebende im Geistigen und das bildhaft Zeigende des Verhältnisses von Geist und Seele im Körperlichen, inwieweit und inwiefern Seele und Geist noch einander entfremdet sind. Diese Wahrnehmung kann nur feinstofflich sein. Um immer mehr Harmonie, Vertrautheit und Einheit zwischen Geist und Seele zu erreichen und damit auch im Körperlichen, braucht man immer mehr das echte und unmittelbare Verstehen des Worumwillens zuerst des eigenen und dann des Seienden von allem, da das eigene Dasein ein In-der-Welt-Sein ist und daher mit allem anderen Seienden zusammenhängt. Wir brauchen also immer mehr die vollkommene Liebe, und im strebenden Bemühen um Harmonie, Vertrautheit und Einheit zwischen den Aspekten Seele und Geist entwickeln wir uns immer mehr in Richtung vollkommener Liebe, und das sorgt auch für unser feinstofflich-körperliches Wohlbefinden, wodurch wir ein wichtiges Kriterium dafür besitzen, ob wir uns auch tatsächlich in die richtige Richtung bewegen.

11. Zum Verhältnis von Körper zu Seele und Geist

Wenn wir noch einmal die beiden Alternativen unseres Bezugs zu unserem Körper und dem von anderen betrachten, zum einen, dass der Körper das beste Bild unserer Seele ist, zum anderen, dass er ein Hindernis ist, uns selbst und andere zu erkennen, dann muss ich im zweiten Fall berechtigte Zweifel haben, ob das, was ich sage, tatsächlich von mir kommt, d.h. ich akzeptiere meine Äußerungen meiner selbst nicht unbedingt, ich glaube mir also nicht bedingungslos – eine schizophrene Situation, weil ich mir dann z.B. auch nicht unbedingt glauben kann, ob ich Schmerzen habe oder nicht. Ich mache mich unter bestimmten Bedingungen von anderen abhängig, etwa von einem Arzt, der mir sagt, ich könne keine Schmerzen haben, obwohl ich welche empfinde. Ich bin dann vielleicht ganz entgeistert und glaube dem Arzt und nicht mir, als ob meine Empfindungen und mein Denken darüber gar nicht meine Empfindungen und mein Denken sind, als ob meine Seele und mein Geist gar nicht meine Seele und mein Geist sind, als ob ich nur von der Welt beseelt und begeistert werde und nur ein Zombie bin, mit dem man machen kann, den man beliebig benutzen kann. Mein Körper wird sozusagen von der Welt beseelt und mit Geist versehen, eine Beseelung und Begeisterung von der Welt, und ich bin nur Körper, nur Staub, ein Nichts, von der Welt bestimmt und nicht von mir selbst. Mein Selbst ist bei dieser Vorstellung mein Körper, und meine Seele und mein Geist, das bin nicht ich – und das ist schizophren. Es gibt allerdings ein Phänomen, welches uns an unseren Empfindungen zweifeln lassen kann, nämlich der Phantomschmerz, wenn ich z.B. wie auch immer mein linkes Bein verloren habe und Schmerzen empfinde, als ob mir etwas am linken Fuß weh täte. Ist das dann ein Geisterfuß (meine Sprache von dem Schmerz lässt ja einen Fuß vermuten, und es ist kein Fuß da) und bin ich tatsächlich von der Welt beseelt und begeistert, unabhängig von meinem momentanen Körper?

Beim Phantomschmerz bin ich vom Erleben her in einem Als-ob-Modus, *als ob* ich noch mein verlorenes Bein hätte. Bei der Vorstellung der Beseelung und Begeisterung von der Welt bin ich nur dann nicht schizophren, bin immer noch selbst meine Seele und mein Geist, wenn ich mir klar darüber bin, dass ich vom Erleben her in einem Als-ob-Modus bin. In diesem Modus können sich starke Gefühle in mir bilden, die mit entsprechenden Vorstellungen bzw. Erwartungen verknüpft sind. Das ist ganz normal und nötig, damit ich entscheiden kann, welche Alternative meines Seinkönnens ich handelnd umsetzen soll. Im Als-ob-Modus stelle ich mir diese Alternativen ja vor. Wenn ich die Meinung und das Gefühl eines anderen ausdrücke und dabei glaube, es sei meine Meinung und mein Gefühl, obwohl das nicht stimmt, dann bin ich nicht in einem normalen Bewusstseinszustand, sondern z.B. in Hypnose oder in einem psychotischen Schub. Im Als-ob-Modus dagegen bin ich wie ein Schauspieler, der die Rolle eines anderen spielt und davon weiß. Dagegen ist der Phantomschmerz vom Geistig-Idealen her nicht verständlich, obwohl er ein ganz normales Phänomen darstellt, bei dem eine frühere Möglichkeit meines Seinkönnens aufgetaucht ist. Dabei kann ich geistig keine brauchbare Alternative entwerfen oder finden, da frühere Möglichkeiten nicht wählbar sind, sodass dieser Schmerz anhält.

Im anderen Fall, wenn unser Körper das beste Bild der Seele ist, dann bin ich überzeugt, dass ich für andere, die mich körperlich wahrnehmen, in meinen Äußerungen verständlich bin. Meine Seele ist in diesem Sinne körperlich geworden, sie ist abbildhaft Fleisch geworden in die Welt hinein, eine Fleischwerdung in der Welt, und mein Körper ist das fleischliche Bild meiner Seele, das irgendwann einmal aus der grobstofflichen Perspektive betrachtet zu Staub zerfällt und aus der feinstofflichen Perspektive aufhört zu existieren, quasi ausgeknipst wird oder langsam erlischt wie eine Flamme. Als Körper bin ich das fleischliche Abbild meiner Seele (und meines Geistes und des Verhältnisses der beiden zueinander) und von mir selbst mitbestimmt, und ich glaube meinem Körper, der mir etwas von mir zeigt. Wenn ich nun mich selbst als meinen Körper wahrnehme, dann glaube ich mir selbst. Ein wörtliches Mir-Selbst-Glauben, wenn es nicht wie bei der Vorstellung der Beseelung und Begeisterung schizophren sein soll, setzt aber voraus, dass ich mein Selbst als meinen Körper identifiziere, doch ist das nicht auch schizophren? Im vorigen Kapitel konnten wir aufzeigen, dass das Selbst in unserer Seele und unserem Geist phänomenal enthalten und aus unserem Körper ableitbar ist. Ableitbar, weil der Körper das Bild unseres Selbst enthält, und phänomenal enthalten, weil unser Selbst von der Welt ergriffen ist und Erfüllung erwartet. Wenn ich also mein Selbst mit meinem Körper identifiziere, dann ist das so, als sagte ich zu meinem Bild in einem Spiegel: „Das bin ja ich!" Wenn das wörtlich so stimmte, dann hätte ich mich verdoppelt, und das wäre tatsächlich schizophren. Da ich aber tatsächlich im Alltag zu meinem Spiegelbild sage, dass ich das bin, ohne der Meinung zu sein, dass ich mich verdoppelt habe, kann ich auch sagen, ich glaube mir selbst, ohne mein Selbst mit meinem Körper zu identifizieren, also ohne schizophren zu sein. Ich bin also, wenn ich sage, „ich glaube mir selbst" oder „ich glaube mir selbst nicht", vom Erleben her in einem Äquivalenz-Modus, denn mein Selbst und mein Körper sind *äquivalent*, also nur gleichwertig und nicht gleich. Bei der Vorstellung der Fleischwerdung in der Welt betrachte ich meinen Körper ja als Abbild und identifiziere ihn gerade nicht mit meinem Selbst, das in ihm auch nur abgebildet wird. Seele und Geist sind Fleisch geworden im Körper und damit in die Welt gekommen, in die Realität, so dass man vom Erleben her diesen Modus, in den ich durch diese Vorstellung hineinversetzt bin, auch deswegen als Äquivalenz-Modus bezeichnen kann, weil Seele und Geist im Körper Fleisch geworden und daher ihm äquivalent sind und sich als Repräsentation der Realität im Umgang mit ihr, im praktischen Leben, bewähren können, dürfen, sollen, müssen.

Auf den ersten Blick scheinen sich die beiden Vorstellungen der Beseelung und Begeisterung von und der Fleischwerdung in der Welt zu widersprechen, aber wenn wir uns die Entwicklung eines

Kindes in der Mutter-Kind-Beziehung der ersten Lebensjahre betrachten, dann findet beides parallel zueinander statt, denn die Mutter begeistert ihr Kind von der Welt, wobei dieses sich vom Erleben her im Als-ob-Modus befindet, und sie beseelt es von sich aus als Teil der Welt, indem sie liebevoll zu ihm ist (das Kind ist dabei im Äquivalenz-Modus des Erlebens, es erlebt die Liebe der Mutter am Körper, der äquivalent zu seiner Seele ist), und vom Erleben her setzt sich das Kind in beiden Modi immer mehr mit der Welt auseinander und kommt dadurch in den Realitätsmodus. Seine Seele entfaltet sich im Äquivalenz-Modus und sein Geist im Als-ob-Modus, und beides wird im „Fleisch" seines Körpers und dessen Ausdruck immer sichtbarer, realer und damit äquivalenter zum Körper, bis es am Ende dieses Entwicklungsabschnitts mit etwa vier Jahren vom Erleben her die beiden Modi und damit Geist und Seele miteinander durch reale Erfahrungen verbindet. Dabei vermitteln beide Modi den Realitätsmodus und dieser zwischen den beiden. Wie man leicht erkennen kann, besteht zwischen allen drei Modalitäten des Erlebens ein absolut dialektisches Verhältnis, d.h. vom Erleben her hat kein Modus einen Vorzug.

In der Pubertät lernt der Jugendliche, seine Seele bzw. seine Empfindungen und seine Gedanken bzw. seinen Geist hinter seinem sich geschlechtlich entwickelnden Körper immer mehr zu verbergen, bis er sich dann als Erwachsener in der intimen körperlichen Partnerbeziehung wieder mehr mit seinen Empfindungen und Gedanken körperlich zeigt. So kann das immer hin und her gehen, dass der Körper einmal Seele und Geist verbirgt und dann wieder offenbart. Wir können hier einen weiteren Rhythmus des Lebens bzw. der Entwicklung des menschlichen Daseins erkennen, das sich nicht geradlinig auf das utopische Ziel der vollkommenen Liebe hin entwickelt, sondern teils linear, teils zirkulär.

Dieses Hin und Her kommt von den jeweiligen Krisen, in denen wir skeptisch an uns selbst und/oder an der Welt zweifeln, und es entspricht den teilweise gegensätzlichen Lösungsstrategien, die wir dabei entwickeln, indem wir etwas über uns oder über die Welt glauben, wodurch wir aber die Zweifel nur bis zur nächsten Krise überwinden, wenn eine neue (oder noch einmal dieselbe) Entwicklungsaufgabe auf uns wartet. Hier wird die Rolle des Geistes sichtbar: im Als-ob-Modus des Erlebens unterstützt die Mutter die Entwicklung des Geistes und begeistert ihr Kind, indem sie das Sein des Kindes deutet und ihm neue Möglichkeiten des Seinkönnens aufzeigt, d.h. diese Begeisterung hilft dem Kind, sein geistiges Potenzial immer mehr zu erweitern. Bei diesem Prozess entsteht allerdings nur dann eine Begeisterung beim Kind bzw. diese wird umso größer sein, je passender die Deutungen der Mutter sind, je echter und unmittelbarer sie ihr Kind befindlich versteht, je vollkommener sie es also liebt. Wenn die Mutter außerdem ihrem Kind entsprechend einfühlsam und liebevoll Wünsche erfüllt und Bedürfnisse befriedigt, was im Umgang nur auf der körperlichen Ebene stattfinden kann, dann wird das Kind, wenn es in den Äquivalenz-Modus des Erlebens geschaltet hat, weil es sich von der Mutter befindlich verstanden fühlt, seine Seele „gestreichelt" und bereichert fühlen. Dabei wird das Kind nicht im wörtlichen Sinne beseelt, dass ihm Empfindungen eingepflanzt werden, die es vorher nicht hatte, sondern es lernt, was für Empfindungen in seiner Seele schlummern, d.h. die Beseelung ist eigentlich eine Art Entwicklungshilfe, bei der seelische Potentiale zum Leben erweckt werden. So wird das Kind von der Mutter im Als-ob-Modus begeistert und im Äquivalenz-Modus beseelt.

Im späteren Leben nehmen andere Bezugspersonen die Stelle der Mutter ein, und der Betreffende kann sich auch selbst begeistern und beseelen, indem er bei entsprechendem befindlichem Verstehen des Worumwillens seines Seins (wie die Mutter) mit sich selbst und seinem Körper umgeht. Dabei sollte das seelisch-geistige Gleichgewicht erhalten und nicht erschüttert werden, sonst gelingt die Integration von Als-ob-Modus und Äquivalenz-Modus nicht richtig und die betreffende Person wird früher oder später neurotisch oder psychotisch, je nachdem ob die Seele mit dem Äquivalenz-Modus oder der Geist mit dem Als-ob-Modus des Erlebens ein Übergewicht hat und dadurch jeweils negativ wird (die seelischen Empfindungen werden ängstlich und depressiv, der Geist machtbesessen und wahnhaft). Daher sollte bei einem Neurotiker in einer Psychotherapie der

Als-ob-Modus des Erlebens angeregt werden, damit er wieder begeistert positive Zukunftsperspektiven entwickelt und so seinen Geist stärkt, wodurch dann seine Seele ergriffen wird und die entsprechende Motivationskraft entfaltet, während der Psychotiker in den Realitätsmodus des Erlebens gebracht werden muss, damit er aus seiner konstruierten Traumwelt der Möglichkeiten seines Seinkönnens auf den Boden der Tatsachen, in die Realität der Welt mit ihren Bedingtheiten, und anschließend im Äquivalenz-Modus zu seinen tatsächlichen Bedürfnissen und Wünschen kommt, was die Seele stärkt, und sich mit seinen Täuschungen geistig entschlossen auseinandersetzt, sodass er dann Möglichkeiten seines Seinkönnens planen und durchführen kann, die der Realität besser entsprechen, bei denen es nicht immer wieder zu denselben Täuschungen kommt.

Wenn ein Kind beispielsweise zu streng erzogen wird mit der Begründung, dass etwas Böses in ihm steckt, das bekämpft werden muss, wie dies bei der streng christlichen Erziehung von Nietzsche der Fall war, dann wird die Seele als das Gefährdete und Gefährliche betrachtet, das bekämpft bzw. unter Kontrolle gebracht werden muss, und zwar durch den Geist, der durch die strenge Erziehung im christlichen Glauben mit entsprechenden Vorstellungen und Dogmen aufgebaut und enorm gestärkt wird, sodass ein entsprechend starkes Ungleichgewicht geschaffen wird. Wenn wir dann wie Nietzsche sagen, „wage es, deinem Körper zu glauben", dann meint das vordergründig, „wir zweifelten an unserem Körper, hegten den Verdacht oder die Phantasie, dass [...] mein Körper nicht der meine ist, nicht ursprünglich mein. Als wollte man sagen: Descartes´ Trick, an der Existenz seines Körpers zu zweifeln, kam erst lange nachdem wir seine Existenz in der Praxis geleugnet hatten; bestenfalls liefert er einen Abriss einer jahrtausendelangen Geistesarbeit. Und mein Geist ist nicht mehr, wenn nicht gar weniger, der meine als mein Körper" (Cavell, 2006, S. 624). Wenn der Körper früh in der Kindheit misshandelt wurde wie bei Nietzsche, „diesem einst so häufig ausgepeitschten Kind" (Miller, 1996, S. 41), dann liegt der Verdacht nahe, dass dieser Körper nicht ursprünglich der eigene ist, und körperliche Misshandlungen versuchte man schon jahrtausendelang geistig im Als-ob-Modus des Erlebens durch abhärtende Disziplin zu verarbeiten, was aber so nur für begrenzte Dauer zu erreichen war, nämlich nur solange die Kraft dazu ausreichte.

Hintergründig betrachtet sieht es so aus, als habe Nietzsche versucht, seine Seele vor der Übermacht des Geistes zu retten, indem er den Körper als ihr Spiegelbild stärkte. Er bleibt dabei aber immer noch im Als-ob-Modus des Erlebens verhaftet, es scheint nur so, als ob er seine Seele befreite, er tat es aber nie wirklich, er spielte nur mit der Möglichkeit, wenn auch sehr kreativ. Im Realitätsmodus, um seine Seele wirklich zu befreien und nicht nur mit Möglichkeiten des Seinkönnens zu spielen, hätte er sich gegen seine wirklichen Misshandlerinnen wenden und wehren müssen und sich ganz konkret von ihnen distanzieren müssen, er hätte gegen die Intrigen seiner Schwester, mit denen sie seine Verbindung mit Lou Salomé auseinandergetrieben hatte, vorgehen und sich von seiner Familie lossagen müssen. Das wäre der Schlüssel zu seiner Identität gewesen. Wenn Cavell deshalb feststellt, „Nietzsche kennt keinen Schlüssel zur eigenen Identität" (Cavell, 2006, S. 624), dann stimmt er darin mit Alice Miller nur teilweise überein, die in ihrem Buch mit dem Titel „Der gemiedene Schlüssel" diese Ansicht radikalisiert und über Nietzsche schreibt, dass er den Schlüssel zur eigenen Identität zwar gekannt, aber gemieden hat, z.B. dadurch, dass er „den Manipulationen und Unehrlichkeiten seiner Schwester gegenüber nur selten sein Unbehagen zeigen [kann], er darf nicht sehen, wie sie wirklich ist. Tut er es, nimmt er das Gesagte schnell wieder zurück. [...] Hätte er zu sehen gewagt, wie die Frauen seiner Kindheit wirklich waren, dann hätte er die Verallgemeinerung nicht nötig gehabt. Er hätte nicht alle Frauen an sich global als Hexen und Schlangen erlebt und sie nicht allesamt zu hassen brauchen." (Miller, 1996, S. 42)

Dadurch kommt dann der Wiederholungszwang zustande, „dass es keinen Schluss gibt, nur Wiederkehr, ewige Wiederkehr" (Cavell, 2006, S. 624), weil Nietzsche alles andere, nur nicht die selbst erlebten körperlichen Misshandlungen und die Täterinnen angeprangert und die von ihnen verdammten und verteufelten Bedürfnisse und Wünsche anerkannt hat, im Gegenteil, er glorifiziert die

Misshandlungen indirekt im Bild des zum Kamel gewordenen Geistes in der ersten Predigt *Zarathustras*: „Was ist das Schwerste, ihr Helden? so fragt der tragsame Geist, dass ich es auf mich nehme und meiner Stärke froh werde, [...] ist es das: Die lieben, die uns verachten, und dem Gespenste die Hand reichen, wenn es uns fürchten machen will?" Ist es, das zu lieben, was ihn als Kind so grausam misshandelt hat? So sieht er sich in seiner Kindheit als Kamel, welches durch die ihm aufgebürdeten Peitschenhiebe ganz viel Kraft und Stärke entwickelt hat.

Eine schlimme Tat bleibt schlimm, auch wenn man den Tätern verzeiht. Eine Tat kann man nicht verzeihen, und wenn die Täter keine Wiedergutmachung leisten, bleibt die Beziehung vergiftet, und wenn man sich nicht trennt und den Kontakt abbricht, wird man krank. Die Verteufelung durch die Peitschenhiebe (man könnte es auch Exorzismus nennen) hat Nietzsches Seele verkrüppelt, indem seine Wünsche und Bedürfnisse verurteilt und dadurch abgespalten wurden, aber seinen Geist hat er dann im Gegenzug gestählt und zu einer starken, schneidenden Waffe gemacht (das Schwert des Geistes). Das Ausmaß der Verleugnung (also Nicht-Anerkennung) seiner Empfindungen und Bedürfnisse und die enorme Entwicklung seiner Geisteskraft wird in folgender Szene sehr deutlich: „Von einem starken Regen auf dem Heimweg nach der Schule überrascht, hat das Kind Nietzsche seinen Schritt nicht beschleunigt, sondern ging langsam aufrecht weiter. Als Erklärung sagte der Junge, dass man »beim Verlassen der Schule ruhig und gesittet nach Hause gehen müsse. Das verlange das Reglement.« (C.-P. Janz, 1978) Welche Dressur musste wohl diesem Benehmen vorausgegangen sein?" (Miller, 1996, S. 19 f.)

Wie man an dem Beispiel von Nietzsche, aber auch bei der Beobachtung der Interaktion von Mutter und Kind sehen kann, ist der Körper nicht nur Bild und Ausdruck der Seele, sondern über den Körper werden auch Geist und Seele beeinflusst, und zwar positiv wie negativ. Wenn dabei die Seele heruntergezogen wird, erfinden wir Mythen und Märchen, in denen die Körper von Tieren als Wohnstätten der menschlichen Seele und des Geistes vorkommen wie beim Froschkönig. Auch bei Nietzsche finden wir dieses Moment mit dem Kamel und dem Löwen in der ersten Predigt *Zarathustras*. Dabei bedeutet das jeweilige Tier den jeweiligen Zustand von Seele und Geist, in dem die betreffende Person sich gerade befindet („Sei kein Frosch!", „Oh, ich Kamel!", „Ich kämpfe wie ein Löwe."), aber das Märchen erwähnt auch immer die Übeltäter, Hexen oder böse Zauberer, die der betreffenden Person das angetan haben. Bezeichnenderweise lässt Nietzsche die Übeltäter aus, die ihn in ein Kamel verwandelt haben. Damit verzeiht er ihnen auch nicht wirklich, schädigt sich also doppelt, indem er die böse Tat als gut bezeichnet – sie habe ihn stark gemacht.

Wenn wir als Kind körperlich misshandelt oder missbraucht werden, dann können wir diese Verletzungen als Verurteilung der Seele oder als Demütigung des Geistes erleben, und je nach Ausmaß des körperlichen Schmerzes empfinden wir mehr oder weniger große Angst vor der Vernichtung des Körpers, wenn wir die Angst nicht verdrängen. Bei Nietzsche wurde seine Seele verteufelt, und sein starker Geist unterdrückte das körperliche Schmerzempfinden, härtete den Körper ab und verdrängte so die Angst. Vom Erleben her war er im Als-ob-Modus und lebte als individuelles geistiges Subjekt, als ob bei der Abhärtung seines Körpers durch den *feurigen* Schmerz der Peitschenhiebe seine Seele gereinigt worden sei. Ich denke, dass Nietzsche nicht zufällig die Figur des Zarathustra gewählt hat, denn im Zarathustra-Kult spielt das Feuer und seine reinigende Kraft eine große Rolle. Weil dann im Alter seine Kraft – durch körperliche Erkrankungen noch zusätzlich geschwächt – für die Disziplinierung seiner Empfindungen nicht mehr ausreiche, als er in Mailand sah, wie ein Kutscher sein Zugpferd auspeitschte, dekompensierte er und wurde psychotisch. Im Realitätsmodus hätte er die reale Misshandlung seines Körpers erkennen können, im Austausch mit mitfühlenden Menschen sodann im Äquivalenz-Modus derart beurteilen können, dass seine Seele und seine Empfindungen wiederbelebt und gestärkt worden wären, sodass er im Als-ob-Modus vom Geist her Möglichkeiten der Auseinandersetzung mit und notfalls der Distanzierung von seiner Familie hätte finden und durchführen können.

Je ausgiebiger und ausgeprägter verneinende Kritik, die sich erst gegen die eigenen Bedürfnisse und Empfindungen und dann gegen die von unbeteiligten anderen richtet, und die entsprechenden geistigen Anstrengungen im Als-ob-Modus des Erlebens sind, desto größer der Verdacht, dass der oder die Betreffende körperlich misshandelt oder missbraucht wurde verbunden mit seelischen Verurteilungen (die Unterstellung von Bösartigkeit), und dass er oder sie die seelischen Verletzungen davon auf diese Weise zu verarbeiten oder zu kompensieren sucht. Dies stellt allerdings nur eine Ersatzhandlung dar und mündet meistens wie bei Nietzsche in einen Wiederholungszwang, da die Kritik sich immer nur gegen die falschen Personen richtet und der Betreffende sich so immer mehr Feinde macht, gegen die er sich dann, wie er glaubt, wieder mit Kritik wehren muss. Erst wenn es uns gelingt, zu erkennen, dass das, was wir aus vollem Herzen wollen, vollkommen gut und aus sich selbst heraus gerechtfertigt ist („Kann denn Liebe Sünde sein?" – „Nur wenn ihr kompensatorisch ein Mangel gegenübersteht, sodass sie eigentlich keine Liebe ist."), dass Wünsche und Bedürfnisse zu äußern kein zu verurteilender Egoismus ist, sondern ein Akt der Übernahme der Verantwortung für sich selbst, unter anderem auch, damit man anderen nicht zur Last fällt, und dass diejenigen, die sich in unserer Kindheit als falsche Richter aufgespielt haben, Gefahr laufen, selbst gerichtet zu werden, d.h. dass alle erlebten Verurteilungen aufgehoben und in ihr Gegenteil gewendet sind, dann kann sich unser Seelenleben entwickeln, so dass das Gleichgewicht zwischen Geist und Seele wieder hergestellt und unser Wahn damit geheilt werden kann. Bei einer Psychose sind wir im Modus des Individuums aufgrund eines wahnhaften Selbstverständnisses gehemmt, sodass dadurch unser Entwicklungsrhythmus behindert wird.

Wenn die körperliche Misshandlung mit einer Demütigung des Geistes verbunden ist (Unterstellung von Dummheit, Leichtsinn, Naivität oder ähnliches) oder zumindest so von uns als Kind erlebt wird, dann wird das Erleben von (meist unerfüllten) Bedürfnissen und Empfindungen verstärkt und damit der Äquivalenz-Modus, und auch das körperliche Schmerzempfinden und damit die Angst vor Vernichtung werden entsprechend größer. Sobald stärkere Empfindungen von Angst, Wut und Schmerz aufkommen, werden wir von ihnen beherrscht, und können unsere geistigen Fähigkeiten kaum einsetzen. Nur in Lebensbereichen, die relativ frei von derartigen Emotionen sind, können sich diese entwickeln und frei entfalten. In anderen Bereichen, vor allem in vielen zwischenmenschlichen, benehmen wir uns dann neurotisch, indem wir regredieren und wie ein Kind reagieren, welches sich geistig etwa auf der Entwicklungsstufe befindet, in der wir die Demütigung unseres Geistes erlebt haben. Je ausgiebiger und ausgeprägter eine unangemessene Bescheidenheit und abwehrende emotionale Reaktionen, die sich erst in mangelndem Selbstvertrauen, negativen emotionalen Selbsteinschätzungen (z.B. auch Körperschemastörungen bei Anorexia nervosa, wenn eine abgemagerte Frau sich immer noch für zu dick hält) und dann in emotionaler Verschlossenheit gegenüber unbeteiligten anderen zeigen, und je größer die entsprechenden Ängste im Äquivalenz-Modus des Erlebens in bestimmten Bereichen sind, desto größer der Verdacht, dass der oder die Betreffende körperlich misshandelt oder missbraucht wurde verbunden mit geistigen Demütigungen (die Unterstellung von Naivität, Leichtsinn, Dummheit), und dass er oder sie die geistigen Verletzungen davon auf diese Weise (Regression oder negative Selbsteinschätzung) zu verarbeiten oder zu kompensieren sucht. Diese Abwehr und Art der Bewältigung stellt allerdings nur eine Ersatzhandlung dar und mündet meistens in einen Wiederholungszwang, da die betreffende Person sich dabei immer mehr selbst abwertet. Erst wenn es uns gelingt, zum einen so zu tun, als ob wir souverän und König bzw. Königin in unserem Reich sind, sodass wir immer mehr unsere Einzigartigkeit und Würde erkennen, und zum anderen uns vorzustellen, dass unsere Kritiker selbst so naiv waren, leichtsinnig alte Erfahrungen auf uns zu übertragen und nicht unsere Einzigartigkeit zu erkennen, d.h. so zu tun, als ob alle erlebten Demütigungen aufgehoben und in ihr Gegenteil gewendet sind, dann kann sich unser Geist entwickeln, sodass das Gleichgewicht zwischen Geist und Seele wieder hergestellt und unsere Neurose damit geheilt werden kann. Bei einer Neurose sind wir im Modus der Spezies aufgrund von Ängsten gehemmt zu handeln, sodass dadurch unser Entwicklungsrhythmus behindert wird.

Verurteilungen der Seele oder Demütigungen des Geistes erleben wir nicht nur bei derartig krassen Ereignissen wie körperlichen Misshandlungen oder Missbrauch. Jede Art von Gewalt wie zum Beispiel Schreien und Brüllen kann derartiges bewirken, wir können als Kinder aber auch in Mangel- oder Notsituationen geraten und dabei selbst unsere eigene Seele verurteilen oder unseren eigenen Geist demütigen und entsprechend kompensatorisch Geist oder Seele überschätzen und uns selbst eventuell überfordern, und wenn keine der uns vertrauten Bezugspersonen uns dabei hilft, uns selbst und unsere Situation anders zu verstehen, führt dies zu entsprechenden Störungen im Verhältnis von Geist und Seele. Als Kind können wir es auch erleben, dass der eine Elternteil unsere Seele verurteilt und der andere unseren Geist demütigt, sodass wir ganz verunsichert sind.

Die dritte Kategorie von Erziehungsfehlern besteht aus Überbewertungen des Körperlichen, seien es äußerliche Schönheit oder sportliche Fähigkeiten und Fertigkeiten. Wenn ein Kind dies so erlebt und akzeptiert, entsteht bei ihm die Tendenz, auch später seinen Körper auszubeuten und dadurch zu misshandeln, sodass entsprechende körperliche Schädigungen auftreten. Konkurrenzgefühle und Leistungsdruck können das Zwischenmenschliche belasten, wobei diese Abwehr und Bewältigung nur Ersatz für echte Lösungen darstellt. Erst wenn es gelingt, die eigene Gewinnsucht zu überwinden, den eigenen Stolz, der noch mit anderen Süchten verbunden sein kann, kann die Überbetonung des Körperlich-Materiellen überwunden und körperliche Schäden wenigstens teilweise verbessert werden, sodass Körper, Seele und Geist wieder zur Harmonie zurückfinden können. Bei Süchten sind wir im Modus des Individuums aufgrund von falschem Stolz gehemmt, gute Entscheidungen zu fällen, sodass dadurch unser Entwicklungsrhythmus behindert wird.

Wenn es um „unsere Vorstellung von der Intaktheit des Menschen […] und folglich unsere Vorstellungen vom Verlust der Intaktheit" (Cavell, 2006, S. 631) geht, dann betrifft das meines Erachtens nicht nur, wie Cavell meint, unsere Vorstellungen, „wie eine Seele und ein Körper einander verloren gehen können, wie mein Erleben sich nicht frei durch das eine zum anderen bewegen kann" (ebenda), sondern auch unsere Vorstellungen davon, wie die Aspekte Körper, Geist und Seele von uns in einem immerwährenden Prozess harmonieren oder nicht. Ich habe diesen Prozess in einem Schaubild (Kolb, 2017, S. 285) dargestellt und in den ersten beiden Kapiteln (ebenda) näher beschrieben, wobei dort der Begriff Materie durch den hier verwendeten Begriff Körper ersetzt werden müsste. Bei dieser Betrachtungsweise der absoluten Dialektik bzw. des ständig kreisenden Prozesses von Psyche zu Geist zu Materie (bzw. Körper) zu Psyche usw. oder des ständigen Wechsels der Modi von Individuum (Objekt der Psyche und geistiges Subjekt) zu Spezies (Objekt des Geistes und körperliches Subjekt) zu Genus (aufgrund der eigenen affektiven Wahrnehmung Objekt des Körpers und in Bezug auf seine Bedürfnisse begreifend bewertendes bzw. psychisches Subjekt jeweils als Mitglied einer Gemeinschaft von Menschen) zu Individuum usw. ist der Mensch sowohl ein körperlich-seelisches Wesen, ein Lebewesen mit dem spezifischen Unterschied, vernünftig bzw. geistig zu sein (aristotelischer Kontext), als auch ein vernünftiges bzw. geistiges Wesen „mit dem spezifischen Unterschied, ein Lebewesen zu sein, mithin einen Körper zu haben: Der Mensch ist das *animal rationale*" (Cavell, 2006, S. 633), wie Kant in der *Grundlegung der Metaphysik der Sitten* die Verbindungsrichtung von Aristoteles umkehrt.

Bei Aristoteles läuft die Richtung auf das Menschliche über Beseelung und Begeisterung, bei Kant zusätzlich auf das Animalische über Fleischwerdung, im ersten Fall bemüht sich die Mutter liebevoll um ihr Kind, im zweiten Fall sucht auch das Kind verlangend den liebevollen Kontakt mit der Mutter. Beim Menschsein geht es nicht nur darum, „nach dem Menschsein zu streben […], danach zu streben, als Mensch gesehen zu werden" (ebenda), sondern auch um die Beseelung und Begeisterung durch andere Menschen, denn ein Mensch entwickelt sich niemals allein. Die alleinige Vorstellung der Fleischwerdung „setzt auf seine Weise die alte Interpretation der menschlichen Isolation als ein Zeichen menschlicher Unvollständigkeit fort" (ebenda). „Eine Idee vom Menschen zu haben heißt, ein Ideal vom Menschen zu haben; und für Kant schließt dieses Ideal ein Ideal menschlicher Gemeinschaft ein und wird von einem solchen Ideal eingeschlossen. Diesem Ideal zufolge darf Liebe nicht Achtung absorbieren und Achtung bedarf nicht der Liebe. Beide, echte Liebe und echte Achtung, werden das wissen" (ebenda, S. 634). Ich denke, dass hier Liebe das liebevolle Bemühen um einen anderen meint, ihn durch Begeisterung und Beseelung dabei zu unterstützen, immer menschlicher zu werden (das Kind wird geliebt), während Achtung die Anerkennung seines Strebens nach dem Menschsein und damit die Anerkennung seiner Liebesfähigkeit bedeutet. Für beides, Geliebt-Werden und Lieben, sind Als-ob-Modus und Äquivalenz-Modus wichtig. Zuerst übt das Kind im Als-ob-Modus spielerisch und geschützt, dann probiert es seine so erlernten Fähigkeiten im Realitätsmodus mit realeren Konsequenzen aus, um danach im Äquivalenz-Modus seine Liebe und sein Geliebt-Werden zu spüren bzw. zu empfinden. Insbesondere bei den ersten Entwicklungsschritten in den ersten Lebensjahren eines Kindes, aber auch bei allen Entwicklungsprozessen von etwas Neuem ist es daher wichtig, dass im Erleben der Als-ob-Modus vom Äquivalenz-Modus erst einmal getrennt ist und beide Modi erst später durch den Realitätsmodus vermittelt werden, sonst kann die Angst zu groß und die Entwicklung abgebrochen werden. Bei Kindern lässt sich das jedenfalls ganz deutlich beobachten (Fonagy, Gergely, Jurist, & Target, 2008, S. 266 ff.).

Das Thema Beseelung und Begeisterung oder Fleischwerdung hat noch einen anderen Aspekt, nämlich ob wir Menschen durch das Milieu oder durch unsere Gene bestimmt sind, ob die Beseelung und Begeisterung durch unsere Umwelt oder aber ob die Umsetzung und damit Fleischwerdung unseres genetischen Plans hauptsächlich dafür entscheidend ist, wie wir sind. Die Gene stehen für unsere Herkunft, denn sie bilden die unhintergehbare Bedingtheit für unser Dasein, die a priori schon mit der Zeugung gegeben ist. Die Einflüsse von der Welt dagegen stellen die Möglichkeiten und Unmöglichkeiten unseres Seinkönnens dar, was in Zukunft auf uns zukommen kann, sodass unser Dasein, also das, wie wir sind, gehalten ist in Fleischwerdung einerseits und Beseelung und Begeisterung andererseits, so wie unsere Gegenwart, dort wo wir momentan gerade angekommen sind, unsere Ankunft, gehalten ist in unserer Herkunft (Gewesenheit nach Heidegger) und in unserer Zukunft, und die Frage, was wichtiger ist, Herkunft oder Zukunft, lässt sich generell überhaupt nicht beantworten und dürfte auch im konkreten Einzelfall mehr oder weniger große Schwierigkeiten bereiten. Die Gene bestimmen die Grenzen, in denen sich unser Potenzial entfalten kann, unsere Umwelt legt bestimmte Regeln und Gesetzmäßigkeiten fest, sodass sich in dem durch die Gene umgrenzten Raum unser Rhythmus des Lebens entwickelt, den wir immer mehr selbständig beeinflussen lernen, je besser wir die Grenzen affektiv begreifen und die Regeln befindlich verstehen und damit praktisch nutzen können. Dabei sind wir auf die Hilfe anderer angewiesen, sollten uns aber von niemandem abhängig machen, sondern uns rechtzeitig abnabeln und immer selbständiger werden, um immer echter und unmittelbarer das Worumwillen von allem Seienden zu verstehen, also auf dem Weg zur vollkommenen Liebe zu sein.

12. Körper und Mensch-Sein

Wie bereits im 6. Kapitel auf Seite 77 erwähnt, gibt es ein prinzipielles Problem bei der Begegnung mit anderen, nämlich wie ich wissen kann, ob der andere Empfindungen und Gefühle hat, denn das sind keine direkt wahrnehmbaren Phänomene, keine greifbaren Objekte, die sinnlich erfasst werden können. Ich kann derartige Geschehnisse bei mir und bei anderen nur über Resonanzen und Dissonanzen von Rhythmen mithilfe meiner Selbst-Betroffenheit feinstofflich wahrnehmen. Unter Einsatz meiner Intuition oder noch besser Liebesfähigkeit kann ich aufgrund entsprechender Erfahrungen mit anderen und mit mir selbst immer echter und unmittelbarer das Worumwillen eines anderen oder von mir selbst verstehen und damit meine oder seine Empfindungen und Gefühle erkennen. Gewissheit bezüglich eines solchen Wissens um einen anderen oder mich selbst kann ich allerdings niemals haben, das gäbe es nur in der Utopie der vollkommenen Liebe. Es gibt zwar Kriterien, was für Empfindungen und Gefühle ein anderer hat, wenn er welche hat. Aber woher weiß ich, dass mein Gegenüber überhaupt ein Mensch mit Empfindungen und Gefühlen ist? Kann ich das irgendwie an seinem Körper erkennen? Er könnte ja ein einem Menschen täuschend echt nachgemachter Roboter sein, und meine Intuition oder Liebesfähigkeit könnte mich täuschen.

Cavell schildert dazu die skeptische Geschichte eines perfekten Roboters (Cavell, 2006, S. 640 ff.), den ihm ein Ingenieur als „Freund" vorstellt. Der „Freund" verhält sich wie ein Mensch aus Fleisch und Blut, und als der Ingenieur mit einem Messer das Innere bloßlegen will, um Cavell zu demonstrieren, dass es nur ein Roboter ist, wehrt der Freund sich plötzlich und sagt, es tue zu weh, und er habe es satt, „ein menschliches Versuchstier zu sein, ich meine ein Versuchstiermensch" (ebenda, S. 643). Cavell ist nun in der Geschichte in einem Dilemma, ob er eingreifen soll, und wenn ja, auf welcher Seite. Dadurch, dass Cavell selbst in die Geschichte verwickelt ist, bekommt sie eine andere Wendung als die typische Frankenstein-Variante (der Mensch greift in die Schöpfung ein, und sein Geschöpf wendet sich schließlich gegen ihn, was psychodynamisch als Vater-Sohn-Konflikt gedeutet werden kann). Da es in der Geschichte nicht genügend Klarheit darüber gibt, ob der „Freund" nicht doch vielleicht menschlich ist, meint Cavell, die Geschichte sei noch unvollständig. Darum bietet er als Fortsetzung an, dass der Ingenieur ein Zeichen gibt, woraufhin der Freund sich friedlich hinsetzt, und der Ingenieur erklärt, er habe Cavell „ganz schön drangekriegt" (ebenda, S. 644). Als er dann wieder das Messer zückt, um das Innere des „Freundes" zu zeigen, fällt Cavell über den Ingenieur her und wirft ihm vor, er sei zu weit gegangen und habe „diesem künstlichen Körper eine richtige Seele gegeben" (ebenda, S. 645). Damit veranschaulicht Cavell das Problem, „dass wir nicht *wissen* können, ob ein anderer empfindungsfähig ist" (ebenda, S. 646), und das wiederum veranschaulicht, „in welchem Zustand sich jemand befindet, der es so auffasst" (ebenda). Die Frage ist nämlich auch, ob ich selbst empfindungsfähig bin, ob ich in Wirklichkeit vielleicht genauso bin wie ein Roboter, d.h. „das, was ich von mir selbst weiß und wofür ich mich halte, [spielt] unbedingt in das mit hinein, was ich von einem anderen wissen kann und wofür ich ihn halte. Nur macht die Vorstellung, dass der andere *analog* zu mir ist, nicht deutlich, wie ich es hineinspielen lasse." (ebenda, S. 649) Wenn es um die Existenz geht, ob es bei einem anderen oder bei mir Empfindungen oder Gefühle gibt, kann es keine Gewissheit geben. Die Art, wie ich die Analogie zwischen dem anderen und mir hineinspielen lasse, ergibt sich daraus, dass Empfindungen und Gefühle durch Rhythmen körperlich ausgedrückt werden, und deren Wechselwirkungen, die ich aufgrund von Resonanz und Dissonanz bei mir feinstofflich wahrnehmen kann, zeigen mir, ob es beim anderen entsprechende Rhythmen gibt, woraus ich dann Schlüsse ziehen kann, ob er überhaupt etwas empfindet und fühlt, und wenn ja, dann auch über dessen Empfindungen und Gefühle. Wenn ich aber selbst nichts empfinde oder fühle bzw. bei mir feinstofflich wahrnehmen kann, kann ich keine

Resonanz feststellen und meine Intuition bzw. Liebesfähigkeit versagt. Je mehr ich mich selbst in meinem Worumwillen echt und unmittelbar verstehe, also vollkommen liebe, desto mehr auch jeden anderen, der mir begegnet, sodass ich erst in der Utopie der vollkommenen Liebe Gewissheit darüber hätte, ob er ein Mensch ist oder nicht.

Eine zusätzliche Informationsquelle bietet die Sprache: Wenn der andere mir von Zeit zu Zeit verbal mitteilt, was er aufgrund meines körperlichen Ausdrucks meint, was ich empfinde und fühle, und ich merke, dass dies innerhalb einer gewissen Fehlerbandbreite mit meinen Empfindungen und Gefühlen übereinstimmt, und ich ihm das entsprechend bestätige, und wenn ich ihm genauso von Zeit zu Zeit meine Meinung über seine Empfindungen und Gefühle aufgrund seines körperlichen Ausdrucks sprachlich mitteile und er mir eine ähnliche Übereinstimmungsquote rückmeldet, dann identifiziere ich ihn anhand dieser Kriterien als empfindendes und fühlendes Wesen, als Mensch, und auf diese Weise lasse ich meine Vorstellung, dass er zu mir analog ist, in die Beantwortung der Frage hineinspielen, was er für ein Mensch ist. Gewissheit darüber, ob er ein Mensch ist, habe ich dabei natürlich nicht, denn Kriterien helfen nicht bei Existenzfragen, wir lernen so nur, vorhandene Empfindungen und Gefühle immer besser zu identifizieren.

Auf die eben beschriebene Art und Weise bauen auch Mutter und Kind ihre Kommunikation miteinander auf, und da die Mutter ihr Kind selbst geboren hat, geht sie natürlicherweise davon aus, dass ihr Kind ihr selbst analog ist. Für das Kind ist die Mutter der erste Mensch, der ihm begegnet, und von daher das primäre Muster dafür, was Menschlichkeit für das Kind bedeutet. Indem die Mutter ihr Kind und sich selbst als menschlich anerkennt, und weil das Kind sich am Anfang seines Lebens in der symbiotischen Beziehung mit seiner Mutter als deren Erweiterung wahrnimmt, erkennt das Kind sich selbst schließlich als menschlich an. Voraussetzung für diesen ganzen Prozess ist, dass die Verständigung zwischen Mutter und Kind funktioniert, und dass sie sich gegenseitig immer echter und unmittelbarer in ihrem Worumwillen befindlich verstehen, also immer vollkommener lieben. Die Mutter wird ihr Kind von Geburt an als Mensch anerkennen, soweit sie weiß, was Mensch und Menschlichkeit bedeutet, während dem Kind der volle Gehalt der Bedeutung von Menschlichkeit erst dann anfängt, klarer und deutlicher zu werden, wenn es erkannt hat, dass Menschen auch falsche Überzeugungen haben können, d.h. wenn es sein repräsentationales Selbst entwickelt hat und sich so schon einmal prinzipiell von einem Tier unterscheidet. Was Menschlichkeit und Mensch-Sein tatsächlich alles umfasst, ist selbst für Erwachsene zu viel, wir können höchstens den Rahmen erfassen, in welchem Mensch-Sein und Menschlichkeit verständlich werden können (bildlich besteht dieser Rahmen aus der Basislinie der Ekstase der Auskunft, den beiden Seitenlinien der Ekstasen der Herkunft und der Zukunft, die die obere Linie der Ekstase der Ankunft tragen). Der volle Gehalt der Bedeutung von Menschlichkeit würde uns dann und nur dann klar und deutlich sein, wenn wir die Utopie der vollkommenen Liebe erreicht hätten.

So wie das Kind die Hilfe seiner Mutter braucht, um sie als Mensch anzuerkennen, so braucht es später als Erwachsener auch die Hilfe des anderen bzw. die Interaktion mit ihm, um ihn als Mensch anzuerkennen. Diesen Prozess der Anerkennung als Mensch nennt Cavell empathische Projektion (ebenda, S. 668). Empathie ist dann befindliches Verstehen von Dissonanz und Resonanz der körperlichen Rhythmen, in denen sich Empfindungen und Gefühle ausdrücken, und Projektion bedeutet, dass ich im Analogieschluss von mir auf den anderen schließe. Bei der empathischen Projektion übertrage ich das befindliche Verstehen meines eigenen Daseins, so wie ich meine Befindlichkeit und ihren Zusammenhang mit meinem körperlichen Ausdruck verstehe, auf den anderen, indem ich davon ausgehe, dass das, was ich sinnlich von ihm wahrnehme, teilweise Ausdruck seiner Befindlichkeit ist, und von einem ähnlichen Zusammenhang zwischen seinem körperlichen Ausdruck und seiner Befindlichkeit. Dies ist die Umkehrung meines Verhältnisses zu meiner Mutter, als ich noch ein Kind war. Die Mutter wird so zum Maß von allem (vom indogermanischen „mad" kommt auch das Wort „Maß" her). Ich leite also sowohl mein Wissen über mich selbst als auch das über einen anderen nicht aus der Realität ab, sondern aus der Praxis, aus dem Umgang mit ihm und der Realität bzw. der Welt.

Das, was die skeptische Geschichte von dem Roboter-Freund gegen die empathische Projektion vorbringen konnte, „beschränkt sich darauf, dass ich manchmal in Bezug auf das konkrete Objekt, an dem ich die Projektion vollziehe, irren mag" (ebenda, S. 673). Wenn ich mich in Bezug auf materielle Objekte irre, was deren Existenz betrifft, dann träume ich wie Descartes, und wenn ich mich in Bezug auf Fremdpsychisches irre, was dessen Existenz betrifft, dann sehe ich es falsch, ich sehe etwas als Mensch, was gar kein Mensch ist, ich interpretiere etwas als Ausdruck einer Befindlichkeit oder eines Gefühls, wo es weder Befindlichkeit noch Gefühl gibt. Aber woher weiß ich, dass es weder Befindlichkeit noch Gefühl gibt? Wenn es eine Befindlichkeit oder ein Gefühl gibt, dann weiß ich auch nicht, wo das ist, genauso wie wenn es weder Befindlichkeit noch Gefühl gibt. Es gibt keinen Ort, an dem ich nachprüfen kann, ob es eine Befindlichkeit oder ein Gefühl gibt. Der Ingenieur aber kann mir zeigen, dass das, was ich als Ausdruck einer Befindlichkeit oder eines Gefühls interpretiert habe, in Wirklichkeit der Ausdruck bzw. der Effekt seiner Programmierung des Roboters ist. Etwas falsch zu sehen, ist hier also, etwas falsch zu interpretieren. Meine Repräsentation der Realität entspricht dieser nicht im Umgang mit ihr, sodass ich mich täusche. Wenn ich jetzt nicht empathisch projiziere, also die Bewegungen und die Geräusche des Roboters nicht als Ausdruck seiner Befindlichkeit oder seiner Gefühle interpretiere und aufgrund meiner Zweifel und Ungewissheit auch nicht als Effekt einer Programmierung sehen will, um einem eventuell existierenden Wesen nicht Unrecht zu tun, dann ist meine Repräsentation der Realität lediglich die von Bewegungen und Geräuschen von etwas, wofür ich keine Erklärung habe.

In einer Welt zu sein, für die ich teilweise überhaupt keine Erklärung habe, weil ich aufgehört habe, empathisch zu projizieren, ist etwas ganz anderes, als in einer Welt zu sein, die ich mir mehr oder weniger, wenn auch nicht immer richtig, erklären kann, weil ich empathisch projiziere. Prozesse in der Welt, für die ich keine Erklärung habe, erscheinen mir auch nicht kontrollierbar und machen mir daher Angst, so dass ich mich früher oder später immer mehr zurückziehe, die Praxis bzw. den Umgang mit anderen und mit der Realität immer mehr vermeide, depressiv werde und seelisch verkümmere; d.h. wenn ich immer mehr aufhöre, empathisch zu projizieren, und dann glaube, nichts Seelisches oder Geistiges mehr in der Welt zu finden, dann finde ich bald auch nichts Seelisches oder Geistiges mehr bei mir. Dieser Prozess ist wahrscheinlich nur dadurch umkehrbar, dass andere Menschen mich durch deren empathische Projektionen darin unterstützen, dass ich wieder _glauben_ kann, dass ich empfinden und fühlen kann, dass ich im nächsten Schritt wieder _hoffen_ kann, durch eigene empathische Projektionen wieder andere Menschen als solche anzuerkennen, und dass ich mich dann immer weiter dahin entwickle, dass ich mich und andere im jeweiligen Worumwillen von uns als Seiende immer echter und unmittelbarer verstehen, dass ich also immer mehr vollkommen _lieben_ lerne. Sowohl beim Glauben, beim Hoffen und beim Lieben habe ich immer die Wahl, ich kann glauben, hoffen und lieben, ich kann mich aber auch dagegen entscheiden. Darin wird der Rahmen für mich erkennbar, in dem das Mensch-Sein verständlich wird, nämlich in meiner Wahlmöglichkeit, mich auf die Utopie der vollkommenen Liebe einzulassen und hinzuentwickeln, indem ich mich um immer echtere und unmittelbarere, also vollkommenere Auskunft über Herkunft, Zukunft und Ankunft bezüglich einer Situation bemühe.

Vor die Wahl gestellt, in einer unklaren Situation empathisch zu projizieren oder nicht, halte ich es für wesentlich vernünftiger zu projizieren. Denn vor Angst zu vergehen oder mit einem schlechten Gewissen zu leben, eventuell jemandem Unrecht getan zu haben, scheint mir keine vernünftige Alternative zu sein, und wenn ich mir klar gemacht habe, dass jeder, den ich für einen Menschen halte, die Wahl hat, sich gegen eine Entwicklung seiner Liebesfähigkeit zu entscheiden, dann besteht für mich auch nicht eine größere Gefahr, zu vertrauensselig zu sein, weil ich mich vielleicht gerade täusche und keinen Menschen vor mir habe, als wenn ich ihn nicht für einen

Menschen halte. Anhand von Kriterien werde ich ja prüfen, ob ich ihm trauen kann, und ob Maschinen mich besser täuschen können als Menschen, ist fraglich. Empathisch zu projizieren hat gegenüber der Abstinenz davon also deutlich mehr Vor- als Nachteile für mich. Aber auch vom andern aus betrachtet gilt dies: wenn es ihn als Menschen nicht gibt, dann gibt es weder Vor- noch Nachteile für ihn, und wenn es ihn so gibt, täte ich ihm Unrecht, ihn nicht als Mensch anzuerkennen. Wenn es also nur um die Praxis geht, um den Umgang mit der Welt, in der ich bin, also darum, was ich tun soll, dann ist es von der Vernunft her klar, dass ich im Zweifelsfall empathisch projizieren soll. So viel zur Ethik, was aber, wenn solche Szenarien zutreffen, wie sie in den Filmen „Die Matrix" oder „Die Harry-Truman-Show" dargestellt sind, dass unserem Gehirn nur ein Programm vorgespielt wird, während wir als Bio-Maschinen ausgebeutet werden, oder wenn meine Welt, ohne dass ich davon die geringste Ahnung habe, nur ein TV-Set ist mit lauter Schauspielern statt echten Menschen und meine intimsten Momente nur der Unterhaltung eines Millionenpublikums vor ihren Fernsehgeräten dienen, die wiederum mit Werbung dazwischen beeinflusst werden?

Während „Die Matrix" sowohl dem von Cavell entwickelten Skeptizismus in Bezug auf materielle Objekte als auch dem bezüglich des Fremdpsychischen entspricht, liegt „Die Harry-Truman-Show" auf der Linie des Skeptizismus in Bezug auf Fremdpsychisches bis auf den Umstand, dass Harry Truman zwar keine echten Empfindungen gezeigt, sondern nur „Empfindungen" nach Drehbuch vorgespielt werden, während er in empathischer Projektion das Gezeigte für echt hält. Anstelle von Schauspielern müsste man aber lebensechte Roboter einsetzen, dann gäbe es auch nicht solche Pannen, dass jemand Harry die Wahrheit zu sagen versucht wie Sylvia, die seine Frau werden soll und dann aus der Fernsehserie entfernt wird, da sie aus der Rolle gefallen ist. Wenn ich vielleicht in einem solchen Szenario mit lauter Robotern stecke, muss die skeptische Konklusion mir zugestehen, „dass ich nicht in einer erkenntnistheoretisch optimalen Situation sein kann: Wissen kann es nur der *an-*

dere. Und wenn der andere es weiß, dann existiert er auch mit Sicherheit!" (ebenda, S. 675) Wenn um mich herum dagegen lauter Schauspieler sind, dann macht meine empathische Projektion deswegen Sinn, weil der andere von mir berührt werden kann wie Sylvia von Harry, sodass es zu der oben erwähnten Panne kommen und ich erkenntnistheoretisch in eine bessere Position gelangen kann.

„Was das Problem des Fremdpsychische betrifft, komme ich nun einmal nicht in den Kreis fremder Erfahrungen, um sie mit der Realität zu vergleichen, die, wenn überhaupt, durch das repräsentiert wird, was ich von dem anderen wahrnehme. In diesem Fall tritt sein Körper zwischen die Realität des anderen und meine Erfahrung dieser Realität." (ebenda, S. 678) An mir können die anderen aber er<u>kennen</u>, dass ich ein Mensch bin, wenn ich meinem Mensch-Sein einen entsprechend offenen und verständlichen Ausdruck gebe. Die anderen können also meine Existenz als Mensch *anerkennen*, wobei es offen ist, ob die anderen aus ihrer Abkapselung von mir heraustreten können, während ich aus meiner empathischen Projektion nicht herauszutreten vermag und nur aus der Position der Abkapselung von den anderen heraus im Stande bin, darüber zu entscheiden, ob ich die Existenz der anderen als Menschen anerkenne (frei nach ebenda, S. 679). Da Anerkennung über Wissen hinausgeht – es werden weitere Reaktionen des Anerkennenden erwartet, der auf diese Weise sein Mensch-Sein zeigt –, ist „die Frage »Wer oder was ist dieser andere?« (oder »Ist dies tatsächlich ein anderer?«) an die Frage »Wer oder was bin ich, dass ich aufgefordert sein soll, solch eine Frage zu entscheiden?« gebunden" (ebenda, S. 680 f.), und wie ich finde, auch noch an die beiden Fragen »Was ist Leben?« (oder »Woher bzw. wie kommt es, dass ich aufgefordert sein soll, solch eine Frage zu entscheiden?« bzw. »Ist dies tatsächlich Leben?«) und »Inwiefern bzw. zu welchem Zweck bin ich aufgefordert, solch eine Frage zu entscheiden?«. Die erste Frage ist in den beiden anderen gehalten, so wie die Ankunft (Gegenwart) gehalten ist in Herkunft (Gewesenheit) und Zukunft. Daraus ergibt sich dann die Auskunft, was bei meiner Entscheidung herauskommt. Cavell schreibt: „dass der Augenblick, in dem ich meinen Fremden herausgegriffen habe, der Augenblick war, in dem ich auch mich selbst herausgegriffen habe" (ebenda, S. 681). Erst dann tauchen die drei Fragen auf.

Um das Problem des Fremdpsychischen genauer zu untersuchen und noch klarer herauszuarbeiten, ist Cavell auf der Suche nach einem Idealfall, bei dem „das Problem des anderen in *jedem* Fall entsteht" (ebenda) und fragt daher: „Gibt es einen Fall, in dem ein bestimmter anderer meine Ansicht der psychischen Realität als ganzer in sich komprimiert, ein bestimmter anderer, der für mich alle anderen, das Menschsein als solches exemplifiziert, ein bestimmter anderer, auf den ich ganz und gar meine Fähigkeit zur Anerkennung setze, d.h. meine Fähigkeit, zugleich die Existenz anderer anzuerkennen und meine Existenz in Bezug auf andere zu enthüllen?" (ebenda, S. 681 f.) Wie oben schon aufgeführt, ist die Mutter der Prototyp und das Maß aller Menschlichkeit, und der erste Mann im Leben eines jeden Menschen ist in der Regel der Vater, sodass ich unter Berücksichtigung des Geschlechts Vater und Mutter als den jeweils anderen nehmen kann, der bzw. die geschlechtsabhängig jeweils „das Menschsein als solches exemplifiziert" und durch die bzw. den ich meine Fähigkeit entwickelt habe, „zugleich die Existenz anderer anzuerkennen und meine Existenz in Bezug auf andere zu enthüllen". Ich nehme also diesen Fall (Mutter bzw. Vater) und frage mit Cavell: „was folgte dann, wenn er versagt, wenn dieser andere mich im Stich lässt, wenn ich nicht glauben kann, was dieser andere mir zeigt und zu mir sagt, oder das Gefühl habe, ich könne es nicht wissen?" (ebenda, S. 682) Wenn der Vater mich missbraucht und meine Mutter mich im Stich lässt und mir nicht glaubt, dann versagt dieser Fall erst einmal, weil ich meine Eltern nicht mehr analog zu mir sehen kann: *entweder* kann ich es dann nicht glauben, wenn der Vater mir zeigt und zu mir sagt, er sei ein Mensch, bzw. ich habe das Gefühl, ich kann nicht wissen, ob meine Eltern wirklich Menschen sind, *oder aber* ich halte mich selbst nicht mehr für einen Menschen. Je jünger ein Kind ist, das aufgrund einer derartigen Erfahrung mit seinen Eltern sich selbst nicht mehr analog zu ihnen sehen kann, desto größer die Wahrscheinlichkeit, dass es seine Eltern zwar noch als Menschen anerkennt, aber sich selbst nicht mehr als menschlich sieht. Wenn es zu einem Missbrauch kommt, wenn also dieser Fall vorerst versagt, „werden der Rest der Welt und meine Fähigkeiten in ihr irrelevant geworden sein. Dass es andere gibt und andere, die vielleicht in Bezug auf sie in meiner Position sind, entzieht sich nicht meinem Wissen, es berührt mein Interesse nicht. Nicht ich bin der Welt entrückt, sie ist für mich tot. Alles ist für mich nur Spielzeug; es gibt kein neues Morgen; mein Chaos ist ausgebrochen (wieder?). Ich verschließe meine Augen vor anderen." (ebenda) Bei einem kleineren Kind ist dann u.U. nicht die Welt tot, sondern es fühlt sich selbst wie abgestorben. Wenn der Fall aufgrund des Missbrauchs für mich versagt hat, „dann weiß der andere [Vater bzw. Mutter] immer noch um seine Existenz, er bleibt unangetastet. Nur für mich ist dieses Wissen zu spät gekommen. Denn jetzt bleibt der andere als nicht-anerkannt zurück, d.h. als geleugnet. Ich habe meine Augen vor *diesem* anderen geschlossen, und dieser Umstand ist nun Teil seines Wissens. Ihn jetzt anzuerkennen, hieße, dies zu wissen. Ihn jetzt zu leugnen, hieße, dies zu leugnen, dieses Leugnen seiner Person zu leugnen, seine Augen für mich zu verschließen. Auf die eine oder andere Weise verwickle ich mich selbst in seine Existenz. Da liegt das Problem des anderen. – Der gekreuzigte menschliche Körper ist unser bestes Bild für die nicht-anerkannte menschliche Seele." (ebenda) Die Kreuzigung Jesu steht symbolisch für die Nicht-Anerkennung dessen, was er seelisch alles verkörperte. Für mich als kleines Kind hat das Gefühl, selbst abgestorben zu sein, den Effekt der Angstabwehr oder auch der Abwehr anderer unangenehmer Gefühle, denn Tote empfinden nichts. Meine Eltern wissen zwar noch um meine Existenz als Mensch, obwohl sie mich zeitweise nicht als solchen behandelt haben, nur für mich kommt dieses Wissen zu spät, es war auch anscheinend nicht immer vorhanden. Ich habe meine Augen vor mir selbst geschlossen. Da ich nicht mehr an mich als Mensch glaube, zeige ich mich auch nicht mehr menschlich, sodass meine Eltern wissen, dass ich meine Augen vor mir geschlossen habe. Wenn sie das jetzt anerkennen, erkennen sie an, was sie getan haben, und wenn sie jetzt leugnen, was sie getan haben, leugnen sie, dass ich mich als Mensch leugne. Auf die eine oder andere

Weise sind sie in meine Existenz verwickelt, aber dadurch ich auch in ihre, auch wenn ich mich tot fühle, denn sobald in mir Empfindungen aufkommen, erlebe ich einen Flash-Back. – Der gekreuzigte menschliche Körper ist das beste Bild für *meine* nicht-anerkannte Seele.

Der skeptische Fall ist ganz allgemein immer dann gegeben, wenn wir einem anderen Menschen großes Vertrauen entgegenbringen und dieses Vertrauen enttäuscht wird, weil der andere uns unmenschlich behandelt. Unmenschliche Behandlung bedeutet dabei, dass der andere uns entweder nicht als geistiges, oder nicht als körperliches oder nicht als psychisches Subjekt anerkennt, uns also nicht derart beurteilt, sodass er auf der geistigen, körperlichen oder psychischen Ebene aufgrund dieses Urteils bzw. aufgrund dieser mangelnden Anerkennung Macht über uns ausübt und uns schlecht behandelt, und dem anderen vertrauen heißt, dass wir uns sowohl seinem Geist, seinem Körper als auch seiner Psyche als Objekt in einem mehr oder weniger großen Umfang zur Verfügung stellen, weil wir glauben, dass er uns liebevoll behandelt und nicht verurteilt, sich nicht unserer bemächtigt oder uns nicht anderweitig schlecht behandelt. Da wahrscheinlich jeder einmal in seinem Vertrauen anderen gegenüber enttäuscht worden ist, „steht zu erwarten, dass wir uns nicht bereitwillig dem Idealfall der Anerkennung aussetzen werden, tatsächlich werden wir, wenn wir können, den Idealfall meiden, um den schlimmsten zu verhindern." (ebenda, S. 683) Hinter dieser Vermeidung steht also wahrscheinlich die Befürchtung, dass ein anderer, dem wir vertrauen, uns schlecht behandeln will.

Der andere kann in Bezug auf unsere Person bestrebt sein, uns in unserem Worumwillen immer echter und unmittelbarer zu verstehen und sich jeglicher Verurteilungen enthalten, also uns immer mehr zu lieben, *oder aber* uns auf- oder abzuwerten, was ihm unter Umständen als Berechtigung oder Ausrede dient, uns immer mehr schlecht zu behandeln. Entsprechend können wir selbst auch bezüglich der eigenen Person bestrebt sein, uns in unserem Worumwillen immer echter und unmittelbarer zu verstehen und uns jeglicher Verurteilungen enthalten, also uns immer mehr zu lieben, *oder aber* uns auf- oder abzuwerten und so uns selbst oder andere immer mehr als Mensch zu verleugnen und uns schlecht behandeln zu lassen oder mit anderen Entsprechendes zu machen.

Das scheint mir das Wesen der Vermeidung des Idealfalls und unseres alltäglichen Wissens vom anderen und von uns selbst bezüglich der eigenen Person oder der eines anderen zu sein, die Furcht, abgewertet zu werden, von anderen oder von uns selbst, oder die Befürchtung, uns an anderen schuldig zu machen. Die Konsequenz solcher Abwertungen ist, dass wir aus der Gemeinschaft ausgestoßen werden oder uns selbst zurückziehen mit Scham- und Schuldgefühlen, und eine derartige Isolation wird meist sozialer Tod genannt, sodass wir diese Furcht durchaus existenziell nennen können.

Das Thema Mensch-Sein und die erste richtig menschliche Enttäuschung erleben wir als Kind auf der Entwicklungsebene des repräsentationalen Selbst, das ist die Ebene, die nur wir Menschen erreichen können und sonst kein anderes Lebewesen. Bis zu dieser Entwicklungsstufe hält das Kind es für wahr, dass es sich auf seine Eltern verlassen und ihnen vertrauen kann. Es durfte geduldig und beharrlich seine Ziele in aller Unschuld verfolgen oder, wenn nicht, dann hat es das mehr oder weniger akzeptiert, ohne sich deswegen abgewertet zu fühlen. Auf einmal aber wird es verantwortlich gemacht, z.B. wenn es erst die Mutter und dann den Vater um Erlaubnis für dasselbe bittet und nur er es erlaubt hat, dass es Streit und Disharmonie verursacht hätte. Es kann sich auf einmal nicht mehr auf seine wichtigsten Bezugspersonen verlassen und läuft Gefahr, jeglichen Halt zu verlieren und nicht mehr zu seiner Gemeinschaft dazu zu gehören, womöglich also nicht mehr als Mensch anerkannt zu werden. Es muss feststellen, dass seine Repräsentationen der Wirklichkeit, seine Vorlieben und Überzeugungen, sowie seine Empfindungen und Gefühle nicht unbedingt die seiner Eltern sind.

Zuerst sieht es dies als eine Unzulänglichkeit der anderen an, die es auf einmal ganz anders affektiv ergreifend versteht, und erkennt erst danach die eigene Unzulänglichkeit, indem es die prinzipielle Unterschiedlichkeit zwischen den anderen und ihm selbst begreift, und dass es prinzipiell immer schuldhaft handeln kann. Je mehr es diese Enttäuschung über andere und über sich selbst überwindet, desto mehr erkennt es im Modus des Genus und als psychisches Subjekt die Bedeutung dessen, nicht nur die anderen zu verstehen und als Menschen anzuerkennen, sondern auch selbst verstanden und als Mensch anerkannt zu werden bzw. sich verständlich zu machen und sich um Anerkennung als Mensch zu bemühen. Genau genommen erkennt es erst auf dieser Ebene, wie wichtig es ist, von anderen anerkannt zu werden, was ihm bis dahin als selbstverständlich erschien, und dann, dass es selbst andere anerkennen kann oder nicht, und was das für eine Bedeutung für den anderen haben kann.

So richtig löst der Fall des Vertrauensbruchs das Problem mit dem Skeptizismus also nicht, denn die Eltern sind ja Menschen, auch wenn ich sie als solche nicht anerkenne, und entsprechend bin ja auch ich ein Mensch, auch wenn ich mich selbst nicht als solchen anerkenne. Der Missbrauch oder allgemein eine Enttäuschung ist nicht unbedingt ein Idealfall dafür, dass wir einen Menschen nicht als Mensch anerkennen, obwohl er einer ist. Der Skeptizismus hat hier zwar eine gewisse Berechtigung, aber es ist für mich besser, wenn ich meine Enttäuschung verarbeiten und den anderen bzw. mich selbst wieder als Mensch sehen kann. Es ist jedoch schwer, jemanden als Menschen anzuerkennen, der andere missbraucht und misshandelt. Hier zeigt sich erneut die Bedeutung des Unterschieds zwischen einer schlimmen Tat und einem Täter: Es ist für alle Beteiligten besser, dass dem Täter verziehen wird, aber die Tat kann man nicht verzeihen.

Damit aber ist der Idealfall kein Idealfall mehr, denn ich habe meinen Irrtum eingesehen und überwunden, indem ich wieder etwas mehr vom Mensch-Sein verstanden habe. Gibt es aber wenigstens einen Idealfall dafür, dass wir etwas als Mensch anerkennen, obwohl es keiner ist? Wenn der Roboter digital programmiert ist, gibt es keinen solchen, denn wie Penrose schon gezeigt hat, kann ein Computer einen Menschen noch nicht einmal nachahmen, nach endlich vielen

Fragen kann man immer einen solchen Roboter als Maschine entlarven (Penrose, Computerdenken: Die Debatte um künstliche Intelligenz, Bewusstsein und die Gesetze der Physik, 2002 (Original 1989), Penrose, Schatten des Geistes: Wege zu einer neuen Physik des Bewusstseins, 1995 (Original 1994)).

Im Bereich der Gentechnik und der Transplantation gibt es allerdings einige offene Fragen. Kann aus einem manipulierten Genom eines Menschen ein Mensch entstehen? Kann ein Klon ein Mensch sein, und wer ist es dann, wenn es ein Mensch ist? Wenn ein Klon ein Mensch ist, dann kann er eigentlich nur so wie ein Zwillingsbruder des ursprünglichen Menschen sein. Wie ist es, wenn ich bei einem Menschen nach und nach alles ersetze bis auf sein Gehirn – ist es dann noch derselbe Mensch? Und angenommen, wir könnten Gehirne transplantieren, wer ist der Betreffende nach einer solchen Transplantation? Wenn wir verschiedene Bereiche des Gehirns transplantieren könnten, bei welchen Bereichen würde der betreffende Mensch noch derselbe bleiben, und bei welchen nicht? Ich denke, die Frage mit der Transplantation des Gehirns oder Teilen davon können wir deswegen zurückweisen, weil ein Mensch erst dann als tot erklärt wird, wenn das Gehirn abgestorben ist und nicht mehr zum Leben erweckt werden kann. Man darf einem Menschen erst dann Organe zur Transplantation entnehmen, wenn der Betreffende für tot erklärt ist, und abgestorbene Organe kann man prinzipiell nicht mehr transplantieren, auch in Zukunft nicht. Da wir nicht wissen können, was geschieht, wenn wir versuchen, eine Genmanipulation vorzunehmen oder einen Menschen zu klonen, und weil bestimmte Vorstellungen, die wir daher nicht widerlegen können, die Gefühle von vielen Menschen verletzen würden, verbietet es sich aus ethischen Gründen, entsprechende Experimente durchzuführen, zumal auch ein echter praktischer Nutzen, der größer sein könnte als der Schaden durch die verletzten Gefühle, bei unserem jetzigen Wissensstand nicht erkennbar ist. Außerdem würden wir bei der Genmanipulation oder dem Klonen nichts anderes machen, als was auch in der Natur geschieht oder geschehen könnte. Damit scheidet auch die Genmanipulation oder das Klonen als Idealfall aus, und wenn wir alle Organe bis auf das Gehirn austauschen, dann bleibt der Betreffende immer noch derselbe Mensch, und wir haben für die skeptische Geschichte immer noch keinen Idealfall.

Zusammenfassend lässt sich folgendes bezüglich der skeptischen Position hinsichtlich des Problems des Fremdpsychischen bzw. des Mensch-Seins feststellen: Wenn es nur um das reine Wissen von anderen geht, „kann ich mit meinem Skeptizismus nicht weit genug gehen" (Cavell, 2006, S. 684 ff.), ich kann über den anderen nichts wissen, da ich ihn nicht wirklich erreiche, es gibt kein Wissen über ihn, welches aus der Realität ableitbar ist. Es gibt nur ein Wissen, welches aus dem praktischen Umgang, dem Kontakt ableitbar ist, und das habe ich in Anlehnung an Cavell Anerkennung genannt. Da mein Wissen über mein Selbst bzw. über mich selbst genauso wenig aus der Realität, sondern nur aus der Praxis ableitbar ist, will ich dieses Wissen als Selbstanerkennung bezeichnen. Derartiges Wissen beruht nicht auf Wahrnehmungen, auf etwas, was ich sehen kann, sondern auf Empfindungen, die mittels selbst-betroffenem bzw. affektivem Begreifen der feinstofflichen Wahrnehmungen vom anderen oder von mir selbst entstehen und durch befindliches Verstehen über gefühlsbehaftete Erwartungen zu Bewertungen und Beurteilungen führen können, die ich berücksichtigen muss, wenn ich zu einer Entscheidung kommen will, wie ich handeln soll.

Damit ist das Ganze ein ethisches Problem: Wie kann ich mir sicher sein, dass ich das Handeln des anderen richtig beantworte, dass ich verantwortungsvoll handle. Auch Wittgenstein schreibt: „Frag nicht: »Was geht da in uns vor, wenn wir sicher sind, …?« – sondern: Wie äußert sich ›die Sicherheit, dass es so ist‹ in dem Handeln des Menschen?" (Wittgenstein, 2001, S. 1081, PU 571) Hier tötet mein Skeptizismus die Welt oder mich selbst, und das ist auch die Situation von Missbrauchsopfern, solange sie ihr Trauma noch nicht verarbeitet haben. Wenn wir die Entwicklung eines Kindes betrachten, so ist es am Anfang davon überzeugt, dass seine Eltern und seine Verwandten und deren Freunde alles Menschen sind. Seine Augen sind ihm geschlossen, es fühlt sich sicher, und kein Zweifel kann zu ihm vordringen. So ist auch Wittgenstein zu verstehen, wenn er auf die Frage: »Aber schließt Du eben nicht nur vor dem Zweifel die Augen, wenn Du *sicher* bist?« antwortet: „Sie sind mir geschlossen." (ebenda, S. 1079, PU 569) In diesem Sinne ist das Kind in die Welt verliebt. Dies meint wohl Cavell, wenn er schreibt: „Im Angesicht des Zweifels zu leben, die Augen glücklich geschlossen, hieße, sich in die Welt zu verlieben." (Cavell, 2006, S. 684) Verliebtheit bedeutet, dass man keinen Zweifel kennt oder alle Zweifel vergessen oder verdrängt hat. Je mehr ich jedoch mein Worumwillen echt und unmittelbar verstehe und mich so jeglicher Beurteilungen enthalte bzw. sie immer wieder und immer mehr loslasse, also je mehr ich mich vollkommen liebe, so wie ich bin, desto mehr weiß ich, wie sehr es einen anderen verletzen und ihm schaden kann, wenn ich ihn falsch beurteile und nicht als Mensch anerkenne, obwohl er ein Mensch ist. In der vollkommenen Liebe liebte ich offen Auges.

Da es mir um meine Existenz geht, und ich ebenfalls weiß, dass ich ohne andere nicht existieren kann, muss es mir auch um die Existenz des anderen, und zwar als Mensch gehen. Meine Existenz ist ein In-der-Welt-Sein, und daher sollte ich vernünftigerweise nicht die Welt oder mich selbst mit skeptischem Zweifel töten, den ich nicht beweisen kann. Bei mir selbst kann es ohnehin keinen Beweis geben, d.h. aus existenziellen Gründen kann ich mich selbst nicht verurteilen, das wäre sozialer Suizid, und bei anderen muss ich die Beweislast umkehren: Ich muss nicht beweisen, dass der andere ein Mensch ist, sondern ich muss beweisen, dass er (z.B. ein Roboter und) kein Mensch ist. Ich muss nicht begründen, dass ich ihm vertrauen kann, sondern ich muss begründen, warum ich ihm nicht vertrauen kann, z.B. wenn er unsere Beziehung nicht dadurch bereinigt, dass er eine schlimme Tat wirklich bereut und wiedergutmacht, soweit er kann. Je mehr ich liebe, desto mehr erkenne ich den anderen auch bei großen Zweifeln, solange sie nicht bewiesen sind, als Mensch an. Im Unterschied zur Verliebtheit muss ich mit Liebe nicht die Augen geschlossen halten, ich enthalte mich nur falscher Beurteilungen, indem ich jede Bewertung, wenn ich sie mit offenen Augen nicht vermeiden kann, immer wieder auch mit offenen Augen loslasse. Ich denke, dass das Bibelzitat „Richtet nicht, damit ihr nicht gerichtet werdet" (Matthäus, 7, 1) genau das meint.

Die Phase des naiven und ursprünglichen Vertrauens, das noch keine Zweifel kennt, wird dadurch beendet, dass praktisch jeder Mensch früher oder später Enttäuschungen erlebt, die ihm die Augen für den Zweifel des Skeptikers öffnen. Dann kommt es darauf an, ob wir uns entschlossen mit den Enttäuschungen auseinandersetzen und uns immer mehr in Richtung des echten und unmittelbaren Verständnisses des Worumwillens von allem Seienden, also zur vollkommenen Liebe hin entwickeln, oder ob wir uns absondern, indem wir entweder die Welt oder uns selbst töten. Vor dem Zweifel die Augen zu schließen, zu vergessen, was schlimm gewesen ist und mich enttäuscht hat, ist dumm und führt zu neurotischen Störungen und zu dem, was Heidegger Verfallenheit genannt hat, aber deswegen zu vergessen, was menschlich und verständnisvoll gewesen ist, erzeugt Verbitterung bis hin zum Wahn und sondert mich von der Welt ab.

Die Anerkennung des anderen und die von mir selbst als Menschen bedeutet anzuerkennen, dass der andere genauso wie ich sich immer wieder entscheiden kann und muss, sich in Richtung vollkommener Liebe zu entwickeln oder nicht, wobei es immer Versuchungen gibt, misstrauisch nach Macht statt nach Liebe zu streben (Angst und Gier, wodurch früher oder später ein Wahn entsteht) oder den bequemeren, aber auf Täuschung beruhenden Weg zu gehen und/oder sich unentschlossen treiben zu lassen (Dummheit und Faulheit, was im Endeffekt zu neurotischen Störungen führt). Je mehr ich das echt und unmittelbar befindlich verstehe, je mehr ich also vollkommen liebe, desto weniger dürfte mir Menschliches fremd sein.

Auch wenn ich nicht vollkommen weiß, was Mensch-Sein bedeutet, kann ich doch so tun, als ob ich es wüsste, und von anderen und mir selbst anerkennen, dass wir Menschen sind. Nur so kann ich immer mehr lernen, das Mensch-Sein affektiv zu begreifen und befindlich zu verstehen. Mit offenen Augen trotz aller Enttäuschungen sich immer mehr zu bemühen, das Menschliche echt und unmittelbar zu verstehen, also vollkommen zu lieben, ist der Weg zur vollkommenen Liebe. Dies ist auch mit dem Zitat aus der Bergpredigt gemeint, wenn Jesus sagt: „Wenn dich einer auf die linke Wange schlägt, dann halte ihm auch die andere hin." (Matthäus 5, 39) Dabei geht es nicht nur darum, das Menschliche immer echter und unmittelbarer zu verstehen, sondern auch das eigene Mensch-Sein, sich selbst als Mensch immer mehr zu zeigen und anderen immer echter und unmittelbarer verständlich zu machen: das ist das eigentliche „Die-andere-Wange-Hinhalten". Es geht darum, sich als Mensch zu zeigen, auch wenn man deswegen enttäuscht wird. Es ist besser Unrecht zu erleiden, als Unrecht zu tun, wie schon Sokrates gesagt haben soll.

Literaturverzeichnis

Al-Khalili, J., & McFadden, J. (2015). *Der Quantenbeat des Lebens. Wie Quantenbiologie die Welt neu erklärt.* Berlin: Ullstein Buchverlage GmbH.
Arendt, H. (1967). *Vita activa oder Vom tätigen Leben.* München: Piper Verlag GmbH.
Aristoteles. (1985). *Philosophische Bibliothek, Bd. 5, Nikomachische Ethik.* (G. Bien, Hrsg.) Hamburg: Felix Meiner Verlag.
Balint, M. (1988). *Die Urformen der Liebe.* München: dtv/Klett-Cotta.
Buchheim, T. (1994). *Die Vorsokratiker: Ein philosophisches Portrait.* München: C.H. Beck.
Cavell, S. (2006). *Der Anspruch der Vernunft.* Frankfurt am Main: Suhrkamp Verlag.
Dreyfus, H., & Taylor, C. (2016). *Die Wiedergewinnung des Realismus.* Berlin: Suhrkamp Verlag.
Fonagy, P., Gergely, G., Jurist, E. L., & Target, M. (2008). *Affektregulierung, Mentalisierung und die Entwicklung des Selbst.* Stuttgart: Klett-Cotta.
Foucault, M. (2008). *Die Hauptwerke.* Frankfurt am Main: Suhrkamp Verlag.
Freud, S. (2000). *Jenseits des Lustprinzips* (Bd. 3: Psychologie des Unbewussten). (A. Mitscherlich u.a., Hrsg.) Frankfurt am Main: Fischer.
Heidegger, M. (2006). *Sein und Zeit.* Tübingen: Max Niemeyer Verlag.
Kant, I. (1785 (A), zweite Auflage 1786 (B)). *Grundlegung zur Metaphysik der Sitten.* Riga: Johann Friedrich Hartknoch.
Kierkegaard, S. (2005). *Die Krankheit zum Tode. Furcht und Zittern. Die Wiederholung. Der Begriff der Angst.* (H. Diem, & W. Rest, Hrsg.) München: Deutscher Taschenbuch Verlag.
Kolb, H.-P. (2017). *Dasein, um zu lieben. Daseinsanalytische Grundlagen für Psychologie und Psychotherapie (2018 überarbeitete Fassung).* Norderstedt: BoD - Books on Demand.
McClelland, D. C. (2006). The Harlequin Complex. In R. W. White, *The Study of Lives: Essays on Personality in Honor of Henry A. Murray*

(S. 94 - 119). New Brunswick (U.S.A.) and London (U.K.): Aldine Transaction, A Division of Transaction Publishers.

Miller, A. (1996). *Der gemiedene Schlüssel.* Frankfurt am Main: suhrkamp taschenbuch.

Nagel, T. (2016). *Geist und Kosmos: Warum die materialistische neo-darwinistische Konzeption der Natur so gut wie sicher falsch ist.* Berlin: Suhrkamp Taschenbuch.

Naumann, B. (Hrsg.). (2005). *Rhythmus. Spuren eines Wechselspiels in Künsten und Wissenschaften.* Würzburg: Königshausen & Neumann.

Nietzsche, F. (2000). *Die fröhliche Wissenschaft.* Ditzingen: Reclam.

Nishida, K. (2011). Selbstidentität und Kontinuität der Welt. In R. Ohashi (Hrsg.), *Die Philosophie der Kyôto-Schule* (E. Weinmayr, Übers., S. 56 - 114). Freiburg im Breisgau: Verlag Karl Alber in der Verlag Herder GmbH.

Rentsch, T. (1999). *Die Konstitution der Moralität: transzendentale Anthropologie und praktische Philosophie.* Frankfurt am Main: Suhrkamp-Taschenbuch Wissenschaft.

Schiepek, G. (Hrsg.). (2011). *Neurobiologie der Psychotherapie* (2. vollständig neu bearbeitete und erweiterte Auflage Ausg.). Stuttgart: Schattauer GmbH.

Schmitz, H. (2011). *Der Leib.* Berlin/Boston: de Gruyter.

Weinhandl, F. (Hrsg.). (1960). *Gestalthaftes Sehen. Ergebnisse und Aufgaben der Morphologie. Zum hundertjährigen Geburtstag von Christian von Ehrenfels.* Darmstadt: Wissenschaftliche Buchgesellschaft.

Wittgenstein, L. (2001). *Philosophische Untersuchungen; Kritisch-genetische Edition.* (J. Schulte, Hrsg.) Frankfurt am Main: Suhrkamp Verlag.